Die Pluralität der Evangelien

TRADITIO CHRISTIANA

Texte und Kommentare zur patristischen Theologie

In Verbindung mit O. Cullmann, M. Geiger, H. Karpp, A. Labhardt,
H.-I. Marrou †, J. Meyendorff, H.-Ch. Puech, M. A. Schmidt,
W. C. van Unnik, L. Vischer

herausgegeben von
André Benoît, Franco Bolgiani, John Gordon Davies, Willy Rordorf

Band III

Helmut Merkel

Die Pluralität der Evangelien
als theologisches und exegetisches Problem
in der Alten Kirche

PETER LANG
Bern · Frankfurt am Main · Las Vegas

HELMUT MERKEL

Die Pluralität
der Evangelien

als theologisches und exegetisches Problem
in der Alten Kirche

PETER LANG
Bern · Frankfurt am Main · Las Vegas

Gedruckt mit Beihilfen der Evang.-Luth. Landeskirche Bayerns, der Vereinigten Evang.-Luth. Kirche Deutschlands und der «Frau Dorothea und Dr. Dr. Richard Zantner-Busch-Stiftung»

© Verlag Peter Lang AG, Bern 1978
Nachfolger des Verlags der Herbert Lang & Cie AG, Bern

ISBN 3-261-03075-5
Auflage 600 Exp.
Satz- und Druck: Buch- und Offsetdruckerei Sommer, Feuchtwangen

Inhaltsverzeichnis

Vorwort

Der vorliegende Band befaßt sich mit einem Fragenkreis, der in der heutigen Situation ein gewisses Interesse beanspruchen darf.

1. Die Evangelienforschung steht immer noch vor dem Problem, was es zu bedeuten hat, daß der eine Jesus in gleichsam vierfacher Gestalt vor uns steht. Die altkirchlichen Ausleger standen vor demselben Problem. Wie haben sie es aufgefaßt, welche Denkmodelle haben sie zur Bewältigung bereitgestellt?

2. Eine solche Aufbereitung des umfangreichen Materials kann die von P. Stuhlmacher (ZThK 67, 1970, 15 A. 2) erhobene Forderung erfüllen, die gegenwärtige Exegese «zur Reflexion auf die sie ermöglichende Tradition und damit zugleich die geschichtliche Bedingtheit aller exegetischen Urteile» zu zwingen.

3. Die Notwendigkeit solcher Fragestellung für die theologische Ausbildung hat schon vor 20 Jahren G. Eichholz energisch betont: «Wir denken . . ., daß bei einem Ausklammern der *Geschichte* des Problems sehr schnell die echte Problematik *selbst* enden kann. Eine Geschichte der Exegese dürfte eine geradezu bewegende Sache sein, wenn dabei deutlich wird, welcher Vorstoß zum Erfassen des Textes hin sich abzeichnet, und welche früheren Verkürzungen im Verständnis der Texte uns heute zur Wachsamkeit rufen. Das dürfte ein unentbehrlicher kritischer Vorgang sein . . . Uns fehlt eher das echte Bewegtsein durch die Geschichte der Exegese, als daß wir uns vor einem Zuviel zu fürchten hätten. Weshalb kann die Geschichte der Exegese nicht als eine *Geschichte von Entdeckungen* geschrieben werden? Oder besser: als eine Geschichte *geschenkter Einsichten*? Eine solche Geschichte vermöchte auch, was die eigene Exegese angeht, bescheiden und demütig zu machen – was sicher eine Hilfe ist, zumal wir nach Luther vor der Schrift Bettler sind und in einem sehr grundsätzlichen Sinn Bettler bleiben.» (EvTh 13, 1953, 19)

4. Daß die Darbietung des Stoffes, wie sie die Reihe «Traditio Christiana» übt, eine hochschuldidaktische Notwendigkeit ist, bedarf keines Beweises.

Einleitung

In der Philocalia, einer von Basilius d. Gr. und seinem Freunde Gregor v. Nazianz zusammengestellten Blütenlese aus den Werken des Origenes, wird die Seligpreisung der Friedensstifter (Matth. 5, 9) unter anderem auf denjenigen bezogen, welcher «zeigt, daß das, was anderen als Widerstreit zwischen den heiligen Schriften erscheint, kein Widerstreit ist, und welcher die Harmonie und den Frieden zwischen ihnen aufweist, d. h. zwischen altem und neuem Testament, zwischen Gesetz und Propheten, zwischen Evangelienschriften und Evangelienschriften, zwischen Evangelienschriften und Apostelschriften, zwischen Apostelschriften und Apostelschriften»[1]. Dieser Text beleuchtet schlaglichtartig die Probleme, die sich für die Alte Kirche aus der Festlegung des Kanons ergaben. Man hatte nach mancherlei Mühen eine gewisse Übereinkunft[2] erzielt über die Schriften, die für Glauben und Leben richtungweisend sein sollten, und stand nun vor dem Problem, daß diese Norm keineswegs eindeutige Weisung gab.

Nun sind die Schwierigkeiten mit Widersprüchen in der Bibel nicht erst der frühen Christenheit zur Last geworden, sondern waren schon für das hellenistische Judentum und später das Rabbinat zu bewältigen[3]. Es kann hier nicht im einzelnen dargestellt werden, welche hermeneutischen Regeln dazu ersonnen worden sind; es soll nur darauf hingewiesen werden, daß auch der ehemalige Pharisäer Paulus sich gelegentlich mit diesem Problem konfrontiert sah[4]. Auch die Fülle der Fragen, die durch das spannungsreiche Verhältnis des im Entstehen

---

[1] Origenes Werke XII/3, GCS 41, 1941, 5.

[2] Wenn auch einzelne Bücher noch länger umstritten geblieben sind, so kann man doch Origenes als einen gewissen Endpunkt der vorhergehenden Entwicklung betrachten (vgl. H. v. Campenhausen, Die Entstehung der christlichen Bibel, 1968, 354ff.).

[3] N. A. Dahl, Widersprüche in der Bibel, ein altes hermeneutisches Problem, StTh 25 (1971), 1–19.

[4] ibid., 11ff. Daß insbesondere die Aufnahme der rabbinischen Hermeneutik Paulus als Pharisäer erweist, hat J. Jeremias, Paulus als Hillelit, Neotestamentica et Semitica (Festschr. M. Black), 1969, 88–94, aufgezeigt.

begriffenen «Neuen» Testaments zu dem nunmehr «Alten» Testament ausgelöst wurden, kann nur angedeutet werden. Die frühen Gnostiker haben das AT umgedeutet[5], Marcion hat es mit einem Gewaltstreich entfernt[6], Ptolemäus[7] und die gnostisierenden Judenchristen der Pseudoklementinen[8] haben einzelne Passagen ausgeschieden. Demgegenüber erklärten die Kirchenväter Widersprüche zwischen Altem und Neuem Testament von vornherein für unmöglich[9] und suchten diese These durch typologische und allegorische Auslegung auch im einzelnen nachzuweisen[10]. Freilich blieb das Problem bis in die Auseinandersetzung Augustins mit dem Manichäerbischof Faustus aktuell[11].

Auf diesem Hintergrund gesehen ist die Pluralität der Evangelien nur ein Teilproblem, wenn auch ein besonders drängendes. Denn es ist ja nicht ohne weiteres einzusehen, warum das Leben und die Lehre Jesu in vier unterschiedlichen Darstellungen vorliegt. Ursprünglich waren die Evangelien sicher nicht zum parallelen Gebrauch bestimmt. Wenn Matthäus fast den ganzen Markusstoff in mehr oder weniger überarbeiteter Form[12] in sein Evangelium aufnahm, so wollte er ihn dadurch überflüssig machen. Ebenso wollte Lukas seine Vorgänger verbessern, wie er im Prolog seines Evangeliums ausdrücklich sagt[13].

Wenn Origenes und andere Kirchenväter[14] diese Kritik des Lukas auf die Apokryphen ablenken wollten, so waren sie historisch sicher im Unrecht. Im Fall der Logienquelle hat die interpretierende Aufnahme des Stoffes sogar dazu geführt, daß die Vorlage in Vergessenheit geriet. So ist es nicht unangemessen, Matthäus und Lukas schon als

---

[5] Zusammenfassend H. v. Campenhausen, aaO., 91ff.
[6] Beste Gesamtdarstellung immer noch A. Harnack, Marcion. Das Evangelium vom fremden Gott, 1924². Einen neuen Interpretationsversuch legt vor B. Aland, ZThK 70, 1973, 420–447.
[7] G. Quispel, Ptolémée, Lettre à Flora, SC 24, 1966².
[8] Ps. – Clem. Hom. III 38.54.
[9] Vgl. z. B. Justin, Dialogus cum Tryphone Iudaeo 65, 2; Tertullian, Adu. Marcionem III, 20, 1; Adu. Iudaeos 11, 11; 14, 11.
[10] Vgl. V. E. Hasler, Gesetz und Evangelium in der alten Kirche bis Origenes, 1953; P. G. Verweijs, Evangelium und neues Gesetz in der ältesten Christenheit bis auf Marcion, 1960.
[11] Augustin, Contra Faustum, CSEL 25, 1891.
[12] Die beste Darstellung der matthäischen Redaktion dürfte immer noch sein G. Bornkamm / G. Barth / H. J. Held, Überlieferung und Auslegung im Matthäusevangelium, 1970⁶. Eine umfassende Sichtung des Forschungsstandes bietet M. Didier (Hrsg.), L'Evangile selon Matthieu. Rédaction et théologie, 1972.
[13] Luk. 1, 1–4. H. v. Campenhausen, aaO., 147–152, hat diesen Text unter kanonsgeschichtlichem Aspekt vorbildlich ausgewertet.
[14] Vgl. Text Nr. 7 mit Anm. 2.

«Evangelienharmonien» zu bezeichnen[15]. Viel schwieriger ist es, die Stellung des Johannesevangeliums in diesem Prozeß aufzuzeigen. Wenn es auch mit J. Blinzler, W. G. Kümmel u. a.[16] als wahrscheinlich anzunehmen ist, daß Johannes das Markus- und Lukasevangelium gekannt haben dürfte, so hat er sie doch nicht als Quellen benützt, sondern nur gelegentlich darauf Bezug genommen. Die Tradition, der er folgt, hatte sowohl vom Rahmen der Geschichte Jesu als auch von der Verkündigung Jesu ein eigenes Bild. Es ist viel darüber gestritten worden, ob Johannes die Synoptiker nur ergänzen oder gänzlich ersetzen wollte[17]; wahrscheinlich ist diese Fragestellung unangemessen. Ganz allgemein dürfte jedoch gelten, daß «jeder Evangelist die für das Heil entscheidenden Tatsachen des Lebens Jesu *besser* verkündigen [wollte] als seine Vorgänger»[18].

Solange diese Schriften jeweils für sich existierten, war dies unproblematisch. Dies sehen wir noch aus dem berühmten Papiaszeugnis[19]: Er kann die Insuffizienz des Markus in chronologicis unbefangen feststellen, und auch die nicht übereinstimmenden Versionen des Matthäus[20] fechten ihn nicht an; mehr als an Evangelienschriften ist ihm daran gelegen, die letzten Nachklänge der uiua uox euangelii zu erlauschen[21].

Dagegen ändert sich die Lage völlig mit der Bildung eines neutestamentlichen Kanons. Daß es der Ketzer Marcion war, der der Kirche den Anstoß dazu gegeben hat, ist durch die eindringenden Untersu-

---

[15] A. v. Harnack, Einige Bemerkungen zur Geschichte der Entstehung des Neuen Testaments, Reden und Aufsätze II, 1906, 240; H. Lietzmann, Wie wurden die Bücher des Neuen Testaments heilige Schrift? (1907), wieder abgedruckt in: Kleine Schriften II, 1958, 62; O. Cullmann, Die Pluralität der Evangelien als theologisches Problem im Altertum, Vorträge und Aufsätze 1925–1962, 1966, 554.

[16] J. Blinzler, Johannes und die Synoptiker, 1965; W. G. Kümmel, Einleitung in das Neue Testament, 1973[17], 167–170; zögernd A. Wikenhauser / J. Schmid, Einleitung in das Neue Testament, 1973[6], 317–320; anders R. Schnackenburg, Das Johannesevangelium I, 1972[3], 15–32.

[17] Fr. Overbeck, Das Johannesevangelium. Studien zur Kritik seiner Erforschung, hrsg. von C. A. Bernoulli, 1911, 481ff., hat entschieden für das letztere plädiert, ähnlich H. Windisch, Johannes und die Synoptiker, 1926; dagegen z. ,B. J. Blinzler, aaO., 61ff. (mit weiteren Lit.-Angaben).

[18] O. Cullmann, aaO., 552.

[19] Vgl. Text Nr. 1.

[20] Wir wissen, daß außer unserem kanonischen Matth. die judenchristlichen Ebioniten ein Matth.-Evg. benützten (Epiphanius, Panarion 30, 13, 2); vgl. Irenäus, Adu. haereses III, 11, 7); zu den Forschungsproblemen vgl. Ph. Vielhauer, Hennecke-Schneemelcher I, 75ff.; 100ff.

[21] Euseb, Kirchengeschichte III, 39, 4; dazu H. Karpp, Viva vox, in: Mullus (Festschr. Th. Klauser), 1964, 190–198.

chungen H. v. Campenhausens[22] m. E. sichergestellt. Jedenfalls gibt es keinerlei sichere Anzeichen für einen Vierevangelienkanon vor Marcion[23]. Als weitere treibende Kraft zur Kanonbildung ist natürlich auch der Kampf gegen die Gnosis und ihre reiche Neuproduktion von Evangelien[24] zu nennen. Die Kirche mußte sich auf das wirklich alte und apostolische Zeugnis besinnen. So sind schon bei Justin dem Märtyrer (um 150) die «Apostelmemoiren»[25] als kirchliche Vorlesebücher bezeugt[26]. Freilich gibt derselbe Justin zu, daß diese Memoiren nicht nur von Aposteln, sondern auch von deren Gefolgsleuten verfaßt wurden[27], und aus der einem Zitat von Mark. 3, 16f. beigefügten Quellenangabe «aus den Memoiren des Petrus»[28] kann man schließen, daß er die schon bei Papias bekannte Verbindung des Markus zu Petrus übernommen hat. Schon hier ist also das Kriterium der Apostolizität erweicht, und die nächsten greifbaren Äußerungen bei Irenäus[29], Tertullian[30] und im Muratorischen Fragment[31] geben dieselbe indirekte

---

[22] AaO., 173–194.

[23] Dies hat H. v. Campenhausen, aaO., 184ff., gegen Zahn und Harnack eingehend nachgewiesen.

[24] Einen Überblick über den Textbestand gibt H.-Ch. Puech, Hennecke-Schneemelcher I, 158ff.

[25] Apologie I, 66, 3; 67,3. Dialogus cum Tryphone Iudaeo 100, 4; 101, 3; 102, 5 u. ö.; dazu Th. Zahn, Geschichte des Neutestamentlichen Kanons I, 1888, 471ff.

[26] Allerdings fehlen deutliche Zitate aus Johannes! F. M. Braun, Jean le théologien et son évangile dans l'église ancienne, 1959, 142–144, gibt einige Hinweise dafür, K.-H. Ohlig, Die theologische Begründung des neutestamentlichen Kanons in der alten Kirche, 1972, setzt die vier Evangelien voraus, wobei er sich auf R. Heard, NTS 1, 1954, 122–134, und F. V. Filson, Which Books belong to the Bible? 1957 beruft; begründete Zweifel äußerten W. Bauer, Rechtgläubigkeit und Ketzerei im ältesten Christentum, 1964², 208f., und – daran anknüpfend – J. Regul, Die antimarcionitischen Evangelienprologe, 1969, 158f.

[27] Dialogus 103, 8.

[28] Dialogus 106, 3.

[29] Vgl. Texte Nr. 2 und 3.

[30] Vgl. Text Nr. 4.

[31] Vgl. Text Nr. 5. Es sei darauf hingewiesen, daß A. C. Sundberg, Jr., in Weiterführung einzelner früherer Beobachtungen das Muratorianum ins 4. Jhdt. datieren möchte (HThR 1973, 1ff.); wir können uns seinen Argumenten nicht anschließen. Ein Gegenargument sei hier wenigstens angedeutet: Das Vierte Evangelium bekommt im Muratorianum gewissermaßen die Autorität aller Apostel als Stütze; in späterer Zeit dagegen wird Johannes als «Rezensent» der Synoptiker hingestellt (so schon Origenes, Lukas-Homilien Frg. 9 – die Echtheit dieses Katenenfragments ist mir allerdings nicht ganz sicher –; Euseb, Kirchengeschichte, Text Nr. 19; Theodor v. Mopsuestia, Text Nr. 36; Johannes Chrysostomus, Text Nr. 40; Hieronymus, De uiris illustribus IX, der sog. antimarcionitische Evangelienprolog zu Johannes – nach J. Regul, aaO., 195–197, ins 4. Jhdt. gehörig). Außerdem wird später meist die antihäretische Bestimmung des Joh. betont (so schon Irenäus, Adu. haereses III, 11, 1; Epiphanius, Text Nr. 35; Theodor v. Mopsuestia, Text Nr. 36; Hieronymus, De uiris illustribus

Apostolizität auch für Lukas zu. Es ist reizvoll, die Argumentation des Irenäus mit der Tertullians zu vergleichen. Beide stehen in Abwehr gegen Marcion; während aber Irenäus sich um den Nachweis bemüht, daß Lukas das volle paulinische Evangelium verkündet, wodurch die Verstümmelung des Lukasevangeliums durch Marcion ins Unrecht gesetzt wird, spielt Tertullian die geringere Autorität des Lukas, der ja nur apostolicus, nicht apostolus gewesen sei, gegen Marcion aus; selbst der Lehrer des Lukas, Paulus, hatte ja eine Autorisierung durch die Jerusalemer Urapostel gebraucht (Gal. 2 nach Apostelg. 15 ausgelegt)[32]! Und während Irenäus mit Hilfe der vier Lebewesen aus der Apokalypse sich wenigstens im Ansatz um eine perspektivische Differenzierung der Evangelien bemühte, kommt eine Unterschiedlichkeit für Tertullian kaum in den Blick; erst als Marcion Hand an das Lukasevangelium gelegt hatte, unterschied es sich in den Augen Tertullians von den apostolischen Evangelien und kam in Gegensatz zu ihnen[33].

Insofern wird man nicht sagen können, daß die apostolische Herkunft das ausschlaggebende Prinzip für die Kanonisierung gewesen sei[34]. Aber auch K. Barth ist zu widersprechen, der behauptete: «Die Kirche konnte und kann sich den Kanon in keinem Sinn dieses Begriffes selber geben ... Irgend einmal und in irgendeinem Maß ... haben gerade *diese* Schriften kraft dessen, daß sie kanonisch *waren,* selbst dafür gesorgt, daß gerade *sie* später als kanonisch auch *anerkannt* und *proklamiert* werden konnten[35].» Bleibt bei der ersten Annahme unerklärt, wieso immerhin zwei nur mittelbar apostolische Evangelien kanonisiert wurden, so verkennt die Barthsche Erklärung nicht nur die faktische Bedeutung der autoritativen Beschlüsse für die «Ränder des Kanons», sondern auch die sehr ungleichartige Wirkungsgeschichte der einzelnen Schriften. Eine theologisch sachgemäße Beurteilung wird mit W. Joest vielmehr beide Gesichtspunkte zu berücksichtigen haben:

IX; der sog. antimarcionitische Evangelienprolog zu Joh.; Cyrill v. Alexandrien, Johannes-Kommentar I).

[32] Dazu H. v. Campenhausen, aaO., 326: «Das sind lauter polemische Fechterstücke. Sonst pflegt Tertullian Lukas nicht weniger zu achten als Matthäus, Paulus nicht unter die Urapostel zu drücken, und auch das traditionelle Argument von den ‹apostolischen Kirchen› wird bloß ergänzend herangezogen.» Das ist völlig richtig, nur bleibt damit das exegetische Defizit bei Tertullian, daß er die Notwendigkeit einer echten Differenzierung zwischen den Evangelien nicht gesehen hat.

[33] Adu. Marcionem IV, 5, 6.

[34] So etwa W. G. Kümmel, Notwendigkeit und Grenze des neutestamentlichen Kanons (1950), Wiederabdruck in: E. Käsemann (Hrsg.), Das Neue Testament als Kanon, 1970, 86f.

[35] K. Barth, Kirchliche Dogmatik I, 2, 1938, 524f.

«Der neutestamentliche Kanon wurde zweifellos *auch* unter dem Gesichtspunkt gesammelt, daß man in diesen Schriften das älteste, von Aposteln und Apostelschülern herkommende Traditionsgut habe. Außer diesem Maßstab: älteste, apostolische bzw. apostelnahe Verfasserschaft, spielte aber noch ein anderes Moment herein, die Schriften, die man unter diesem Maßstab als kanonisch anerkannte, waren zugleich die gottesdienstlichen Vorleseschriften, die als solche schon zuvor eine besondere Wirksamkeit im kirchlichen Lebensvollzug erlangt hatten und durch diese bereits herausgehoben waren[36].»

Einen eigenen Weg der Bewältigung der vielfältigen Jesusüberlieferung schlug der aus Syrien stammende Schüler Justins Tatian ein. Auf der Grundlage der kanonischen Evangelien schuf er – vielleicht nicht als erster – eine Evangelienharmonie, das Diatessaron[37]. Als Rahmen diente ihm das Johannesevangelium mit seiner mehrjährigen Wirksamkeit Jesu; in der Verteilung des Stoffes zeigte er eine beachtliche Freiheit, ebenso in der gelegentlichen Aufnahme apokryphen Gutes[38]. Texte, die seiner doketischen Christologie nicht entsprachen, wie die Genealogien Jesu, oder die seinen enkratitischen Neigungen zuwiderliefen, wie die Angaben über Nachfolgerinnen Jesu (Luk 8,1–3), ließ er aus. Soweit man erkennen kann, hat Tatian sachlich Zusammengehöriges meist richtig gesehen. Haben etwa spätere Exegeten und Harmonisten mehrere Tempelreinigungen oder mehrere Salbungen Jesu angenommen, so hat Tatian die Parallelität dieser Erzählungen zutreffend erkannt und nur jeweils einen Bericht aufgenommen, der freilich die unterschiedlichen Einzelzüge der vier Evangelien mosaikartig zusammenfügt[39]. Welch großem Bedürfnis diese Vereinheitlichung entgegenkam, zeigt die fast weltweite Verbreitung des Diatessaron. Syrische, griechische, arabische, mittelpersische, lateinische, mittelniederländische, mittelenglische, ober- und mitteldeutsche und altitalienische Versionen bekunden den immensen Leserkreis und geben der Forschung eine Fülle von Einzelfragen auf. Kanonische Geltung jedoch erlangte das Diatessaron nur in der syrischen Kirche[40]. Tatians Versuch,

---

[36] W. Joest, Erwägungen zur kanonischen Bedeutung des Neuen Testaments (1966), Wiederabdruck bei E. Käsemann, Das Neue Testament als Kanon, 1970, 259f.

[37] Einen Überblick über Material und Probleme der Tatianforschung findet man bei H. Merkel, Die Widersprüche, 68–91.

[38] So schon Th. Zahn, Das Diatessaron Tatians, 1888, 241f. Man hat an das Hebräerevangelium, das Protevangelium Jacobi und neuerdings an das koptische Thomasevangelium gedacht, ohne die «5. Quelle» Tatians ganz zweifelsfrei identifizieren zu können.

[39] Eingehende Nachweise bei H. Merkel, Die Widersprüche, 74ff.

[40] Noch im 5./6. Jahrhundert bedurfte es großer Mühen, dieses «Evangelium der Vermischten» durch das «Evangelium der Getrennten» zu ersetzen!

den im Entstehen begriffenen Vierevangelienkanon zu überholen, hatte keine Chance.

Irenäus, «der erste bewußte Schrifttheologe der Kirche»[41], hat die Pluralität der Evangelien sogar als Waffe gegen die Gnostiker eingesetzt: Alle vier Evangelien sind im direkten Anschluß an die uiua uox geschrieben, enthalten also die authentische apostolische Verkündigung[42]. Daß die Pluralität eine Notwendigkeit ist, bezeugen einerseits die Häretiker selbst, die sich einseitig auf jeweils eines dieser Evangelien stützen und somit die Berechtigung der kirchlichen Synthese erweisen[43], andererseits aber zeigen die Analogien aus Natur und Heilsgeschichte die Vierzahl als gottgewollt auf[44]. Man kann dies als «eine gekünstelte Feststellung einer mirakelhaften, der Menschlichkeit enthobenen Entstehung des Evangelienkanons»[45] kritisieren, wird aber auch zugestehen müssen, daß derartige Spekulationen in jener Zeit üblich waren[46]. Natürlich hätte Irenäus auch «Beweise» für eine Dreier – oder Fünfergruppe gefunden. Entscheidend ist jedoch die Einheit in der Vielheit, die der eine in allen Evangelien wirkende Geist garantiert. Dies ist ein nie ganz vergessener Gedanke, wie etwa die schon in den ältesten Evangelienhandschriften zu findenden Bezeichnungen εὐαγγέλιον κατὰ Ματθαῖον, κατὰ Μάρκον etc. belegen. Aber Irenäus hat diese Einheit nirgends exegetisch belegt – und dies hätte der Vorwurf der Gnostiker, die Schrift enthalte Widersprüche, verlangt! –, sondern umgekehrt die Gültigkeit des kirchlichen Bekenntnisses durch Zitate aus der Schrift untermauert. Aber auch die Differenzierung der Evangelien hat bei ihm nur die Aufgabe, die unterschiedlichen Anfänge zu erklären. Ein Gefühl für die Sonderstellung des Vierten Evangeliums wird man Irenäus nicht absprechen dürfen: «Wenn auch das Wort vom ‹pneumatischen Evangelium› noch nicht fällt, so wird es doch als die Eigenart des 4. Ev. bezeichnet, das ἡγεμονικὸν καὶ βασιλικόν des Erlösers hervortreten zu lassen. Darum ist auch der Löwe das Symbol des 4. Evangelisten. Das Joh.-Ev. nimmt entsprechend seinem Christusbild eine königliche Stellung unter den Evangelien ein[47].»

---

41 H. v. Campenhausen, Griechische Kirchenväter, 1961³, 29.
42 Vgl. Text Nr. 2.
43 Irenäus, Adu. haereses III, 11, 7.
44 Vgl. Text Nr. 3.
45 O. Cullmann, aaO., 563.
46 H. v. Campenhausen, aaO., 232f.
47 W. v. Loewenich, Das Johannesverständnis im zweiten Jahrhundert, 1932, 117.

Ein ähnliches Bild zeigt auch das Muratorische Fragment[48]. Das Johannesevangelium wird als «das eigentliche, vom Apostelkollegium revidierte» Evangelium[49] vorgestellt, und es wird ohne jeden Skrupel erklärt, alle Heilsereignisse seien in den vier Evangelien gleichermaßen dargestellt. Diese energisch vorgebrachten Behauptungen lassen erkennen, daß es noch Zweifel am Vierevangelienkanon gab.

Die schon bei Irenäus und im Muratorianum mindestens im Ansatz erkannte Sonderstellung des vierten Evangeliums hat dann Clemens Alexandrinus auf die Formel gebracht, Johannes habe ein geistliches Evangelium geschrieben, während die Synoptiker mehr auf Fakten bedacht gewesen seien[50]. Diese Vorrangstellung des Johannes zeigt sich auch in einer – nur fragmentarisch erhaltenen – Schrift über das Passa[51], in der Clemens die johanneische Chronologie der Passionswoche als richtig ansieht und dekretiert, die Evangelien stimmten in dieser Frage überein. Ebenso verhielt sich auch Apollinaris von Hierapolis in einer Schrift über das Passa[52]. So wurde einer der augenfälligsten Widersprüche zwischen Johannes und den Synoptikern weggeleugnet und die Chance vertan, aus der Pluralität der Evangelien unterschiedliche kirchliche Bräuche zu ermöglichen. In dieser Hinsicht ist der Brief des Dionysius von Alexandrien[53] beachtlich: Auf die Frage nach dem genauen Ende des vorösterlichen Fastens gibt er zu bedenken, daß die Evangelien keine genaue Datierung der Auferstehung ermöglichten; daher könne er auch keinen ganz präzisen Zeitpunkt nennen.

Schärfer als innerhalb der Kirche hat man dagegen schon um diese Zeit das Problem der Pluralität außerhalb derselben ausgesprochen. Jedenfalls bringt der Jude des Celsus schon den geharnischten Vorwurf, die Christen würden wie Trunkene das (!) Evangelium umprägen und abändern[54]. Und Celsus stellt auch die widersprüchlichen Angaben über die Engelerscheinungen am leeren Grab zusammen[55].

Doch blieb auch im Raum der Kirche die Problematik nicht ver-

---

[48] Vgl. Text Nr. 4.
[49] H. Lietzmann, aaO., 55.
[50] Vgl. Text Nr. 6.
[51] Text im Chronicon paschale I (ed. Dindorf); vgl. auch H. Merkel, Die Widersprüche, 40.
[52] Die Fragmente sind im Chronicon paschale I, 13f. abgedruckt; ebenso MPG 5, 1297ff.
[53] Vgl. Text Nr. 18.
[54] Origenes, Contra Celsum II, 27. Vgl. H. Merkel, Die Widersprüche, 11f.
[55] Origenes, Contra Celsum V, 56.

borgen. Hier ist an jene «radikal synoptische Partei»[56] zu erinnern, von der wir bei Epiphanius[57] hören und die mit jenem römischen Presbyter Gaius zusammenhängt, von dessen Ablehnung der Johannesschriften Euseb[58] berichtet[59]. Für Gaius war die Unvereinbarkeit des Rahmens der Geschichte Jesu bei Johannes mit dem bei den Synoptikern ein Hauptargument, das er sehr scharfsinnig vorgebracht hat[60].

Aber auch andere Christenmenschen scheinen in jener Zeit vom Problem der Widersprüche zwischen den Evangelien gequält worden zu sein, wie wir von Origenes erfahren.[61] Zwar hielt auch Origenes die Pluralität der Evangelien für gottgewollt und sprach allen Evangelisten die göttliche Inspiration zu[62], aber er erkannte, daß gerade unter dieser Voraussetzung eine einfache dogmatische Formel nicht mehr genügte. Und so entwickelte er ein reiches exegetisches Instrumentarium zur Behebung der Widersprüche. Angefangen bei der schlichten Ergänzung eines Evangelienberichts durch andere und der Annahme von Verderbnissen im Text[63] über die Assimilation und Dissimilation ähnlicher Berichte[64] zieht er zur Erklärung auch unterschiedliche kerygmatische Intentionen der Evangelisten heran[65] und greift erst in schier ausweglosen Schwierigkeiten zur Allegorese[66]. Natürlich ist die Allegorese das einer vom göttlichen Geist durchwirkten Schrift angemessenste Verfahren[67]; aber Origenes gibt doch die historische Basis nicht

---

[56] J. Leipoldt, Der neutestamentliche Kanon I, 1907, 146.

[57] Panarion 51, 3.

[58] Kirchengeschichte III, 28, 2; VI, 20, 3.

[59] E. Schwartz, Über den Tod der Söhne Zebedäi, in: Gesammelte Schriften V, 1963, 90ff., hat wahrscheinlich gemacht, daß die aus Epiphanius rekonstruierbaren Angriffe der «Aloger» auf die verlorene Widerlegungsschrift Hippolyts gegen Gaius zurückgehen; ihm schließen sich an W. Bauer, aaO., 209f., und H. v. Campenhausen, aaO., 278f. Die bei Irenäus, Adu. haereses III, 11, 9 genannten Johannesgegner haben dagegen mit Gaius nichts zu tun (H. v. Campenhausen, aaO., 278 A. 164). A. Bludau, Die ersten Gegner der Johannesschriften, 1925, 220ff., trennt dagegen Gaius und die Aloger.

[60] Vgl. H. Merkel, Die Widersprüche, 34–37.

[61] Vgl. Text Nr. 9.

[62] Vgl. z. B. Text Nr. 7; ausführliche Auswertung der zahlreichen Äußerungen bei R. Gögler, Zur Theologie des biblischen Wortes bei Origenes, 1963, 282ff.; zusammenfassend H. Merkel, Die Widersprüche, 96–98.

[63] Vgl. Texte Nr. 12; 13; 16; weitere Beispiele bei H. Merkel, Die Widersprüche, 98–101.

[64] Vgl. Texte Nr. 14; 15; weiteres bei H. Merkel (aaO.), 102ff.

[65] Vgl. Texte Nr. 10; 11; dazu H. Merkel, aaO., 109–111.

[66] Vgl. Text Nr. 9; dazu H. Merkel, die Widersprüche, 112–116, und F. H. Kettler, Funktion und Tragweite der historischen Kritik des Origenes an den Evangelien, Kairos N. F. 15, 1973, 36–49.

[67] Deshalb fügt er auch bei Texten, die er nach dem Wortlaut harmonisiert hat, gelegentlich noch allegorische Auslegungen der scheinbaren Widersprüche an; vgl. 12; 13; 14; 15; 16.

so schnell preis, wie man ihm oft vorgeworfen hat[68]. In dieser bewundernswert sorgfältig geübten kritischen Arbeit kommt die philologische Tradition Alexandriens zum Tragen[69].

An einem Punkt soll aber auf eine Besonderheit des Origenes hingewiesen werden, nämlich im Zusammenhang mit seiner Theorie von den ἐπίνοιαι[70]. Diese Theorie ist schon von H. Koch, R. P. C. Hanson und M. Eichinger[71] dargestellt worden: Unterschiedliche Berichte geben demnach verschiedene Bestimmungen des Heilands für die Menschen an. Aber es wurde nicht bemerkt, daß Origenes hier einen Terminus der hellenistischen Erkenntnislehre aufgreift, der auch in den mythologischen Systemen der Gnosis eine Rolle spielt[72]. Origenes hat diesen Terminus gewissermaßen entintellektualisiert und entmythisiert, indem er ihn auf die anschaulichen Berichte über das Verbum Dei incarnatum bezog[73].

Schließlich ist noch bedenkenswert, daß Origenes seinen prinzipiellen Ansatz von der Vorrangstellung des Johannesevangeliums[74] zwar bei der Einzelexegese nicht durchgehalten hat – da in allen Schriften das Pneuma gleichermaßen waltet, war für ihn eine wirkliche Differenzierung wohl unmöglich –, daß aber in seiner Christologie eindeutig die johanneische Linie dominiert. Die großartige Gesamtschau eines Origenes hat kein Kirchenvater mehr erreicht. Schon das, was von seinen Zeitgenossen geleistet wurde, ist verhältnismäßig bescheiden. Auf die nüchterne Detailuntersuchung des Dionysius v. Alexandrien wurde schon hingewiesen. Julius Afrikanus, ein Freund des Origenes, hat sich mit dem Problem der unterschiedlichen Stammbäume Jesu auseinandergesetzt und dafür eine auf den ersten Blick ganz scharfsinnig erscheinende Lösung gefunden, die allerdings manche Schwächen hat und deshalb schon in der Alten Kirche nicht unumstritten war[75].

In jene Zeit gehört die große Streitschrift des neuplatonischen Philo-

---

[68] Vgl. H. Merkel, Die Widersprüche, 94f.
[69] Darauf haben hingewiesen R. M. Grant, The Letter and the Spirit, 1957, 99ff. und R. C. P. Hanson, Allegory and Event, 1959, 259ff.
[70] Vgl. Text Nr. 9.
[71] H. Koch, Pronoia und Paideusis, 1932, 65ff.; R. P. C. Hanson, aaO., M. Eichinger, Die Verklärung Christi bei Origenes, 1969.
[72] Vgl. die Nachweise bei Text Nr. 9, Anm. 5.
[73] Hier zeigt sich paradigmatisch Affinität wie Distanz zur Gnosis. Damit werden Probleme anvisiert, die in größerem Zusammenhang F.-H. Kettler, Der ursprüngliche Sinn der Dogmatik des Origenes, 1966, aufgegriffen hat.
[74] Vgl. Text Nr. 8.
[75] Vgl. Text Nr. 17.

sophen Porphyrius[76], der als Philosoph und Philologe das Christentum angriff – offenbar mit so scharfen Argumenten, daß nur eine gründliche Vernichtung seines Werkes und sogar der christlichen Gegenschriften[77] zu helfen schien. Immerhin läßt sich einiges rekonstruieren[78]. Demnach hat Porphyrius die Evangelien einer minutiösen Kritik unterzogen. Erhalten ist eine Darstellung der Widersprüche zwischen den Passionsdarstellungen[79], und hieraus zieht er den Schluß: Wenn die Evangelisten schon den Verlauf des Sterbens Jesu nicht wahrheitsgemäß berichten konnten, sondern ins Fabulieren kamen, dann ist es mit den übrigen Angaben auch nicht weit her. Auch Texte, die etwa nur Johannes berichtet, sind ihm von vornherein verdächtig[80]. Nach Epiphanius hat Porphyrius auch Widersprüche zwischen den Geburtsgeschichten aufgegriffen[81]. Zur selben Zeit ist auch der manichäische Angriff auf die Kirche gestartet worden, der freilich erst im 4. Jahrhundert voll zur Auswirkung kam. Mani hat sich bewußt als Stifter einer Buchreligion verstanden und seinen «Vorgängern» Jesus, Buddha und Zarathustra vorgeworfen, sie hätten es versäumt, ihre Lehren authentisch niederzulegen; nach ihrem Tode aber hätten ihre Jünger regelmäßig irrtümliche oder auch absichtliche Veränderungen vorgenommen[82].

Es soll übrigens nicht verschwiegen werden, daß der Angriff auf Widersprüche in der Bibel keiner besonderen Kleinlichkeit der Polemiker entsprang; denn auch Kirchenschriftsteller haben immer wieder die Unzulänglichkeit der Philosophie auf Grund der widersprüchlichen Aussagen der Philosophen zu erweisen gesucht[83]. Kirchlicherseits hat erst wieder Euseb sich mit den durch die Pluralität der Evangelien

---

[76] Zusammenfassend: H. Merkel, Die Widersprüche, 13–18.

[77] Vgl. A. v. Harnack, Porphyrius «Gegen die Christen» . . ., 1916, 6f.

[78] Grundlegend: A. v. Harnack, Porphyrius «Gegen die Christen». 15 Bücher, Zeugnisse, Fragmente und Referate, 1916. 5 weitere Fragmente veröffentlichte Harnack in den Sitzungsberichten der Berliner Akademie der Wissenschaften 1921, 266–284. Die Tura-Papyri haben neuerdings weitere Fragmente zu Tage gebracht: vgl. D. Hagedorn / R. Merkelbach, Ein neues Fragment aus Porphyrios «Gegen die Christen», VigChr. 20, 1966, 86–90; G. Binder, Eine Polemik des Porphyrios gegen die allegorische Auslegung des AT durch die Christen, ZPE 3, 1968, 81–95; M. Gronewald, Porphyrios' Kritik an den Gleichnissen des Evangeliums, ZPE 3, 1968, 96.

[79] Fragment 15 (Harnack, S. 50).

[80] Vgl. Fragment 16 u. 69 (Harnack, S. 51; 88f.).

[81] Vgl. Text Nr. 35; bei Harnack Frgm. Nr. 12, doch zögert Harnack aus stilistischen Gründen, den Text Porphyrius zuzuschreiben. Sachlich spricht nichts dagegen.

[82] Kephalaia (ed. Polotsky/Böhlig), 7f.; vgl. H. Merkel, Die Widersprüche, 24–26.

[83] Es sei hier an Justin, 2. Apologie 10, 3, Hermias, Irrisio gentilium philosophorum, und Euseb, Praeparatio euangelica VIIff., erinnert.

verursachten Problemen befaßt. Die Tatsache, daß er die in den Vorgeschichten zu Tage tretenden Aporien[84] bespricht, könnte darauf hinweisen, daß er auf die Angriffe des Porphyrius antworten wollte – eine (verlorene) Schrift in 25 Büchern gegen Porphyrius ist bezeugt[85].

Euseb ist einmal als Sammler älterer Traditionen wichtig[86]. Man sieht, daß die ursprüngliche apologetische Bestimmung mancher Äußerung inzwischen nicht mehr aktuell ist, sondern daß die Erbauung suchende Neugier am Werke ist. Ein wichtiges Motiv, das hier neu auftritt, ist die Behauptung, Johannes habe die Chronologie der Synoptiker ergänzen wollen, indem er die täuferzeitliche Wirksamkeit Jesu nachtrug[87]. Diese Auslegung von Joh. 3,22 ist zweifellos sachgemäß und dürfte sogar einem historischen Sachverhalt entsprechen[88]. Ihre große Beliebtheit in der Alten Kirche[89] geht natürlich darauf zurück, daß hier ein dem Origenes noch unlösbar erscheinendes Problem[90] fast mühelos gelöst wurde. Die wunderbare Einheit der Evangelien steht damit umso unerschütterlicher fest. Aber Euseb hat auch selbst ein gewisses Geschick für Harmonistik bewiesen. Wie schon sein Vorbild Origenes hat er textkritische und redaktionstheologische Argumente ins Spiel gebracht, der Allegorese aber keinen Raum gewährt. «Hier beginnt die mit allen Mitteln des Scharfsinns und der Gelehrsamkeit sämtliche Widersprüche beseitigende Harmonistik, die im vierten Jahrhundert mit einem gewissen Recht Triumphe erlebte ...», so kann man mit H. Lietzmann[91] zusammenfassend urteilen[92].

---

[84] Hier fällt ein Stichwort, das für die Gattung des Eusebschen Werkes bezeichnend ist; vgl. H. Dörrie / H. Dörries, Art. Erotapokriseis, RAC VI, 342–370; H. Merkel, Widersprüche, 122ff.

[85] Altaner / Stuiber, Patrologie, 1966[7], 221.

[86] Vgl. Texte Nr. 1; 6; 19.

[87] Vgl. Text Nr. 19.

[88] Vgl. J. Becker, Johannes der Täufer und Jesus von Nazareth, 1972, 13f.; E. Linnemann, Jesus und der Täufer, Festschrift für E. Fuchs, 1973, 219ff.

[89] Vgl. Epiphanius, Panarion 51, 17 (dazu A. Bludau, aaO., 97ff.); Theodor v. Mopsuestia, Johanneskommentar (zu Joh. 3, 23); Johannes Chrysostomus, Matthäus-Homilien XIV; Hieronymus, De uiris illustribus IX, Augustin, De consensu euangelistarum II, 18, 42.

[90] Vgl. Text Nr. 9. Nach einem Katenenfragment, das allerdings auch unter anderen Namen überliefert wird, soll bereits Origenes in seinem später geschriebenen Matthäus-Kommentar diese Erklärung vorgetragen haben (ed. E. Klostermann, GCS 41, 1941, Frg. Nr. 69). Die Echtheit ist allerdings fraglich: vgl. H. Merkel, Die Widersprüche, 148A. 92a.

[91] Geschichte der Alten Kirche III, 1961[3], 159.

[92] Die Nachwirkung der Quaestionen Eusebs haben wir in den Anmerkungen angegeben. Insbesondere Ambrosius hat in seinem Lukas-Kommentar die Harmonisierung der Vorgeschichte übernommen. Auch auf das reiche Nachleben in der syrischen Kirche sei hingewiesen (vgl. dazu G. Beyer, Die evangelischen

Die nüchterne, auf Allegorese verzichtende Schriftauslegung wurde auch in der antiochenischen Schule des vierten Jahrhunderts geübt. Die Evangelienexegese ihrer älteren Vertreter ist uns leider nur durch Fragmente bekannt[93]. Wir haben in diesem Band einige Texte von Apollinaris v. Laodicea herangezogen, die charakteristisch für die gründliche Arbeit sind: Beachtung des genauen Wortlauts, textkritische und redaktionstheologische Überlegungen, teils im Anschluß an frühere Ausleger[94].

Eine Sonderstellung nimmt Theodor v. Mopsuestia[95] ein. Er hat am konsequentesten die Evangelien als «Apostelmemoiren» aufgefaßt, ohne daß dieser Begriff fällt. Doch wird die johanneische Chronologie öfters mit dem Argument bevorzugt, er sei schließlich Augenzeuge gewesen[96], während er im Hinblick auf den Hahnenschrei bei der Verleugnung des Petrus die Markusdarstellung bevorzugt, da Markus der Gefolgsmann des Petrus gewesen sei[97]. Die Übereinstimmung in den Hauptdaten ist überall aufzuzeigen, also können Kleinigkeiten ruhig unterschiedlich wiedergegeben worden sein. Ja, diese geringfügigen Differenzen zeigen, daß die Evangelisten sich nicht insgeheim abgesprochen haben! Bei dieser Auffassung ist es nur folgerichtig, daß Theodor nirgends eine Inspiration der Evangelisten annimmt, sondern sehr modern klingende psychologische Überlegungen über die Grenzen der menschlichen Wahrnehmungsfähigkeit und des Erinnerungsvermögens anstellt[98].

Daneben leiten ihn noch zwei Gesichtspunkte: Johannes ist der einzige Evangelist, der Christologie lehrt, und Johannes will mit seinem

---

Fragen und Lösungen des Eusebius in jakobitischer Überlieferung und deren nestorianische Parallelen, in: OrChr. N. S. 12/14, 1925, 30–70; 3. Serie 1, 1927, 80–97, 284–292; 3. Serie 2, 1928, 57–69). Eine kritische Edition dieser Schrift müßte die bei MPG 22 abgedruckten Fragmente mit dieser späten Übersetzungsliteratur kritisch vergleichen. Für unsere Zwecke genügt es, auf die griechische Epitome zurückzugreifen.

[93] Vgl. H. Merkel, Die Widersprüche, 160ff.
[94] So übernimmt Apollinaris die Theorie des Julius Afrikanus (Reuss, Matth.-Komm., Frg. 1), das Fehlen der Gethsemaneperikope bei Joh. wird ähnlich wie bei Origenes motiviert (vgl. Text Nr. 33 mit Nr. 11), die Bevorzugung der joh. Chronologie (Text Nr. 31) erinnert an Euseb.
[95] Sein Joh.-Kommentar ist in syrischer Übersetzung ganz erhalten, dazu kommen zahlreiche Katenenfragmente. K. Schäferdiek, Das Johannesverständnis des Theodor von Mopsuestia, Diss. Bonn 1958, Bd. 1, 20ff., hat aufgezeigt, daß die syrische Übersetzung als zuverlässig angesehen werden kann; dieses Urteil hat sich uns bestätigt, wir haben sie daher in unserer Textauswahl herangezogen.
[96] Vgl. Nr. 36 und 37.
[97] Vgl. Joh.-Kommentar 189, 10–13.
[98] Vgl. Nr. 37 und 38.

Evangelium den jüdischen Unglauben tadeln. Ist der erste Gesichts-punkt eine mit so nirgends wiederkehrender Abwertung der Synop-tiker verbundene Aufnahme der alten Auffassung vom pneumatischen Evangelium, so ist der zweite ein Spezifikum Theodors; freilich hat er ihn in der Einzelexegese nicht ganz durchhalten können[99]. Damit stehen wir vor dem überraschenden Ergebnis, daß die Pluralität der Evangelien für Theodor eigentlich überflüssig ist. Den Synoptikern wird höchstens in einigen Fällen Existenzberechtigung eingeräumt, in denen Johannes etwas kürzer dargestellt hat, weil es die anderen schon erzählt hätten[100]. So ist Theodor trotz seines «historischen» Ansatzes nicht in die Geschichte hineingekommen, da er von einem johanneisch ausgerichteten Christusdogma ausging.

Diese Kritik an Theodor könnte ungerecht erscheinen, wenn nicht ein Zeitgenosse außerhalb der Kirche zu derartigen Beobachtungen gekommen wäre: Kaiser Julian[101]. Durch seine christliche Erziehung kannte er die Heilige Schrift, nach seiner Konversion zum Neuplato-nismus lernte er die Kritik des Porphyrius am Christentum kennen. Dabei ist es gleichgültig, ob er die Streitschrift des Porphyrius selbst gelesen oder nur durch die Schultradition kennengelernt hat[102]. Julian also kam zu der Feststellung, daß weder Paulus noch Matthäus noch Lukas noch Markus es gewagt hätten, Jesus als Gott zu bezeichnen; erst das späte Johannesevangelium habe dies getan. Und diese göttliche Verehrung des Menschen Jesus von Nazareth war von seinen philo-sophischen Prämissen aus nicht nachvollziehbar[103]. Hier ist mit einem Schlag die Einheit der Evangelien zerstört und der Entwicklungsge-danke an die Stelle des dogmatischen Postulats gesetzt. Dagegen war die Theologie nur durch die These von der apostolischen Verfasser-schaft aller Evangelien einigermaßen gefeit; ja man wird sogar fragen können, ob nicht die zitierte radikal johanneische Stellungnahme des Theodor von Mopsuestia eine Antwort auf diesen Angriff war. Aller-dings ist diese Frage in der Literatur u. W. noch nie gestellt worden,

---

[99] Vgl. K. Schäferdiek, Theodor von Mopsuestia als Exeget des vierten Evange-liums, Studia Patristica X (TU 107), 1970, 242ff.

[100] Beispiele bei H. Merkel, Die Widersprüche, 188f.

[101] Zusammenfassend H. Merkel, Die Widersprüche, 19ff. Die immer noch unüber-holte Sammlung seiner Fragmente veranstaltete C. J. Neumann, Juliani impera-toris librorum contra Christianos quae supersunt, 1880; Übersetzung: Ders., Kaiser Julians Bücher gegen die Christen, 1880.

[102] Harnack, Porphyrius «Gegen die Christen» ..., 32, läßt diese Frage offen; neuere Autoren haben keine Argumente beibringen können, die Klarheit schaffen.

[103] Neumann, 223.

so daß es hier noch weiterer Diskussion bedarf. Die Einzelkritik Julians an den Stammbäumen und den Ostergeschichten scheint nur bekannte Aporien wieder ausgegraben zu haben[104]. Mindestens teilweise dürfte der unbekannte Autor der Quaestiones Veteris et Noui Testamenti, der mit dem Ambrosiaster identisch ist[105], sein Werk gegen die porphyrianischen Argumente gerichtet haben[106], die er – so möchten wir vermuten – wohl durch das Werk seines Zeitgenossen Julian kennengelernt hat. Er stellt das dogmatische Postulat von der Einheit in der Vielheit an den Anfang[107] und bemüht sich zu zeigen, daß im Christusbekenntnis von Matthäus über Lukas und Markus zu Johannes zwar eine fortschreitende Entfaltung, aber keine Entwicklung, die neue Motive aufnähme, vorliegt[108]. In diesem Sinne möchten wir jenen Text als Antwort auf das gefährlichste Moment in der Kritik Julians betrachten. In den Einzelharmonisierungen ist Ambrosiaster so gut und so schlecht wie alle seine Zeitgenossen[109]. Eindeutig auf porphyrianische Evangelienkritik antwortet Epiphanius[110]. Daß er dies im Zusammenhang mit seiner Kritik an den (christlichen) Alogern tut, zeigt die Verschlungenheit der Probleme, die Freund und Feind gleichermaßen zu denken gab, und entlarvt zugleich den «bornierten Ketzerfeind»[111] in seiner Unfähigkeit, Probleme zu erkennen. Man muß wiederum einräumen, daß Epiphanius nur «ein typischer Vertreter einer kirchlich-theologischen Richtung ist, die im 4. Jh., d. h. in der nachkonstantinischen Reichskirche, das kirchliche Leben und Denken vielleicht stärker bestimmt hat als die großen theologischen Denker ... Diese Richtung ist gekennzeichnet durch einen starken asketischen Zug ... Zum anderen werden in diesen Kreisen dogmatische Fragen nicht theologisch durchdacht und weitergeführt, sondern sie gelten als gelöst; ein massiver Traditionalismus wird hier maßgebend, der sich mit dem ebenfalls vorhandenen Biblizismus nur deshalb verträgt, weil die Exegese grundsätzlich von der dogmatischen Entscheidung bestimmt ist[112].»

---

[104] Neumann, 211f; 234; 236; vgl. Merkel, aaO., 20–22.
[105] Nachweis bei A. Souter, A Study of Ambrosiaster, 1905, 23ff.; Souter verdanken wir auch die Textausgabe CSEL 50, 1908.
[106] Dies hat P. Courcelle, Critiques exégétiques et arguments antichrétiens rapportés par Ambrosiaster, VigChr. 13, 1959, 133ff., wahrscheinlich gemacht.
[107] Vgl. Text Nr. 25.
[108] Vgl. Text Nr. 26.
[109] Vgl. Texte Nr. 27 und 28.
[110] Vgl. Text Nr. 35.
[111] H. v. Campenhausen, Griechische Kirchenväter, 1955³, 147.
[112] W. Schneemelcher, Art. Epiphanius von Salamis, RAC V, 909.

Epiphanius bedient sich zur Erfassung der Pluralität der Evangelien im Grunde des Entwicklungsgedankens. Da die verstockten Häretiker Matthäus mißverstanden, als sei Jesus nur ein Mensch, hat Markus die Geburtsgeschichte weggelassen, aber damit die adoptianische Christologie auf den Plan gerufen, so daß Lukas – inzwischen in den Kreis der 72 Jünger avanciert – durch seinen bis zu Adam und Gott selbst reichenden Stammbaum sowohl die psilanthropische als auch die gnostische Fehldeutung auszuschließen versucht. Doch da kommen die Philosophen und mäkeln an der Chronologie der Vorgeschichte herum, wodurch sie aber nur ihren Unverstand bekunden, da sich doch alles leicht löst, wenn man seinen Euseb gelesen hat[113]. Aber auch die Häresie schweigt nicht, so daß schließlich der greise Johannes die Fleischwerdung des ewigen Logos mit letzter antihäretischer Zuspitzung bezeugt. Das klingt alles ganz plausibel, nur hat Epiphanius es nicht ganz so gesagt – selbstverständlich haben sich die Evangelisten nicht von sich aus, sondern auf Antrieb des heiligen Geistes hin ans Schreiben gemacht. D. h. die Entwicklung ist völlig vom Geist gesteuert und damit natürlich keine «Entwicklung» mehr. Bedauerlich bleibt freilich, daß der heilige Geist erst drei unzureichende Versuche starten muß, bis ihm ein dogmatisch unanfechtbares Evangelium gelingt.

Neben dieser grundsätzlichen Aussage bringt Epiphanius ermüdende Rechnereien zum Nachweis der Übereinstimmung von synoptischer und johanneischer Chronologie. Bei ihm muß alles auf den Tag genau stimmen; freilich haben sich scharfsinnige Forscher bisher vergeblich bemüht, diese Aufstellungen ganz zu erhellen[114]. Aber das Ergebnis stand ja für den Verfasser und wohl auch für seine Leser von vornherein fest.

Als dritter Antiochener, dessen Werk erhalten ist, soll Johannes Chrysostomus[115] gewürdigt werden. Im Gegensatz zu seinem Freund und Schulgenossen Theodor von Mopsuestia, aber in Übereinstimmung mit Epiphanius, setzt Chrysostomus eine streng gefaßte Inspira-

---

[113] Epiphanius bedient sich der Zweijahreshypothese Eusebs (Text Nr. 21), gibt aber natürlich seine Quelle nicht an.

[114] Vgl. die Ausführungen von A. Bludau, aaO., 97ff., und die Anmerkungen von K. Holl in seiner Ausgabe; zusammenfassend H. Merkel, Die Widersprüche, 176ff.

[115] Als Spezialuntersuchung bleibt das materialreiche Werk von S. Haidacher, Die Lehre des heiligen Johannes Chrysostomus über die Schriftinspiration, 1897, immer noch nützlich; weiter sind zu nennen: J. D. Quinn, Saint John Chrysostom on the History in the Synoptics, CBQ 24, 1962, 140ff.; H. Eising, Schriftgebrauch und Schriftverständnis in den Matthäus-Homilien des Johannes Chrysostomos, OrChr. 4. Serie 12, 1964. 84ff.

tionslehre voraus. So kann er vom Evangelisten Johannes sagen, er sei als Evangelienverfasser nicht mehr ein Fischersmann, auch nicht mehr der Sohn des Zebedäus gewesen, sondern eine Lyra, auf der Gott spielte[116]. Auch in den Matthäus-Homilien, wo Chrysostomus der Ergänzungstheorie Theodors folgt, fehlt doch der Hinweis auf den Ansporn durch Christus nicht[117]. Aber auch Matthäus und alle Apostel waren vom Geist erfüllt[118], und damit ist die Pluralität der Evangelien wieder eine gottgewollte Notwendigkeit.

In allen Glaubensfragen besteht selbstverständlich größte Einmütigkeit, durch ihr Sondergut erweisen sie ihre gesonderte Existenzberechtigung, und kleine Unterschiede beweisen wieder die Unabhängigkeit der Verfasser. Kontradiktorische Widersprüche kann es nicht geben, sonst hätten die Evangelien nicht in aller Welt Glauben gefunden[119]. Dieses Ineinander von rationalen Argumenten und dogmatischen Postulaten macht die Lektüre des Chrysostomus recht reizvoll. Bei den konkreten Problemen beläßt er es freilich meist bei einer schlichten Addition: Sowohl der eine als auch der andere hat recht. Dabei werden vorgegebene Lösungen ohne Scheu übernommen, ob sie nun von Origenes oder Epiphanius stammen mögen[120]. Textkritische oder redaktionstheologische Erklärungen fehlen.

Während die antiochenische Schule im Kampf gegen die allegorische Methode des Origenes und seiner Schüler ihr wörtliches Verständnis der Schrift pflegte, hat Ambrosius dem Westen die Höhen der Allegorese erschlossen. Die Neuheit dieser Betrachtungsweise hat wohl zu einem guten Teil ihren Erfolg bedingt. Über Anstöße jeder Art kam man damit leicht hinweg. Als einzige neutestamentliche Schrift hat Ambrosius das Lukasevangelium ausgelegt. Hier finden wir den interessanten Versuch, die Pluralität der Evangelien im Rahmen der antiken Wissenschaft zu begründen. Die Evangelien enthalten alle Weisheit der Welt, Naturphilosophie, Ethik und Logik, jedes hat einen bestimmten Schwerpunkt. Die Einheit liegt darin, daß der dreieinige Gott aus ihnen spricht[121]. Selbstverständlich sind sie inspiriert und damit gibt es keine

---

[116] Johannes-Homilie XI (MPG 59, 26). Unter diesem Bild und ähnlichen wird die Inspiration schon im hellenistischen Judentum (Philo), bei altkirchlichen Schriftstellern und bei den Montanisten dargestellt; vgl. W. Schepelern, Der Montanismus und die phrygischen Kulte, 1929, 153.
[117] Vgl. Text Nr. 39.
[118] Matthäus-Homilie I (MPG 57, 15).
[119] Alles im Text Nr. 39.
[120] Beispiele bei H. Merkel, Die Widersprüche, 195ff.
[121] Text Nr. 40.

Widersprüche. Selbst die Verlosung der Kleider des Gekreuzigten zeigt die wunderbare Einheit in der Vielfalt an[122]. Das sind anregende Gedanken, aber sie werden in der Einzelexegese nicht fruchtbar gemacht. Hier folgt Ambrosius meist vorgegebenen Harmonisierungen, die auf diese Theorien noch keinen Bezug nehmen: Für die Stammbäume exzerpiert er Euseb, ebenso für die Ostergeschichten[123], zwischendurch greift er wiederholt auf Allegorien des Origenes zurück[124]. Ohne jeden eigenen Ansatz ist der fleißige und flüchtige Kommentator Hieronymus. Er «begnügt sich mit allgemeinen Bekenntnissen zur Widerspruchslosigkeit und Unfehlbarkeit der Schrift; eine eigene biblische Hermeneutik vermag er nicht zu entfalten»[125]. Sein Schriftstellerkatalog führt die Traditionen über die Evangelisten in ihren entwickeltsten Formen an, seine Kommentare zu Matthäus und Markus bringen meist schlichte, historische Harmonisierungen, die aus Origenes oder Euseb entlehnt sind[126]. Ein Problembewußtsein im Sinne unserer Fragestellung besitzt Hieronymus nicht. Darum war es in dieser Textsammlung auch nicht notwendig, besonders auf ihn einzugehen; in den Anmerkungen ist jeweils angegeben, wo er sich älteren Lösungen angeschlossen hat.

Augustin ist der Erste, der das Problem nicht nur grundsätzlich erfaßt, sondern auch eigens und in voller Breite bewältigt hat[127]. Daß er dies vermochte, ist seiner großen systematischen Denkkraft zu danken. Freilich gab es innere und äußere Anstöße dazu, gerade dieses Problem anzugreifen.

Der innere Anstoß liegt in Augustins Biographie. Seine erste Begegnung mit der Bibel war infolge ästhetisch-rhetorischen Ungenügens erfolglos verlaufen[128]. Als Manichäer lernte er die Bibel in kritischer Beleuchtung kennen; Widersprüche aller Art wurden von ihnen hervorgehoben, um sich vom Alten Testament und seiner ins Neue Testament hineinreichenden Autorität zu befreien[129]. Erst die Begegnung mit

---

[122] Ambrosius, Lukas-Erklärung X, 117f.
[123] Siehe die Nachweise in der Ausgabe von M. Adriaen, CCL 14, 1957.
[124] Beispiele bei H. Merkel, Die Widersprüche, 208f.
[125] H. v. Campenhausen, Lat. Kirchenväter, 137f.
[126] Beispiele bei H. Merkel, aaO., 213–216.
[127] Grundlegend: H. J. Vogels, St. Augustins Schrift De consensu euangelistarum unter vornehmlicher Berücksichtigung ihrer harmonistischen Anschauungen, 1908; Weiterführendes bei H. Merkel, aaO., 218ff.
[128] Confessiones III, 5,9; zum biographischen Hintergrund: W. v. Loewenich, Augustin – Leben und Werk, 1965.
[129] Vgl. dazu P. Courcelle, Recherches sur les Confessions de Saint Augustin, 1968², 61ff.

der Allegoristik des Ambrosius, die alle Anstöße an der Schrift hinweg-
zauberte, brachte Augustin auf den Weg ins katholische Lager. Charakteristisch für Augustin ist es, daß er den manichäischen Rationalis-
mus durch einen Willensentschluß überwindet, indem er sich unter die
Autorität der Kirche beugt[130]. Der berühmte Satz, er würde dem Evangelium nicht glauben, wenn ihn nicht die Autorität der katholischen
Kirche dazu bewegte, kommt natürlich «in die gefährliche Nähe eines
bloßen Autoritätsglaubens»[131], ist aber aus der Situation heraus für
Augustin unumgänglich. Sind aber Schrift und Kirche so eng verknüpft,
dann bekommen Insuffizienzen der Schrift ein viel bedrohlicheres Aus-
maß als früher: Wankt die Schrift, dann kommt auch ihre Garantin,
die katholische Kirche, ins Wanken. So hat Augustins persönlicher
Weg zum Glauben in ihm eine außerordentlich enge Vorstellung von
der Wahrhaftigkeit und Irrtumslosigkeit der Schrift entstehen lassen.

Eine positive Folge dieser wesenhaften Bindung des Christen Augustin an die Schrift war seine mit allen damals zur Verfügung stehenden
Hilfsmitteln betriebene Schriftauslegung[132]. Diese dient gleichzeitig der
Bewältigung seiner manichäischen Vergangenheit und der Abwehr ge-
genwärtiger manichäischer Angriffe, die in den katholischen Gemeinden nicht geringe Verwirrung anrichten. Insbesondere in der Auseinandersetzung mit Faustus, die in die Jahre 397/400 fällt, spielt das
Problem der Widersprüche in der Schrift eine große Rolle[133]. In der
wahrscheinlich im Jahr 400 abgefaßten Schrift De consensu euangelistarum hat sich Augustin prinzipiell und eingehend mit allen aus der
Pluralität der Evangelien resultierenden Fragen befaßt. Sie dürfte ein
Nachklang jener antimanichäischen Kontroversen sein[134], zugleich aber
auch ein Werk des Seelsorgers, der von seiner Gemeinde immer wieder
um Rat gefragt worden war[135].

Grundsätzlich ist für Augustin die Vierzahl vorgegeben[136]. Er findet
noch einige zusätzliche Bilder, die diese Pluralität plausibel machen

---

[130] Einzelheiten bei H. Merkel, aaO., 220ff.
[131] W. v. Loewenich, aaO., 41.
[132] Vgl. H.-J. Marrou, Saint Augustin et la fin de la culture antique, 1958⁴, 469ff.
[133] Augustin, Contra Faustum, CSEL 25, 1891.
[134] Während die neuere Forschung meist Porphyrianer als Gegner annahm, glauben
wir die Beziehungen zur manichäischen Evangelienkritik deutlich aufgewiesen
zu haben; vgl. H. Merkel, Die Widersprüche, 224ff. Die Auseinandersetzung
mit Porphyrius in De consensu I stellt einen Exkurs dar, der aber nicht den
Hauptzweck des Buches ausmacht.
[135] H. J. Vogels. aaO., 5A. 1, hat auf die Predigten 35; 47; 51; 71; 82; 133; 145;
149; 235; 240; 243; 244; 245; 246 verwiesen, in denen Augustin auf Widersprüche eingeht.
[136] Vgl. Text Nr. 41.

können, beruft sich auf Apostolizität bzw. Apostelschülerschaft und die Mitwirkung des heiligen Geistes, und grenzt sich gegen häretische Evangelien ab, die keinen Glauben in der Kirche gefunden haben. Dennoch gibt Augustin eine gewisse Differenzierung an: Matthäus hat die königliche, Lukas die priesterliche Würde Jesu beschrieben, Markus ist ein Trabant des Matthäus, Johannes dagegen ist der Künder der Gottheit Christi. Auch dies sind traditionelle Formeln, die bei der Einzelexegese nicht fruchtbar gemacht werden. Immerhin ist der wunderbare und gottgewirkte Charakter des Vierevangelienkanons damit von vorneherein so abgesichert, daß der Leser sofort merkt, daß hier die schönste Harmonie herrschen muß.

Trotzdem weist Augustin diese Harmonie dann noch in einer ausführlichen Einzeluntersuchung – sie umfaßt nahezu 340 Druckseiten! – nach. In Buch II konfrontiert er das Matthäusevangelium bis hin zum Abendmahlsbericht mit den jeweiligen Parallelberichten und zeigt deren Vereinbarkeit auf. In Buch III liefert Augustin eine Harmonie der Passions- und Ostergeschichten und kommt nur von Fall zu Fall auf Widersprüche zu sprechen. In Buch IV bespricht er die angeblichen Widersprüche zwischen Markus und Lukas bzw. Johannes, vergleicht Lukas und Johannes und endet mit einem Panegyrikus auf Johannes.

Grundsätzlich leugnet Augustin das Vorhandensein von Widersprüchen; er gibt höchstens Verschiedenheiten im Ausdruck und in der Darstellungsweise zu, wie sie aus der unterschiedlichen Erinnerung begründbar sind. Diese Erklärung paßt natürlich nicht zur Inspirationslehre, und daher betont Augustin denn auch an anderer Stelle, daß Gott selbst die Erinnerung der Apostel gelenkt habe. So kommt auch Augustin nicht zu einem wirklichen Verständnis des geschichtlichen Charakters der Evangelien. Auch wenn er gelegentlich erklärt, durch die unterschiedliche Darstellung solle das rechte Verständnis geweckt oder ein falsches Glaubensverständnis abgewehrt werden, so bleiben diese Überlegungen ohne konkrete Anwendung[137]. Die Harmonistik muß nicht im einzelnen dargestellt werden[138]. Wichtig ist, daß Augustin fast ausschließlich secundum historiam harmonisiert, während er von der allegorischen Methode ganz selten Gebrauch macht. Dies hängt mit dem in der Einleitung ausgesprochenen Grundansatz zusammen, die Evangelien überragten als Erfüllung der Prophetie die anderen Schriften. In chronologicis ist Augustin sehr weitherzig, auch bemüht er sich meist, die Vereinbarkeit bzw. Komplementarität von

---

[137] Belege zum Vorstehenden bei Merkel, aaO., 232f.
[138] Beispiele bei Merkel, aaO., 235ff.

Parallelberichten aufzuweisen. Zeigt insoweit die Harmonistik einen nüchternen und gemäßigten Zug, so bleiben aber «die aussichtsreichsten Ansätze zur text-, literar- oder redaktionskritischen Lösung von Widersprüchen dann doch ohne Konsequenz . . ., um die glaubensnotwendige Integration in ein universales harmonistisches Gebäude nicht zu gefährden»[139].

Die mittelalterlichen und reformatorischen Schriftausleger haben den in der Alten Kirche entwickelten Lösungen nichts prinzipiell Neues hinzufügen können. Unter Augustins Einfluß blieb die Harmonistik meist in maßvollen Bahnen. Darauf ist hier nicht mehr einzugehen.

Die heutige Situation ist von der altkirchlichen grundsätzlich unterschieden. Wir haben die Evangelisten «als bloß menschliche Schriftsteller» kennengelernt, die die Jesustradition sammelten und zugleich interpretierten. Damit ist uns das «Skandalon der menschlichen Offenbarungsvermittlung»[140] in ganz neuer Weise aufgegeben. Der Blick auf die altkirchliche Exegese kann uns die Gefahren einer auf allzu sichere Resultate bedachten Exegese zeigen, unser Problembewußtsein schärfen, uns zu unvoreingenommener Arbeit ermahnen und zugleich die schmerzliche und tröstliche Erkenntnis der geschichtlichen Bedingtheit aller exegetischen Urteile vermitteln.

---

[139] H. G. Klemm, ZRGG 26 (1974), 63.
[140] O. Cullmann, aaO., 563.

Literatur

In alphabetischer Folge werden hier übergreifende und zusammenfassende Arbeiten genannt; Spezialliteratur ist in der Einleitung angeführt.

v. Campenhausen, H., Die Entstehung der christlichen Bibel, Tübingen 1968, BHTh 39.

O. Cullmann, Die Pluralität der Evangelien als theologisches Problem im Altertum, ThZ 1, 1945, 23–42 (= Ders., Vorträge und Aufsätze 1925–1962, hrsg. von K. Fröhlich, Tübingen/Zürich 1966, 548–565).

Dahl, N. A., Widersprüche in der Bibel – ein altes hermeneutisches Problem, StTh 25, 1971, 1–19.

Klemm, H. G., Die Widersprüche zwischen den Evangelien, ZRGG 26, 1974, 60–63.

Kümmel, W. G., Einleitung in das Neue Testament, Heidelberg 1973[17].

Leipoldt, J., Der neutestamentliche Kanon I, Leipzig 1907.

Lietzmann, H., Wie wurden die Bücher des Neuen Testaments heilige Schrift? Kleine Schriften II, hrsg. von K. Aland, TU 68, Berlin 1958, 15–98.

Merkel, H., Die Widersprüche zwischen den Evangelien. Ihre polemische und apologetische Behandlung in der Alten Kirche bis zu Augustin, Tübingen 1971, WUNT 13.

Ohlig, K.-H., Die theologische Begründung des neutestamentlichen Kanons in der alten Kirche, Düsseldorf 1972.

Pesch, Ch., Über Evangelienharmonien, ZKTh 10, 1886, 225ff.; 454ff.

Regul, J., Die antimarcionitischen Evangelienprologe, Freiburg 1969.

Vogels, H. J., St. Augustins Schrift De consensu Evangelistarum unter vornehmlicher Berücksichtigung ihrer harmonistischen Anschauungen, Freiburg B. 1908, BSt XIII, 5.

v. Zahn, Th., Geschichte des Neutestamentlichen Kanons, Erlangen I 1888, II 1892.

Abkürzungen

Textausgaben:

CCL	= Corpus Christianorum, series Latina
CSCO	= Corpus Scriptorum Christianorum Orientalium
CPT	= Cambridge Patristic Texts
CSEL	= Corpus Scriptorum Ecclesiasticorum Latinorum
GCS	= Die Griechischen Christlichen Schriftsteller der ersten Jahrhunderte
KlT	= Kleine Texte für philologische und theologische Vorlesungen und Übungen
MPG	= J. P. Migne, Patrologiae cursus completus, series Graeca
MPL	= J. P. Migne, Patrologiae cursus completus, series Latina
OECT	= Oxford Early Christian Texts
SVF	= Stoicorum Veterum Fragmenta
SC	= Sources Chrétiennes

In Übersetzung:

Hennecke-Schneemelcher	= Neutestamentliche Apokryphen in deutscher Übersetzung, hg. von E. Hennecke (3. Aufl. von W. Schneemelcher)

Lexika, Wörterbücher, Reihen:

W. Bauer	= W. Bauer, Griechisch-deutsches Wörterbuch zu den Schriften des Neuen Testaments und der übrigen urchristlichen Literatur
G. W. H. Lampe	= G. W. H. Lampe, A Patristic Greek Lexicon
RAC	= Reallexikon für Antike und Christentum

RGG³	= Die Religion in Geschichte und Gegenwart, 3. Aufl.
TU	= Texte und Untersuchungen zur Geschichte der altchristlichen Literatur

Zeitschriften:

BZ	= Biblische Zeitschrift
CBQ	= Catholic Biblical Quarterly
EvTh	= Evangelische Theologie
HThR	= Harvard Theological Revue
NTS	= New Testament Studies
OrChr	= Oriens Christianus
StTh	= Studia Theologica
VD	= Verbum Domini
Vig Chr	= Vigiliae Christianae
ZKTh	= Zeitschrift für katholische Theologie
ZNW	= Zeitschrift für die neutestamentliche Wissenschaft und die Kunde der älteren Kirche
ZPE	= Zeitschrift für Papyrologie u. Epigraphik
ZRGG	= Zeitschrift für Religions- und Geistesgeschichte
ZThK	= Zeitschrift für Theologie und Kirche

Texte und Übersetzungen

1 *Eusebius*, Historia ecclesiastica (ca. 303 aut 312) III, 39, 15 s., ed. E. Schwartz, GCS 9, 1903/09

15. Καὶ τοῦθ' ὁ πρεσβύτερος ἔλεγεν· Μάρκος μὲν ἑρμηνευτὴς Πέτρου γενόμενος, ὅσα ἐμνημόνευσεν, ἀκριβῶς ἔγραψεν, οὐ μέντοι τάξει τὰ ὑπὸ τοῦ κυρίου ἢ λεχθέντα ἢ πραχθέντα. Οὔτε γὰρ ἤκουσεν τοῦ κυρίου οὔτε παρηκολούθησεν αὐτῷ, ὕστερον δέ, ὡς ἔφην, Πέτρῳ· ὃς πρὸς τὰς χρείας
5 ἐποιεῖτο τὰς διδασκαλίας, ἀλλ' οὐχ ὥσπερ σύνταξιν τῶν κυριακῶν ποιούμενος λογίων, ὥστε οὐδὲν ἥμαρτεν Μάρκος οὕτως ἔνια γράψας ὡς ἀπεμνημόνευσεν. Ἑνὸς γὰρ ἐποιήσατο πρόνοιαν, τοῦ μηδὲν ὧν ἤκουσεν παραλιπεῖν ἢ ψεύσασθαί τι ἐν αὐτοῖς.

16. ... Ματθαῖος μὲν οὖν Ἑβραΐδι διαλέκτῳ τὰ λόγια συνετάξατο,
10 ἡρμήνευσεν δ' αὐτὰ ὡς ἦν δυνατὸς ἕκαστος.

2

Papias

1 *Euseb*, Kirchengeschichte III, 39, 15–16

15. «Und dies sagte der Presbyter[1]: Markus war Dolmetscher des Petrus[2] und schrieb genau auf, woran er sich erinnerte, freilich nicht in der richtigen Reihenfolge[3], und zwar das, was der Herr geredet und getan hatte; denn er hatte den Herrn weder selbst gehört noch war er ihm selbst nachgefolgt, sondern, wie schon gesagt, erst später dem Petrus, der seine Lehrvorträge entsprechend den jeweiligen Bedürfnissen hielt, aber nicht in der Absicht, eine Zusammenstellung der Herrenworte zu geben[4]. Daher hat Markus keinen Fehler begangen, wenn er einiges so niederschrieb, wie er es in Erinnerung hatte; denn er trug nur um eines Sorge, daß er nichts von dem Gehörten auslasse oder verfälsche[5]. 16. ... Matthäus nun stellte in hebräischer (aramäischer?) Sprache[6] die Worte (sc. Jesu) zusammen; übersetzt hat sie ein jeder, so gut er konnte.»

---

[1] Nach Euseb, Hist. eccl. III, 39, 2 hat sich Papias auf einen Presbyter namens Johannes als Gewährsmann berufen. Dazu G. Delling, RGG[3], III, 819.

[2] Diese Aufgabe spiegelt zwar palästinische Verhältnisse wider (s. E. Stauffer, Der Methurgeman des Petrus, in: Neutestamentliche Aufsätze. Festschrift für Prof. J. Schmid, 1963, 283–293), dürfte aber doch aus 1. Petr. 5, 13 herausgesponnen worden sein (J. Regul, Evangelienprologe, 96).

[3] Heftig umstritten ist die Frage, woran Papias seine Kritik an der Anordnung des Markus orientiert habe. E. Schwartz, Über den Tod der Söhne Zebedaei, Gesammelte Schriften Bd. 5, 1963, 77ff., J. Leipoldt, Kanon, 146, und Jülicher/Fascher, Einleitung in das Neue Testament, 1931[7], 283, meinten, er habe Joh. als Maßstab genommen; dagegen äußerten sich z. B. W. Bauer, Rechtgläubigkeit und Ketzerei im ältesten Christentum, 1964[2], 187, H. v. Campenhausen, Entstehung, 157 Anm. 120, und besonders J. Regul, Evangelienprologe, 143ff. J. Munck, Die Tradition über das Matthäusevangelium bei Papias, in: Neotestamentica et Patristica (Festschrift O. Cullmann), 1962, 251, plädiert für Lukas als Norm des Papias; Regul 151f., stimmt ihm vorsichtig zu. Da Lukas aber den Markusrahmen ziemlich genau beibehalten hat, überzeugt diese Lösung auch nicht ganz, man müßte denn die Aussage des Papias für bloßes Postulat auf Grund von Lk. 1, 3 halten.

[4] Diese Verbindung des Markus zu Petrus wird später immer handfester ausgeschmückt; vgl. Nr. 19.

[5] Papias bedient sich hier einer in der jüdisch-hellenistischen und griechischen Literatur verbreiteten Formel; vgl. W. C. van Unnik, VigChr. 3, 1949, 1–36.

[6] Schon im NT meint «hebräisch» öfters «aramäisch», vgl. Apostelgeschichte 21, 40; 22, 2; 26, 14; Joh. 20, 16. – Nach J. Kürzinger, Das Papias-Zeugnis und die Erstgestalt des Matthäus-Evangeliums, BZ, N. F. 4, 1960, 18–38, meint Papias nicht die Sprache, sondern «eine nach jüdischer Weise geordnete Komposition»,

2 *Irenaeus*, Aduersus haereses (ca. 180–200) III, 1, 1–2, 1, edd. A. Rousseau/L. Doutreleau, SC 211, 1974

1, 1. (. . .) Ita Matthaeus in Hebraeis ipsorum lingua scripturam edidit Euangelii, cum Petrus et Paulus Romae euangelizarent et fundarent Ecclesiam. Post uero horum excessum, Marcus disci|pulus et interpres Petri et ipse quae a Petro adnuntiata erant per scripta nobis
5 tradidit. Et Lucas autem sectator Pauli quod ab illo praedicabatur Euangelium in libro condidit. Postea et Iohannes discipulus Domini, qui et supra pectus eius recumbebat, et ipse edidit Euangelium, Ephesi Asiae commorans.

1, 2. Et omnes isti unum Deum Factorem caeli et terrae a lege et
10 prophetis adnuntiatum, et unum Christum Filium Dei tradiderunt nobis: quibus si quis non adsentit, spernit quidem participes Domini, spernit autem et ipsum Dominum, spernit uero et Patrem, et est a semetipso damnatus, resistens et repugnans saluti suae, quod faciunt omnes haeretici.

15 2, 1. Cum enim ex Scripturis arguuntur, in accusationem conuertuntur ipsarum Scripturarum, quasi non recte habeant neque sint ex auctoritate, et quia varie sint dictae, et quia non possit ex his inueniri ueritas ab his qui nesciant traditionem.

2, 5 s. cf. Gal. 2, 2; 1. Thess. 2, 9; 2. Tim. 2, 8.
　　7　cf. Ioh. 13, 23; 21, 20.
　12　cf. Luc. 10, 16.
　13　cf. Tit. 3, 11; 2. Tim. 2, 25; 3, 8.

Irenäus

2 Gegen die Häresien III, 1, 1–2, 1

1. (. . .) Matthäus hat so unter den Hebräern in ihrer eigenen Sprache auch eine Evangelienschrift[1] herausgebracht, während Petrus und Paulus in Rom das Evangelium verkündigten und die Gemeinde gründeten. Nach ihrem Tod hat Markus, der Schüler und Dolmetscher des Petrus, seinerseits die Verkündigung des Petrus uns schriftlich überliefert. Und Lukas, der Gefolgsmann des Paulus, hat das von diesem verkündigte Evangelium in einem Buch niedergelegt[2]. Darauf hat auch Johannes, der Jünger des Herrn, der an seiner Brust lag, das Evangelium herausgegeben, als er in Ephesus in Kleinasien weilte[3].

2. Und diese alle überlieferten uns (den Glauben an) den einen Gott, den Schöpfer Himmels und der Erde, der von Gesetz und Propheten verkündigt wurde, und den einen Christus, den Sohn Gottes. Wer diesen nicht zustimmt, verachtet die Genossen des Herrn, verachtet aber auch den Herrn selbst und schließlich auch den Vater; und er verdammt sich selbst, da er sich aktiv seinem Heil widersetzt, und dies tun alle Häretiker.

2, 1. Wenn sie nämlich aus den Schriften widerlegt werden, dann wenden sie sich zur Anklage gegen eben diese Schriften: diese seien verderbt, seien ohne bindende Autorität und widersprächen sich gegenseitig, und aus ihnen könne man die Wahrheit nicht erkennen, wenn man nicht die (mündliche) Überlieferung kenne . . .[4].

---

(34) – schwerlich überzeugend! Vgl. H. Merkel, Widersprüche, 48 Anm. 21. Mindestens hat schon Irenäus, Adu. haereses III, 1, 1 diese Äußerung auf die Sprache des Matthäus bezogen.

---

[1] Im Vorhergehenden hat Irenäus über die Beauftragung der Jünger zur mündlichen Verkündigung gesprochen; dazu waren sie mit der Gabe des Geistes ausgerüstet, «und sie besaßen alle gleichermaßen und jeder auch für sich das Evangelium Gottes» (III, 1, 1). Matthäus war der erste, der neben der Predigt auch eine schriftliche Darstellung dieses vollgültigen und allen gemeinsamen Evangeliums gab.

[2] Irenäus ist die älteste Quelle für die Lukas-Überlieferung. III, 14, 1 nennt er ihn «prosecutor et cooperarius apostolorum maxime autem Pauli». Das belegt er aus den «Wir»-Stücken der Apostelgeschichte (16, 10–17; 20, 5–15; 21, 1–18; 27, 1–28, 16) und aus Kol. 4, 14 und 2. Tim. 4, 10f. Daraus schließt Irenäus: (III, 14, 3): «Wer aber Lukas verwirft, weil er angeblich die Wahrheit nicht gekannt habe, der wirft offenkundig auch das Evangelium weg, dessen Schüler zu sein er gewürdigt wurde», d. h. das Evangelium des Paulus! Schärfer konnte die marcionitische Evangelienkritik nicht ad absurdum geführt werden!

[3] Über die Tradition vom kleinasiatischen Johannes handelt J. Regul, Evangelienprologe, 104–143.

[4] Gegen die Berufung der Gnostiker auf die uiua uox führt Irenäus im folgenden die lückenlose Sukzession der katholischen Bischöfe ins Feld, die für die reine Überlieferung bürge.

3   ibidem III, 11, 8–9

11, 8. Neque autem plura numero quam haec sunt neque rursus pauciora capit esse Euangelia. Quoniam enim quattuor regiones mundi sunt in quo sumus et quattuor principales spiritus et disseminata est Ecclesia super omnem terram, columna autem et firmamentum
5 Ecclesiae est Euangelium et Spiritus uitae, consequens est quattuor habere eam columnas undique flantes incorruptibilitatem et uiuificantes homines. Ex quibus manifestum est quoniam qui est omnium Artifex Verbum, qui sedit super Cherubim et continet omnia, declaratus hominibus, dedit nobis quadriforme Euangelium quod uno
10 Spiritu continetur. Quemadmodum et Dauid postulans eius aduentum ait: *Qui sedes super Cherubim, appare.* Et enim Cherubim quadriformia, et formae ipsorum imagines sunt dispositionis Filii Dei: *primum* enim *animal,* inquit, *simile leoni,* efficabile eius et principale et regale significans; *secundum* uero *simile uitulo,* sacrificalem et sacer-
15 dotalem ordinationem significans; *tertium* uero *habens faciem quasi humanam,* eum qui est secundum hominem aduentum eius manifeste describens; *quartum* uero *simile aquilae uolanti,* Spiritus in Ecclesiam aduolantis gratiam manifestans. Et Euangelia igitur his consonantia, in quibus insidet Christus Iesus. Aliud enim illam quae est a Patre
20 principalem et efficabilem et gloriosam generationem eius enarrat, dicens sic: *In principio erat Verbum, et Verbum erat apud Deum, et Deus erat Verbum;* et: *Omnia per ipsum facta sunt, et sine ipso factum est nihil.* Propter hoc et omni fiducia plenum est Euangelium istud: talis est enim persona eius. Id uero quod est secundum Lucam,
25 quoniam quidem sacerdotalis characteris est, a Zacharia sacerdote sacrificante Deo inchoauit. Iam enim *saginatus* parabatur *uitulus,* qui pro inuentione minoris filii inciperet mactari. Matthaeus uero eam quae est secundum hominem generationem eius enarrat: *Liber,* dicens,

---

3, 4   1. Tim. 3, 15.
11   Ps. 79 (80), 2.
13   Apoc. Ioh. 4, 7.
14   Apoc. Ioh. 4, 7.
15   Apoc. Ioh. 4, 7.
17   Apoc. Ioh. 4, 7.
21 s.   Ioh. 1, 1.
22 s.   Ioh. 1, 3.
25 s.   Luc. 1, 9.
26 s.   Luc. 15, 30.
27 s.   cf. Luc. 15, 32.
28 s.   Matth. 1, 1.

3 Ebenda, III, 11, 8–9

11, 8. Denn es geht nicht an, daß es eine größere Zahl von Evangelien gibt als diese noch auch eine geringere. Da es in der Welt, in der wir leben, vier Himmelsrichtungen gibt und auch vier Hauptwinde, und die Kirche über die ganze Erde verbreitet ist, und das Evangelium *die Säule* und *Stütze* der Kirche und der Lebenshauch ist, so ist es natürlich, daß sie vier Säulen hat, die von allen Seiten Unverweslichkeit ausströmen und die Menschen wieder mit Leben erfüllen. Auf Grund dessen ist es einleuchtend, daß der das All schaffende Logos, der über den Cheruben thront und das All zusammenhält, nachdem er den Menschen offenbar wurde, uns das Evangelium in vierfacher Gestalt gab, das aber von einem Geist zusammengehalten wird[1].

Wie auch David, der um seine Parusie bittet, sagt: *Der du über den Cheruben thronst, erscheine!* Denn auch die Cheruben haben ein vierfaches Angesicht, und ihre Gesichter sind Abbilder der Wirkungsweise des Gottessohnes. Denn *das erste dieser Wesen*, so heißt es, *gleicht einem Löwen*; es kennzeichnet sein aktives, leitendes und königliches Amt. *Das zweite gleicht einem Stier*; es stellt seine Bestimmung zum Opfer- und Priesterdienst dar. *Das dritte trägt Menschenantlitz* und stellt so seine Parusie als Mensch aufs deutlichste dar. *Das vierte gleicht einem fliegenden Adler* und verdeutlicht die Gabe des Geistes, der auf die Kirche herabkommt. Mit diesen Wesen stimmen die Evangelien überein, über denen Christus thront. Das eine nämlich beschreibt seinen führenden, wirkenden und herrlichen Ursprung vom Vater mit den Worten: *Am Anfang war das Wort, und das Wort war bei Gott, und Gott war das Wort* und: *Alles ist durch ihn gemacht und ohne ihn ist nichts gemacht*. Daher ist jenes Evangelium voll von kraftvoller Zuversicht; denn solcherart ist sein Charakter. Das Evangelium nach Lukas aber, da es priesterlichen Charakter trägt, beginnt mit dem Priester Zacharias, der Gott ein Opfer darbringt. Denn *das gemästete Kalb* war schon zubereitet, das aus Anlaß der Wiederfindung des jüngeren Sohnes geschlachtet werden sollte. Matthäus aber berichtet seine menschliche Abstammung mit den Worten: *Buch der Abstammung Jesu Christi, des Sohnes Davids, des Sohnes Abrahams,* und weiter: *Mit der Abstammung Christi verhielt es sich so.* Dieses Evangelium

---

[1] Später hat man noch weitere Analogien zur Vierzahl der Evangelien gesucht; so verweist Origenes (Nr. 8) auf die 4 Elemente; Hippolyt, Danielkommentar I, 17, Cyprian, Brief 73, 10 und Viktorin von Pettau, Apokalypsekommentar (CSEL 49, 1916, 54) verweisen auf die 4 Paradiesesströme; Ambrosiaster (Nr. 25) nennt die 4 Jahreszeiten.

generationis Iesu Christi, filii Dauid, filii Abraham; et iterum: *Christi*
³⁰ *autem generatio sic erat.* Humanae formae igitur Euangelium hoc:
propter hoc et per totum Euangelium humiliter sentiens et mitis homo
seruatus est.

Marcus uero a prophetico Spiritu ex alto adueniente hominibus initium fecit: *Initium,* dicens, *Euangelii, quemadmodum scriptum est in*
³⁵ *Esaia propheta,* uolatilem et pennatam imaginem Euangelii monstrans;
propter hoc et compendiosam et praecurrentem adnuntiationem fecit:
propheticus enim character est hic.

Et ipsum autem Verbum Dei illis quidem qui ante Moysen fuerunt
patriarchis secundum diuinitatem et gloriam colloquebatur; his uero
⁴⁰ qui in lege, sacerdotalem et ministerialem actum praebebat; post deinde
nobis homo factus, munus caelestis Spiritus in omnem misit terram, pro-
tegens nos alis suis. Qualis igitur dispositio Filii Dei, talis et animalium
forma; et qualis animalium forma, talis et character Euangelii. Quadriformia enim animalia, et quadriforme Euangelium, et quadriformis
⁴⁵ dispositio Domini.

Et propter hoc quattuor data sunt testamenta humano generi: unum
quidem ante cataclysmum sub Adam; secundum uero post cataclysmum sub Noe; tertium uero legislatio sub Moyse; quartum uero quod
renouat hominem et recapitulat in se omnia, quod est per Euangelium,
⁵⁰ eleuans et pennigerans homines in caeleste regnum.

11, 9. His igitur sic se habentibus, uani omnes et indocti et insuper
audaces qui frustrantur speciem Euangelii et uel plures quam <quae>
dictae sunt uel rursus pauciores inferunt personas Euangelii, quidam
ut plus uideantur quam est ueritatis adinuenisse, quidam uero ut
⁵⁵ reprobent dispositiones Dei.

3, 29 s. Matth. 1, 18.
   31 s. cf. Matth. 11, 29; 21, 5.
   34 s. Marc. 1, 1 s.
   41 s. cf. Ps. 90 (91), 4.
   49 s. cf. Eph. 1, 10.

trägt also menschliche Gestalt; daher bleibt er (sc. Jesus Christus) auch im ganzen Evangelium ein demütig denkender und milder Mensch.

Markus aber beginnt mit dem prophetischen Geist, der aus der Höhe die Menschen überkommt: *Anfang des Evangeliums . . . wie geschrieben steht beim Propheten Jesaja . . .*, und zeigt damit ein geflügeltes und gefiedertes Bild des Evangeliums an. Deshalb macht er seine Verkündigung auch knapp und in schnellem Lauf; denn dies ist prophetische Art[2].

Und der Logos Gottes selbst sprach zu den Patriarchen vor Mose nach göttlicher herrlicher Weise; denen, die in der Gesetzes(epoche) lebten, gab er die priesterliche Dienstordnung; dann wurde er für uns Mensch, gab das himmlische Geschenk des Geistes auf die ganze Welt, *um uns mit seinen Flügeln zu beschützen*. Die Gestalt der Wesen entspricht also der Wirkungsweise des Gottessohnes, und der Gestalt der Wesen entspricht der Charakter des Evangeliums. Denn die Wesen sind viergestaltig, viergestaltig ist auch das Evangelium, und viergestaltig ist die Wirkungsweise des Herrn.

Und deshalb wurden dem Menschengeschlecht vier Bundesschlüsse gegeben: der eine vor der Sintflut zur Zeit Adams; der zweite nach der Sintflut zur Zeit Noahs[3]; der dritte war die Gesetzgebung zur Zeit des Mose; der vierte aber, der den Menschen erneuert und alles in sich erneuert, ist der durch das Evangelium gestiftete, der die Menschen erhebt und auf Flügeln ins Himmelreich trägt.

11, 9. Da das sich so verhält, sind alle nichtig, unwissend und auch frech, die die Erscheinung des Evangeliums verderben und entweder mehr oder weniger als die genannten Evangelienantlitze einführen wollen; die einen wollen den Anschein erwecken, als hätten sie noch mehr als die Wahrheit gefunden, die anderen aber wollen die Heilsordnung Gottes beiseiteschieben[4].»

---

[2] Über die Tiersymbole der Evangelisten handelt Th. Zahn, Forschungen zur Geschichte des neutestamentlichen Kanons II, 1883, 257–275; neuerdings J. Michl, Die Engelvorstellungen in der Apokalypse des Hl. Johannes I, 1937, 88–103. Irenäus hat eine andere Zuordnung als die später gebräuchliche, die zuerst bei Epiphanius, Ambrosius und Hieronymus belegt ist.

[3] Der griechische Text, der dem lateinischen mit leichten Kürzungen entspricht, weicht hier ab: der erste Bund wurde mit Noah unter dem Zeichen des Regenbogens geschlossen, der zweite mit Abraham unter dem Zeichen der Beschneidung.

[4] Irenäus wendet sich im folgenden gegen Ebioniten, Markion, nicht näher benannte – ad hoc erfundene? – Doketen und Valentin, die jeweils nur eine Evangelienschrift anerkannten, aber ebenso rügt er die Valentinianer, weil sie mit ihrem «Evangelium der Wahrheit« die Vierzahl überschreiten. Zum Verständnis des gesamten Abschnitts sei hingewiesen auf A. Benoit, Saint Irénée – Introduction à l'étude de sa théologie, 1960, 106–120.

4 *Fragmentum Muratorianum* (ca. 200) 1. 1–34, ed. H. Lietzmann, KlT 1, ²1933

... quibus tamen interfuit, et ita posuit. / Tertium euangelii librum secundum Lucam / Lucas iste medicus, post ascensum Christi / cum eum Paulus quasi litteris studiosum / secum adsumpsisset, nomine suo / ex opinione conscripsit, dominum tamen nec ipse / uidit in carne,
⁵ et ideo prout assequi potuit / ita et a natiuitate Iohannis incipit dicere. / Quartum euangeliorum Iohannis ex discipulis. / Cohortantibus condiscipulis et episcopis suis / dixit «Conieiunate mihi hodie triduo, et quid / cuique fuerit reuelatum, alterutrum / nobis enarremus». Eadem nocte reue/latum Andreae ex apostolis, ut recognos/centibus cunctis
¹⁰ Iohannes suo nomine / cuncta describeret. Et ideo, licet uaria sin/gulis

---

4, 2   cf. Col. 4,14.
  5   Luc. 1, 5 ss.

4, 1   ⟨ali⟩quibus *Volkmar.*
  3   litteris *Buecheler*: ut iuris *cod.*; melioris (*aut* altioris) *Klostermann* (ZNW 22, 1923, 308 s.); itineris *Bunsen.*

Muratorisches Fragment

4 1–34

... bei welchen er jedoch dabei war und hat sie so dargestellt[1]. / Das dritte Buch des Evangeliums[2] nach Lukas. / Dieser Arzt Lukas hat es nach der Himmelfahrt Christi, / nachdem ihn Paulus als wissenschaftlich gebildeten Mann[3] / mit sich genommen hatte, unter seinem eigenen Namen / nach (dessen) Meinung[4] geschrieben. Den Herrn jedoch hat auch er nicht / im Fleisch gesehen und daher, wie er es erreichen konnte, / fängt er bei der Geburt des Johannes an zu erzählen. / Das vierte Buch der Evangelien (ist) das des Johannes aus dem Jüngerkreis. / Als ihn seine Mitjünger und Bischöfe ermahnten, / sagte er: «Fastet mit mir drei Tage von heute ab, und was / einem jeden offenbart werden wird, wollen wir einander / erzählen.» In derselben Nacht / wurde dem Andreas, einem der Apostel, offenbart, daß / Johannes in seinem Namen – wobei alle es durchsehen sollten –/ alles niederschreiben sollte[5]. Und daher, mögen auch in den / einzelnen Evangelien-

---

[1] Diese Angabe dürfte den Schluß des Referates über Markus bilden. Wahrscheinlich will der Verfasser des Fragments die Gegenwart des Markus bei den Lehrvorträgen des Petrus behaupten und damit wenigstens eine mittelbare Apostolizität für Markus retten; vgl. E. Schwartz, Über den Tod (vgl. Nr. 1, Anm. 3), 82; H. v. Campenhausen, Entstehung, 296. Mehrere Autoren schließen sich der Volkmarschen Konjektur an: Markus sei wenigstens bei einigen Ereignissen des Lebens Jesu zugegen gewesen; so Th. Zahn, Geschichte II, 17ff.; Leipoldt, Kanon I, 151;, W. G. Kümmel, Einleitung, 435; K.-H. Ohlig, Begründung, 138.

[2] Der Text spiegelt hier einen älteren Sprachgebrauch; im folgenden spricht er von «Evangelienbüchern».

[3] Wir folgen hier der von Buecheler vorgeschlagenen Konjektur, die auch Lietzmann übernommen hat; er begründet sie folgendermaßen: «der wissenschaftlich gebildete erschien als geeigneter secretär und evangelist» (aaO., 5). Der Text der Handschrift «quasi ut iuris studiosum» ließe sich rechtfertigen durch die Annahme, Lukas werde hier in einem Schülerverhältnis (zu Paulus) gesehen, wie es in Rom bei angehenden Juristen üblich war (so G. Kuhn, Das muratorische Fragment, 1892, 40f.). Zahn, Geschichte II, 28, schließt sich der Konjektur Bunsens an: «Als einen reiselustigen, zur Übernahme der Mühseligkeiten des apostolischen Wanderlebens geneigten und geeigneten Mann ... hat Paulus den Lc in die Gemeinschaft seines Berufslebens aufgenommen.»

[4] Mit F. Overbeck, Zur Geschichte des Kanons, 1880, 135ff., E. Schwartz, Über den Tod, 82, Anm. 1, und W. Schneemelcher, Hennecke-Schneemelcher I, 19, ergänzen wir ex opinione Pauli. Anders H. Rönsch, Das NT Tertullians, 1871, 152, und H. Lietzmann. Wie wurden die Bücher, 53: Sie fassen opinio als Äquivalent zu ἀκοή auf (Lukas schrieb «nach dem, was er gehört hatte»). Dagegen hat schon Th. Zahn, Geschichte II, 29, die entscheidenden Argumente vorgebracht; Zahns eigene Konjektur ex ordine (vgl. Lk. 1, 3) ist überflüssig.

[5] J. Regul, Evangelienprologe, 147, Anm. 1, verweist auf weitere Texte, die das Johannesevangelium auf eine Offenbarung zurückführen.

euangeliorum libris principia / doceantur, nihil tamen differt creden/-
tium fidei, cum uno ac principali spiritu de/clarata sint in omnibus
omnia: de natiui/tate, de passione, de resurrectione, / de conuersatione
cum discipulis suis / ac de gemino eius aduentu, / primo in humilitate
[15] despectus, quod fu/it, secundo in potestate regali prae/claro, quod
futurum est. Quid ergo / mirum, si Iohannes tam constanter / singula
etiam in epistulis suis profert / dicens in semetipsum: *Quae uidimus
oculis / nostris* et auribus *audiuimus et manus / nostrae palpauerunt,
haec scripsimus uobis.* / Sic enim non solum uisorem se et auditorem, /
[20] sed et scriptorem omnium mirabilium domini per ordi/nem profitetur.

5   *Tertullianus,* Aduersus Marcionem (post 207) IV, 2, ed. E. Evans, OECT, 1972

    ... Constituimus inprimis euangelicum instrumentum apostolos
auctores habere, quibus hoc munus euangelii promulgandi ab ipso
domino sit impositum. Si et apostolicos, non tamen solos, sed cum

---

    4, 17 ss. ss. 1 Ioh. 1, 1.3.4.
    19   se *Schmid:* sed *cod.*

büchern verschiedene Anfänge[6] / gelehrt werden, macht das für den Glauben der Gläubigen / nichts aus, da durch den einen und führenden Geist / in allen alles bekanntgemacht worden ist[7]: die Geburt, / die Passion, die Auferstehung, / der Verkehr mit seinen Jüngern / und seine zweifache Ankunft: / das erste Mal in Niedrigkeit verachtet, was bereits geschehen ist, / das zweite Mal herrlich in königlicher Macht, / was zukünftig ist. Was also / Wunder, wenn Johannes so beharrlich / Einzelnes sogar in seinen Briefen vorträgt, / indem er über sich selbst sagt: *Was wir gesehen haben mit unseren Augen / und* mit unseren Ohren *gehört haben und unsere Hände / betastet haben, das haben wir euch geschrieben.* / So nämlich bekennt er sich nicht nur als Zuschauer und Zuhörer, / sondern auch als Schriftsteller aller Wundertaten des Herrn / der Reihe nach[8].

Tertullian

5   Gegen Marcion IV, 2

... Wir stellen zunächst fest, daß das evangelische Instrument[1] Apostel als Verfasser hat, denen diese Aufgabe der Evangeliumsausbreitung vom Herrn selbst auferlegt wurde. Wenn es auch apostolische

---

[6] Da schon Irenäus, adu. haer. III, 9–10, ein ausführliches Verhör der Evangelienanfänge durchgeführt hat, legt sich diese Übersetzung nahe; vgl. schon Th. Zahn, Geschichte II, 42–44; H. v. Campenhausen, Entstehung, 291, Anm. 226; K.-H. Ohlig (s. Anm. 1), 207. Dagegen erwägen H. Lietzmann (s. Anm. 4), 53, Anm. 3 und W. Schneemelcher, Hennecke-Schneemelcher I, 19, die Möglichkeit, der Verfasser des Fragments spreche von den unterschiedlichen «Tendenzen» der Evangelien; so auch I. Frank, Der Sinn der Kanonbildung, 1971, 185.

[7] «Man muß den Text ... doch wohl gegen ZAHN II, 40, so verstehen, wie er lautet, nämlich daß in jedem Evangelium alles Wesentliche von Jesus erzählt sei – so nachlässig diese summarische Behauptung im Blick auf manche der aufgezählten Stücke tatsächlich erscheint» (H. v. Campenhausen, Entstehung, 296, Anm. 245). Immerhin behauptet der Verfasser des Fragments ja auch, daß die Apostelgeschichte die Taten aller Apostel berichte (Z. 33f.). – Angesichts dieser Aussage erscheint die These von I. Frank (s. Anm. 6), 185, Johannes sei für den Verfasser des Fragments der «Kanon im Kanon», überspitzt.

[8] H. Lietzmann, KlT 1, 7, bezieht die Wendung «der Reihe nach» auf die Tätigkeit des Johannes: «sehen – hören – schreiben». Oder meint der Verfasser unseres Textes, Johannes habe die richtige Reihenfolge der Taten des Herrn im Gegensatz zu den Synoptikern?

[1] Diese aus der Juristensprache übernommene Bezeichnung der Schrift findet sich noch öfter bei Tertullian, z. B. Adu. Praxean 20 (instrumentum utriusque testamenti); De carne Christi 2, 2; De praescriptione haereticorum 38, 2 u. 3. Vgl. dazu R. Braun, Deus Christianorum. Recherches sur le vocabulaire doctrinal de Tertullien, 1962, 463–473.

apostolis et post apostolos, quoniam praedicatio discipulorum sus-
⁵ pecta fieri posset de gloriae studio, si non adsistat illi auctoritas magi-
strorum, immo Christi, quae magistros apostolos fecit. Denique nobis
fidem ex apostolis Iohannes et Matthaeus insinuant, ex apostolicis
Lucas et Marcus instaurant, isdem regulis exorsi, quantum ad unicum
deum attinet creatorem et Christum eius, natum ex uirgine, supple-
¹⁰ mentum legis et prophetarum. Viderit enim si narrationum dispositio
uariauit, dummodo de capite fidei conueniat, de quo cum Marcione
non conuenit. Contra Marcion euangelio, scilicet suo, nullum adscribit
auctorem, quasi non licuerit illi titulum quoque affingere, cui nefas
non fuit ipsum corpus euertere.
¹⁵   Et possem hic iam gradum figere, non agnoscendum contendens
opus quod non erigat frontem, quod nullam constantiam praeferat,
nullam fidem repromittat de plenitudine tituli et professione debita
auctoris. Sed per omnia congredi malumus, nec dissimulamus quod ex
nostro intellegi potest. Nam ex iis commentatoribus quos habemus
²⁰ Lucam uidetur Marcion elegisse quem caederet. Porro Lucas non
apostolus sed apostolicus, non magister sed discipulus, utique
magistro minor, certe tanto posterior quanto posterioris apostoli
sectator, Pauli sine dubio, ut et si sub ipsius Pauli nomine euangelium Marcion intulisset, non sufficeret ad fidem singularitas instru-
²⁵ menti destituta patrocinio antecessorum. Exigeretur enim id quoque

---

5, 4   post apostolos: postapostolicos *uar.*

Männer (als Verfasser) hat, so doch nicht nur diese, sondern zusammen mit den Aposteln und im Gefolge der Apostel; denn die Predigt von Schülern hätte der Ruhmbegierde verdächtigt werden können, wenn ihr nicht die Autorität der Lehrer zur Seite stünde, ja die Autorität Christi selbst, der die Apostel zu Lehrern gemacht hat. So legen uns also von den Aposteln Johannes und Matthäus den Glauben vor, während ihn von den apostolischen Männern Lukas und Markus aufs neue bekräftigen, wobei sie von denselben Glaubensregeln[2] ausgehen, soweit es den einen Schöpfer Gott betrifft und seinen Christus, von der Jungfrau geboren, die Erfüllung des Gesetzes und der Propheten. Wenn auch die Anordnung der Erzählungen unterschiedlich ist, so macht das nichts aus, wenn nur Übereinstimmung über das Hauptstück des Glaubens besteht – mit Marcion gibt es darüber keine Übereinstimmung. Im Gegensatz dazu gibt Marcion für das Evangelium – d. h. für sein Evangelium[3] – keinen Verfasser an, als ob es ihm, der es nicht für einen Frevel hielt, das ganze Corpus (des Evangeliums) zu verwüsten, nicht freigestanden hätte, auch noch eine Überschrift zu erfinden.

Hier könnte ich schon stehenbleiben und behaupten, ein Werk, das sein Haupt nicht erhebt, das keinen Mut zeigt, das nicht durch einen vollen Titel und die notwendige Angabe des Autors Glaubwürdigkeit verheißt, sei nicht anzuerkennen. Aber wir ziehen es vor, über alle Fragen zu kämpfen und nichts zu verschweigen, was zu unseren Gunsten verstanden werden kann. Denn von den uns zur Verfügung stehenden Berichterstattern scheint Marcion den Lukas ausgewählt zu haben, um ihn zu verstümmeln. Nun war Lukas aber kein Apostel, sondern nur ein apostolischer Mann, kein Lehrer, sondern nur ein Schüler, auf jeden Fall geringer als sein Lehrer und jedenfalls um so viel später, als er Gefolgsmann eines spät aufgetretenen Apostels war, ohne Zweifel des Paulus. Hätte daher Marcion sein Evangelium unter dem Namen des Paulus selbst eingeführt, so würde eine solche ver-

---

[2] Tertullian spricht öfters von der regula fidei; vgl. etwa De praescriptione haereticorum 12, 5; 13, 1; 26,9. »Unter diesem Ausdruck versteht er durchweg das gleiche wie Irenäus unter seinem ‹Kanon der Wahrheit›, d. h. den Bestand der Lehre, wie sie in der Kirche durch die Schrift und die Tradition weitergegeben wird. Aber seine Konzeption des Lehrbestandes ist doch klarer umschrieben; er hebt mit größerer Deutlichkeit den Lehrgehalt der Regel heraus.« (J. N. D. Kelly, Altchristliche Glaubensbekenntnisse, 1972, 86f.). Zum Verhältnis der Glaubensregel zur Schrift vgl. H. Karpp, Schrift und Geist bei Tertullian, 1955, 38ff.

[3] Die beste Darstellung des Evangeliums Marcions bietet immer noch A. v. Harnack, Marcion. Das Evangelium vom fremden Gott, 1924[2], 177*–255*.

euangelium quod Paulus inuenit, cui fidem dedidit, cui mox suum
congruere gestiit, siquidem propterea Hierosolymam ascendit ad
cognoscendos apostolos et consultandos, ne forte in uacuum cucur-
risset, id est ne non secundum illos credidisset et non secundum illos
30 euangelizaret. Denique ut cum auctoribus contulit, et conuenit de
regula fidei, dextras miscuere, et exinde officia praedicandi distin-
xerunt, ut illi in Iudaeos, Paulus in Iudaeos et in nationes. Igitur si
ipse illuminator Lucae auctoritatem antecessorum et fidei et prae-
dicationi suae optauit, quanto magis eam euangelio Lucae expostulem,
35 quae euangelio magistri eius fuit necessaria?

6   *Clemens Alexandrinus*, Adumbrationes (ca. 200) secundum Eusebium, Historia
ecclesiastica VI, 14, 5–7

5. Αὖθις δ' ἐν τοῖς αὐτοῖς ὁ Κλήμης βιβλίοις περὶ τῆς τάξεως τῶν
εὐαγγελίων παράδοσιν τῶν ἀνέκαθεν πρεσβυτέρων τέθειται, τοῦτον ἔχου-
σαν τὸν τρόπον. Προγεγράφθαι ἔλεγεν τῶν εὐαγγελίων τὰ περιέχοντα τὰς
γενεαλογίας, 6. τὸ δὲ κατὰ Μάρκον ταύτην ἐσχηκέναι τὴν οἰκονομίαν. Τοῦ
5 Πέτρου δημοσίᾳ ἐν Ῥώμῃ κηρύξαντος τὸν λόγον καὶ πνεύματι τὸ εὐαγγέλιον ἐξειπόντος, τοὺς παρόντας, πολλοὺς ὄντας, παρακαλέσαι τὸν Μάρκον,
ὡς ἂν ἀκολουθήσαντα αὐτῷ πόρρωθεν καὶ μεμνημένον τῶν λεχθέντων,
ἀναγράψαι τὰ εἰρημένα· ποιήσαντα δέ, τὸ εὐαγγέλιον μεταδοῦναι τοῖς
δεομένοις αὐτοῦ· 7. ὅπερ ἐπιγνόντα τὸν Πέτρον προτρεπτικῶς μήτε κωλῦσαι
10 μήτε προτρέψασθαι. Τὸν μέντοι Ἰωάννην ἔσχατον, συνιδόντα ὅτι τὰ σωμα-
τικὰ ἐν τοῖς εὐαγγελίοις δεδήλωται, προτραπέντα ὑπὸ τῶν γνωρίμων,
πνεύματι θεοφορηθέντα πνευματικὸν ποιῆσαι εὐαγγέλιον.

5, 27 ss. cf. Gal. 1, 18 ss

einzelte Urkunde ohne die Unterstützung der Vorgänger nicht zur Glaubensbegründung ausreichen. Man müßte nämlich auch das Evangelium verlangen, das Paulus vorfand, dem er Glauben schenkte, um dessen Übereinstimmung mit dem seinigen er sich bald darauf bemühte: ging er doch deswegen nach Jerusalem hinauf, um die Apostel kennenzulernen und zu befragen, damit er nicht etwa ins Leere laufe, d. h. damit er nicht anders als sie glaube und anders als sie das Evangelium verkünde. Als er sich mit den Gewährsmännern besprochen hatte und man über die Glaubensregel übereingekommen war, gaben sie sich die rechte Hand, und teilten von da an die Verkündigungsaufgaben, so daß jene zu den Juden, Paulus aber zu den Juden und Heiden gehen sollte. Wenn also selbst der, welcher den Lukas erleuchtete, für seinen Glauben und seine Verkündigung die Autorität der Vorgänger begehrte[4], um wieviel mehr dürfte ich sie dann für das Lukasevangelium fordern, da sie schon für das Evangelium seines Lehrers nötig war.

Klemens von Alexandrien

6 *Euseb,* Kirchengeschichte VI, 14, 5–7

5. In derselben Schrift[1] gibt Klemens eine Überlieferung über die Reihenfolge der Evangelien wieder, die er von den alten Presbytern erhalten hatte, und zwar mit folgendem Wortlaut: Als erste seien diejenigen Evangelien geschrieben worden, welche Stammbäume (Jesu) enthalten. 6. Beim Markusevangelium habe folgende (göttliche) Fügung gewaltet: Als Petrus in Rom öffentlich das Wort verkündigt und im Geist das Evangelium ausgerufen hatte, habe die große Menge seiner Zuhörer Markus gebeten, er solle doch, da er Petrus schon seit langem folge und seine Reden im Gedächtnis habe, die Vorträge aufschreiben; der habe es getan und den Bittstellern die Evangeliumsschrift übergeben. 7. Als Petrus davon Kenntnis erhielt, habe er ihm weder eine ablehnende noch eine aufmunternde Mahnung gegeben[2]. Zuletzt habe Johannes, von seinen Schülern angespornt und vom Gest inspiriert, in der Erkenntnis, das das Leibliche in den (vorhandenen) Evangelien schon dargelegt sei, ein geistiges Evangelium verfaßt.

---

[4] Diese Interpretation von Gal. 2, die Paulus eine inferiore Stellung zuweist, dürfte durch die polemische Situation bedingt sein; jedenfalls hat Tertullian in De praescriptione haereticorum 23, 7 anders geurteilt.
[1] In den verlorengegangenen Hypotyposen.
[2] Nach Euseb, Kirchengeschichte II, 15, 2, hat Klemens an anderer Stelle davon gesprochen, daß Petrus das Markusevangelium approbiert habe.

7 — Origenes

7 Origenes, In Lucam Homiliae (post 231?) I, ed. M. Rauer, GCS 49 (35), ²1959 (ad Luc. 1, 1–4)

(p. 3, 3) Sicut olim in populo Iudaeorum multi prophetiam pollicebantur, et quidam erant pseudoprophetae – e quibus unus fuit
⁵ Ananias, filius Azor –, alii uero ueri prophetae, et erat gratia in populo discernendorum spirituum, per quam alii inter prophetas recipiebantur, nonnulli quasi ab
¹⁰ ‹exercitatissimis trapezitis› reprobabantur, ita et nunc in nouo instrumento *multi conati sunt* scribere euangelia, sed non omnes recepti. Et ut sciatis non solum
¹⁵ quatuor euangelia, sed plurima esse conscripta, e quibus haec, quae habemus, electa sunt et tradita ecclesiis, ex ipso prooemio Lucae, quod ita contexitur, co-
²⁰ gnoscamus: *Quoniam quidem multi conati sunt ordinare narrationem.* Hoc quod ait: *conati sunt,* latentem habet accusationem eorum, qui absque gratia
²⁵ Spiritus sancti ad scribenda euangelia prosiluerunt. Matthaeus

Ὥσπερ ἐν τῷ πάλαι λαῷ πολλοὶ προφητείαν ἐπηγγέλλοντο, ἀλλὰ τούτων τινὲς μὲν ἦσαν ψευδοπροφῆται,

τινὲς δὲ ἀληθῶς προφῆται, καὶ ἦν χάρισμα τῷ λαῷ διάκρισις πνευμάτων, ἀφ' οὗ ἐκρίνετο ὅ τε ἀληθὴς προφήτης καὶ ὁ ψευδώνυμος·

οὕτω καὶ νῦν ἐν τῇ καινῇ διαθήκῃ τὰ εὐαγγέλια πολλοὶ ἠθέλησαν γράψαι, ἀλλ' οἱ δόκιμοι τραπεζῖται οὐ πάντα ἐνέκριναν, ἀλλά τινα αὐτῶν ἐξελέξαντο.

Τάχα δὲ καὶ τὸ ἐπεχείρησαν λεληθυῖαν ἔχει κατηγορίαν τῶν χωρὶς χαρίσματος ἐλθόντων ἐπὶ τὴν ἀναγραφὴν τῶν εὐαγγελίων. Ματθαῖος γὰρ οὐκ ἐπεχείρησεν, ἀλλ'

7, 5   cf. Ier. 28 ss.
6 s.   cf. 1. Cor. 12, 10,
12   Luc. 1, 1.
20 ss. Luc. 1, 1.

18

Origenes

7   Lukas-Homilien I

Wie einst im jüdischen Volk viele die Prophetengabe beansprucht haben, und einige doch Lügenpropheten waren – einer von ihnen war Ananias, Sohn des Azor –, andere aber wahre Propheten, und wie das Volk die Gnadengabe die Geister zu unterscheiden hatte, wodurch die einen als Propheten angenommen wurden, einige aber sozusagen von den «erprobten Geldwechslern»[1] verworfen wurden, ebenso *haben* auch jetzt im Neuen Bund *viele versucht* Evangelien zu verfassen, aber nicht alle wurden angenommen. Und damit ihr wißt, daß nicht nur vier, sondern sehr viele Evangelien geschrieben wurden, aus deren Zahl diejenigen, die wir haben, ausgewählt und den Gemeinden überliefert werden, sollen wir aus dem Proömium des Lukas selbst erkennen, das folgendermaßen lautet: *Da ja viele versucht haben eine Erzählung zusammenzustellen ...* Der Ausdruck *sie haben versucht* beinhaltet eine versteckte Anklage gegen die, die sich ohne die Gnadengabe des heiligen Geistes an die Abfassung von Evangelien begeben ha-

Wie es im alten (Bundes-)Volk viele gab, die die Prophetengabe sich zusprachen, aber einige von diesen Lügenpropheten waren, andere aber wahrhaft Propheten, wie das Volk die Gabe der Unterscheidung der Geister besaß, mit deren Hilfe der wahre Prophet und der fälschlicherweise so genannte unterschieden wurde, so verhält es sich auch im Neuen Bund: viele wollten Evangelien schreiben, aber die «bewährten Geldwechsler»[1] haben nicht alle angenommen, sondern einiges davon ausgewählt.

Vielleicht enthält die Wendung *sie versuchten* eine versteckte Anklage gegen die, die voreilig und ohne Gnadengabe zur Aufzeichnung von Evangelien kamen[2]. Denn Matthäus hat es nicht ver-

---

[1] Zu diesem weit verbreiteten Agraphon vgl. Alfred Resch, Agrapha, 1906[2], 112–128; die Echtheit erwägt J. Jeremias, Unbekannte Jesusworte, 1965[4], 95–98.
[2] Diese Deutung von Lukas 1, 1 auf die nichtkanonischen Schriften übernehmen Ambrosius, Lukaskommentar I, 1f. und Hieronymus, Matthäuskommentar I, CCL 72.

19

quippe et Marcus et Iohannes et
Lucas non sunt *conati* scribere,
sed Spiritu sancto pleni scrip-
30 serunt euangelia. *Multi igitur
conati sunt ordinare narrationem
de his rebus, quae manifestissime
cognitae sunt in nobis.* Ecclesia
quatuor habet euangelia, haeresis
35 plurima, e quibus quoddam scribitur secundum Aegyptios, aliud
iuxta Duodecim Apostolos. Ausus
fuit et Basilides scribere euangelium et suo illud nomine titulare.
40 *Multi conati sunt* scribere, sed
quatuor tantum euangelia sunt
probata, e quibus super persona
Domini et Saluatoris nostri pro-
ferenda sunt dogmata. Scio quod-
45 dam euangelium, quod appellatur
secundum Thomam, et iuxta
Mathiam; et alia plura legimus,
ne quid ignorare uideremur propter eos, qui se putant aliquid scire,
50 si ista cognouerint. Sed in his

ἔγραψεν ἀπὸ ἁγίου πνεύματος, ὁμοίως καὶ Μᾶρκος καὶ Ἰωάννης, παραπλησίως δὲ καὶ Λουκᾶς.

Τὸ μέντοι ἐπιγεγραμμένον κατὰ
Αἰγυπτίους εὐαγγέλιον καὶ τὸ ἐπιγεγραμμένον τῶν Δώδεκα εὐαγγέλιον οἱ συγγράψαντες ἐπεχείρησαν·
Ἤδη δὲ ἐτόλμησε καὶ Βασιλείδης
γράψαι κατὰ Βασιλείδην εὐαγγέλιον. Πολλοὶ μὲν οὖν ἐπεχείρησαν.

φέρεται γὰρ καὶ τὸ κατὰ Θωμᾶν
εὐαγγέλιον καὶ τὸ κατὰ Ματθίαν
καὶ ἄλλα πλείονα.

7, 30 ss. Luc. 1, 1 s.

ben. Matthäus freilich, Markus, Johannes und Lukas haben nicht bloß zu schreiben versucht, sondern sie haben ihre Evangelien voll des heiligen Geistes geschrieben. *Viele* also *haben versucht eine Erzählung zusammenzustellen von den Dingen,* die unter uns ganz bekannt sind. Die Kirche hat vier Evangelien, die Häresie unzählig viele, darunter eins «nach den Ägyptern»[3], ein anderes «nach den 12 Aposteln»[4]. Auch Basilides wagte es, ein Evangelium zu schreiben und mit seinem eigenen Namen zu benennen[5]. Viele haben versucht zu schreiben, aber nur vier Evangelien werden gebilligt, und aus ihnen müssen die Lehren über die Person unseres Herrn und Heilands geschöpft werden. Ich kenne auch ein Evangelium, das nach Thomas[6], und eins, das nach Matthias[7] genannt wird, und wir haben noch viele andere gelesen, um nicht als unwissend zu erscheinen, wegen der Leute, die glauben etwas besonderes zu wissen, wenn sie diese (Evangelien) kennen. Aber von

sucht, sondern er schrieb durch den heiligen Geist, ebenso Markus und Johannes, ganz ähnlich auch Lukas.

Diejenigen aber, die das sogenannte Ägypterevangelium[3] und das sogenannte Zwölferevangelium[4] zusammengeschrieben haben, die haben es versucht. Auch Basilides[5] wagte es, ein Evangelium nach Basilides zu schreiben. Viele haben es so versucht,

denn es sind auch das Evangelium nach Thomas[6] und das nach Matthias[7] und noch viele andere in Umlauf[8].

---

[3] Die wenigen erhaltenen Fragmente dieses Apokryphon hat W. Schneemelcher, Hennecke-Schneemelcher I, 109–117, besprochen.

[4] Ob es sich hierbei um ein gnostisches Evangelium handelt oder ob man es mit dem Ebioniten-Evangelium identifizieren darf, ist unklar; vgl. H.-C. Puech, Hennecke-Schneemelcher I, 186f.

[5] H.-C. Puech, Hennecke-Schneemelcher I, 258, faßt seine Diskussion der geringen Hinweise mit der Feststellung zusammen, «daß alle Vermutungen über das ‹Evangelium des Basilides› unsicher bleiben».

[6] Hierbei handelt es sich wohl um das in Koptisch erhaltene Thomas-Evangelium.

[7] Dieses Evangelium ist gänzlich verloren.

[8] Bei zweisprachig überlieferten Texten werden wir im folgenden nur die vollständigere Fassung übersetzen und sachliche Abweichungen in der Überlieferung in den Anmerkungen erwähnen.

21

omnibus nihil aliud probamus nisi quod ecclesia, id est quatuor tantum euangelia recipienda.

Ταῦτά ἐστι τῶν ἐπιχειρησάντων· τὰ δὲ τέσσαρα μόνα προκρίνει ἡ τοῦ θεοῦ ἐκκλησία.

8   *Origenes*, In Euangelium Iohannis commentarii (liber I ca. 218/219) I, 4, 21–23, ed. E. Preuschen, GCS 10, 1903

21. Ἐγὼ δ᾽ οἶμαι ὅτι καὶ τεσσάρων ὄντων τῶν εὐαγγελίων οἱονεὶ στοιχείων τῆς πίστεως τῆς ἐκκλησίας (ἐξ ὧν στοιχείων ὁ πᾶς συνέστηκε κόσμος ἐν Χριστῷ καταλλαγεὶς τῷ θεῷ, καθά φησιν ὁ Παῦλος· *Θεὸς ἦν ἐν Χριστῷ κόσμον καταλλάσσων ἑαυτῷ· οὗ κόσμου τὴν ἁμαρτίαν ἦρεν Ἰησοῦς·* περὶ
5 γὰρ τοῦ κόσμου τῆς ἐκκλησίας ὁ λόγος ἐστὶν ὁ γεγραμμένος· *Ἰδοὺ ὁ ἀμνὸς τοῦ θεοῦ, ὁ αἴρων τὴν ἁμαρτίαν τοῦ κόσμου)* ἀπαρχὴν τῶν εὐαγγελίων εἶναι τὸ προστεταγμένον ἡμῖν ὑπὸ σοῦ κατὰ δύναμιν ἐρευνῆσαι, τὸ κατὰ Ἰωάννην, τὸν γενεαλογούμενον εἰπὸν καὶ ἀπὸ τοῦ ἀγενεαλογήτου ἀρχόμενον.
22. Ματθαῖος μὲν γὰρ τοῖς προσδοκῶσι τὸν ἐξ Ἀβραὰμ καὶ Δαβὶδ Ἑβραίοις
10 γράφων· *Βίβλος*, φησι, *γενέσεως Ἰησοῦ Χριστοῦ, υἱοῦ Δαβίδ, υἱοῦ Ἀβραάμ*, καὶ Μάρκος, εἰδὼς ὃ γράφει, *ἀρχὴν* διηγεῖται *τοῦ εὐαγγελίου*, τάχα εὑρισκόντων ἡμῶν τὸ τέλος αὐτοῦ παρὰ τῷ Ἰωάννῃ * * * * τὸν ἐν ἀρχῇ λόγον, θεὸν λόγον, ἀλλὰ καὶ Λουκᾶς * * * * * | ἀλλά γε τηρεῖ τῷ ἐπὶ τὸ στῆθος ἀναπεσόντι τοῦ Ἰησοῦ τοὺς μείζονας καὶ τελειοτέρους περὶ Ἰησοῦ
15 λόγους· οὐδεὶς γὰρ ἐκείνων ἀκράτως ἐφανέρωσεν αὐτοῦ τὴν θεότητα ὡς Ἰωάννης, παραστήσας αὐτὸν λέγοντα· *Ἐγώ εἰμι τὸ φῶς τοῦ κόσμου· Ἐγώ εἰμι ἡ ὁδὸς καὶ ἡ ἀλήθεια καὶ ἡ ζωή· Ἐγώ εἰμι ἡ ἀνάστασις· Ἐγώ εἰμι ἡ θύρα· Ἐγώ εἰμι ὁ ποιμὴν ὁ καλός·* καὶ ἐν τῇ Ἀποκαλύψει *Ἐγώ εἰμι τὸ Α καὶ τὸ Ω, ἡ ἀρχὴ καὶ τὸ τέλος, ὁ πρῶτος καὶ ὁ ἔσχατος.* 23. Τολμητέον τοίνυν
20 εἰπεῖν ἀπαρχὴν μὲν πασῶν γραφῶν εἶναι τὰ εὐαγγέλια, τῶν δὲ εὐαγγελίων ἀπαρχὴν τὸ κατὰ Ἰωάννην, οὗ τὸν νοῦν οὐδεὶς δύναται λαβεῖν μὴ ἀναπεσὼν ἐπὶ τὸ στῆθος Ἰησοῦ μηδὲ λαβὼν ἀπὸ Ἰησοῦ τὴν Μαρίαν γινομένην καὶ αὐτοῦ μητέρα.

8, 3s. 2 Cor. 5, 19.
5 s. Ioh. 1, 29.
10 s. Matth. 1, 1.
11 Marc. 1, 1.
12 s. cf. Ioh. 1, 1.
14 cf. Ioh. 13, 25; 21, 20.
16 Ioh. 8, 12.
17 Ioh. 14, 6.
    Ioh. 11, 25.
17 s. Ioh. 10, 9.11.
18 s. Apoc. Ioh. 22, 13.
22 cf. Ioh. 13, 25; 19, 26.

all' diesen billigen wir nur das,
was die Kirche billigt, das heißt
nur vier Evangelien sind anzunehmen[8].

8   *Origenes,* Johanneskommentar I, 4, 21–23

21. Ich glaube, daß die vier Evangelien gleichsam die Grundele-
mente des Kirchenglaubens sind – aus diesen Elementen setzt sich der
ganze Kosmos zusammen, der durch Christus mit Gott versöhnt wurde,
wie Paulus sagt: *Gott war es, der in Christus die Welt mit sich selbst
versöhnte,* der Kosmos, dessen Sünde Jesus getragen hat, denn hinsichtlich des Kosmos der Kirche gilt das Schriftwort: *Siehe das Lamm
Gottes, das der Welt Sünde trägt* – und daß das Evangelium, das du
uns nach bestem Vermögen auszulegen aufgegeben hast[1], der Erstling
der Evangelien sei, nämlich das Johannesevangelium, das über den
spricht, dessen Ahnenreihe schon anderwärts aufgeschrieben wurde,
und (daher) bei seiner überirdischen Abstammung einsetzt.
22. Matthäus nämlich, der für Hebräer schreibt, die den Nachkommen Abrahams und Davids erwarten, sagt: Buch der Abstammung
Jesu Christi, des Sohnes Davids, des Sohnes Abrahams, und Markus,
der wohl wußte, was er schrieb, erzählt den Anfang des Evangeliums,
wohl weil wir die Vollendung desselben bei Johannes finden . . ., der
vom Logos der am Anfang war, dem Gott – Logos, spricht. Aber auch
Lukas . . . aber er bewahrt die größeren und vollkommeneren Reden
für den auf, der an der Brust des Herrn lag; denn keiner hat seine
Gottheit so unumschränkt kundgetan wie Johannes, der ihn uns vor
Augen stellt, wie er sagt: *Ich bin das Licht der Welt. Ich bin der Weg
und die Wahrheit und das Leben. Ich bin die Auferstehung. Ich bin die
Tür. Ich bin der gute Hirte.* Und in der Apokalypse: *Ich bin das A und
das O, der Anfang und das Ende, der erste und der letzte.*
23. Man darf daher die Aussage wagen, die Evangelien seien der
Erstling aller Schriften, der Erstling der Evangelien aber sei das Johannesevangelium, dessen Sinn keiner erfassen kann, der nicht an der Brust
Jesu gelegen und der nicht von Jesus Maria angenommen hat, so daß
sie auch seine Mutter wird[2].

---

[1] Origenes spricht hier seinen Gönner Ambrosius an.
[2] Gleiches wird nur durch Gleiches erkannt!

9 ibidem (libri VI–XXXII ca. 231–237) X, 1, 3 s.; 3, 10 – 5, 22 (ad Ioh. 2, 12)

1, 3. *Μετὰ τοῦτο κατέβη εἰς Καφαρναοὺμ αὐτὸς καὶ ἡ μήτηρ αὐτοῦ καὶ οἱ ἀδελφοὶ καὶ οἱ μαθηταί, καὶ ἐκεῖ ἔμεινεν οὐ πολλὰς ἡμέρας.* καὶ οἱ λοιποὶ τρεῖς γράψαντες τὰ εὐαγγέλια μετὰ τὸν πρὸς τὸν διάβολον ἀγῶνα τοῦ κυρίου εἰς τὴν Γαλιλαίαν φασὶν αὐτὸν ἀνακεχωρηκέναι. 4. Ματθαῖος δὲ καὶ
5 Λουκᾶς πρότερον γενόμενον ἐν Ναζάροις μετὰ ταῦτα καταλελοιπότα αὐτὰ ἐλθόντα κατῳκέναι εἰς Καφαρναούμ. Ὁ δὲ Ματθαῖος καὶ Μάρκος καὶ αἰτίαν τινὰ λέγουσι τοῦ αὐτὸν ἐκεῖθεν ἀνακεχωρηκέναι τὸ ἀκηκοέναι, ὅτι Ἰωάννης παρεδόθη . . . 3, 10. †. . .† τὴν περὶ τούτων ἀλήθειαν ἀποκεῖσθαι ἐν τοῖς νοητοῖς, ‹διὰ τὸ πολλοὺς› μὴ λυομένης τῆς διαφωνίας ἀφεῖσθαι τῆς περὶ
10 τῶν εὐαγγελίων πίστεως, ὡς οὐκ ἀληθῶν οὐδὲ θειοτέρῳ πνεύματι γεγραμμένων ἢ ἐπιτετευγμένως ἀπομνημονευθέντων· ἑκατέρως γὰρ λέγεται συντετάχθαι ἡ τούτων γραφή. Λεγέτωσαν γὰρ ἡμῖν οἱ παραδεχόμενοι τὰ τέσσαρα εὐαγγέλια, καὶ τὴν δοκοῦσαν διαφωνίαν οἰόμενοι μὴ λύεσθαι διὰ τῆς ἀναγωγῆς, πρὸς ταῖς προειρημέναις ἡμῖν ἐπαπορήσεσιν περὶ τῶν
15 τεσσεράκοντα τοῦ πειρασμοῦ ἡμερῶν οὐδαμῶς δυναμένων χώραν ἔχειν παρὰ τῷ Ἰωάννῃ, πότε γέγονεν ἐν τῇ Καφαρναοὺμ ὁ κύριος· εἰ γὰρ μετὰ τὰς ἓξ τοῦ ὅτε ἐβαπτίσθη ἡμέρας, τῇ ἕκτῃ γενομένης τῆς κατὰ τὸν ἐν Κανᾷ τῆς Γαλιλαίας γάμον οἰκονομίας, δῆλον ὅτι οὔτε πεπείρασται οὔτε ἐν Ναζάροις ἐγένετο οὔτε Ἰωάννης πω παρεδέδοτο. 11. Μετὰ οὖν τὴν Καφαρ-
20 ναούμ, ἔνθα ἔμεινεν οὐ πολλὰς ἡμέρας, τοῦ πάσχα τῶν Ἰουδαίων ἐγγὺς ὄντος ἀνέβη εἰς Ἱεροσόλυμα, ὅτε ἐκβάλλει ἐκ τοῦ ἱεροῦ τά τε πρόβατα καὶ τοὺς βόας, καὶ ἐκχέει τῶν κερματιστῶν τὰ κέρματα. 12. Ἔοικεν δὲ ἐν τοῖς Ἱεροσολύμοις ὁ τῶν Φαρισαίων ἄρχων Νικόδημος νυκτὸς πρὸς αὐτὸν

9, 1 s.   Ioh. 2, 12.
4 ss.   cf. Matth. 4, 12 ss.; Luc. 4, 14 s.
6 ss.   cf. Matth. 4, 12; Marc. 1, 14.
17 s.   cf. Ioh. 2, 1 ss.
19 ss. cf. Ioh. 2, 12–15.
23   cf. Ioh. 3, 1.

9, 9   ‹διὰ τὸ πολλούς› Preuschen

9 Ebenda X, 1, 3f.; 3, 10 – 5, 22 (zu Joh. 2, 12)

1, 3. ... *Danach zog er hinab nach Kapernaum, er und seine Mutter und seine Brüder und die Jünger, aber er blieb dort nur wenige Tage.* Auch die drei anderen Evangelienverfasser berichten, der Herr habe sich nach dem Kampf mit dem Teufel nach Galiläa zurückgezogen. 4. Matthäus und Lukas schreiben, er sei zuerst nach Nazareth gegangen, habe es dann verlassen und in Kapernaum Wohnung genommen. Matthäus und Markus geben auch einen Grund an, warum er sich dorthin zurückgezogen habe, nämlich daß er gehört habe, daß Johannes verhaftet worden sei.

3, 10. (Diese Widersprüche lassen annehmen,) daß die Wahrheit dieser Berichte im Geistigen liegt[1], da viele infolge des ungelösten Widerspruchs ihren Glauben an die Evangelien aufgegeben haben, als wären sie nicht wahr, nicht von einem göttlicheren Geist geschrieben, oder als beruhten sie nicht auf zutreffenden Erinnerungen. All dies wird nämlich über die Abfassung der Evangelien gesagt. Diejenigen aber, die die Evangelien akzeptieren und dennoch meinen, die scheinbare Widersprüchlichkeit solle nicht durch eine geistige Auslegung gelöst werden, die sollen uns doch über die schon früher erwähnten Schwierigkeiten[2] hinaus nun im Hinblick auf die 40 Tage der Versuchung Jesu, die bei Johannes keinesfalls untergebracht werden können, sagen, wann der Herr denn in Kapernaum war! Handelte es sich nämlich um die sechs Tage nach seiner Taufe – am siebten geschah die Heilstat auf der Hochzeit im galiläischen Kana –, dann wäre er offensichtlich weder versucht worden noch hätte er sich in Nazareth aufgehalten noch wäre Johannes schon ins Gefängnis geworfen gewesen. 11. Von Kapernaum aus, wo er nicht lange blieb, ging er nach Jerusalem, da das Passa der Juden nahe war; dort trieb er die Schafe und Ochsen aus dem Tempel und schüttete die Münzen der Wechsler auf den Boden. 12. Es scheint, daß auch Nikodemus, der Anführer der Pharisäer, in Jerusalem nachts zu ihm gekommen ist und das gehört hat, was man aus dem Evange-

---

[1] Widersprüche zwischen den Evangelien haben also dieselbe Funktion wie etwa moralische Anstöße am Bibeltext: sie sollen auf die Notwendigkeit der Allegorese hinweisen (vgl. de principiis IV, 9)! Zu Recht betont H. v. Campenhausen, Entstehung, 361: «Die allegorische Auslegung bedeutet für Origenes soviel wie die sachgemäße und die eigentlich wissenschaftliche Auslegung der heiligen Schrift». Doch zeigt er gerade bei der Behandlung der Widersprüche eine außerordentliche Vielfalt der Gesichtspunkte; die Allegorese ist nur in sonst unlösbaren Fällen eingesetzt; vgl. H. Merkel, Widersprüche, 94ff.

[2] Hinweis auf eine im erhaltenen Text des Johannes-Kommentars nicht verifizierbare Ausführung.

[ἀρχῶν] ἐληλυθέναι, καὶ ἀκηκοέναι ταῦτα ἃ ἔξεστιν ἐκ τοῦ εὐαγγελίου λαβεῖν
25 ... 13. Εἰ δὲ πυνθανομένοις ἡμῖν περὶ τοῦ πότε γέγονε πρῶτον ἐν τῇ
Καφαρναοὺμ ὁ χριστός, τῇ λέξει Ματθαίου καὶ τῶν λοιπῶν δύο ἀκολου-
θοῦντες φήσουσιν μετὰ τὸν πειρασμόν, ὅτε καταλιπὼν τὴν Ναζαρὲθ ἐλθὼν
κατῴκησεν εἰς Καφαρναοὺμ τὴν παραθαλασσίαν, πῶς ἅμα ἀληθῆ εἶναι
ἐροῦσιν τό τε παρὰ τῷ Ματθαίῳ καὶ Μάρκῳ εἰρημένον, ὡς διὰ τὸ
30 ἀκηκοέναι αὐτὸν περὶ τοῦ Ἰωάννου παραδοθέντος εἰς τὴν Γαλιλαίαν
ἀναχωρήσαντος, καὶ τὸ παρὰ τῷ Ἰωάννῃ μετὰ καὶ ἄλλας οἰκονομίας πρὸς
τῇ ἐν Καφαρναοὺμ μονῇ κείμενον, καὶ τὴν ⟨εἰς⟩ Ἱεροσόλυμα ἄνοδον, τήν τε
εἰς τὴν Ἰουδαίαν ἐκεῖθεν κάθοδον, ὅτε οὔπω βεβλημένος ἦν εἰς φυλακὴν ὁ
Ἰωάννης, ἀλλ' ἐβάπτιζεν ἐν Αἰνὼν ἐγγὺς τοῦ Σαλίμ; 14. Καὶ ἐπὶ ἄλλων δὲ
35 πλειόνων εἴ τις ἐπιμελῶς ἐξετάζοι τὰ εὐαγγέλια περὶ τῆς κατὰ τὴν ἱστορίαν
ἀσυμφωνίας, ἥντινα καθ' ἕκαστον πειρασόμεθα κατὰ τὸ δυνατὸν
παραστῆσαι, σκοτοδεινιάσας ἤτοι ἀποστήσεται τοῦ κυροῦν ὡς ἀληθῶς τὰ
εὐαγγέλια, καὶ ἀποκληρωτικῶς ἑνὶ αὐτῶν προσθήσεται, μὴ τολμῶν πάντη
ἀθετεῖν τὴν περὶ τοῦ κυρίου ἡμῶν πίστιν, ἢ προσιέμενος τὰ τέσσαρα εἶναι
40 ⟨ἐρεῖ τ'⟩ ἀληθὲς αὐτῶν οὐκ ἐν τοῖς σωματικοῖς χαρακτῆρσιν.

4, 15. Ὑπὲρ δὲ τοῦ ποσὴν ἐπίνοιαν τοῦ βουλήματος τῶν εὐαγγελίων περὶ
τῶν τοιούτων λαβεῖν, καὶ τοῦτο ἡμῖν λεκτέον. Ἔστω τισὶ προκείμενον
βλέπουσι τῷ πνεύματι τὸν θεὸν καὶ τοὺς τούτου πρὸς τοὺς ἁγίους λόγους,
τήν τε παρουσίαν, ἣν πάρεστιν αὐτοῖς ἐξαιρέτοις καιροῖς τῆς προκοπῆς
45 αὐτῶν ἐπιφαινόμενος, πλέοσιν οὖσιν τὸν ἀριθμὸν καὶ ἐν διαφόροις τόποις,
οὐχ ὁμοειδεῖς τε πάντῃ εὐεργεσίας εὐεργετουμένοις, ἑκάστῳ ἰδίᾳ ἀπαγγεῖ-
λαι ἃ βλέπει τῷ πνεύματι περὶ τοῦ θεοῦ καὶ τῶν λόγων αὐτοῦ, τῶν τε πρὸς
τοὺς ἁγίους ἐμφανειῶν, ὥστε τόνδε μὲν περὶ τῶνδε τῷδε τῷ δικαίῳ κατὰ
τόνδε τὸν τόπον λεγομένων ὑπὸ θεοῦ καὶ πραττομένων ἀπαγγέλλειν, τόνδε
50 δὲ περὶ τῶν ἑτέρῳ χρησμῳδουμένων καὶ ἐπιτελουμένων, καὶ ἄλλον περὶ
τινος τρίτου παρὰ τοὺς προειρημένους δύο θέλειν ἡμᾶς διδάσκειν· ἔστω δέ
τις καὶ τέταρτος τὸ ἀνάλογον τοῖς τρισὶν περὶ τινος ποιῶν· συμφε-

---

9, 26 ss. cf. Matth. 4, 13; Marc. 1, 13 ss.; Luc. 4, 13 ss.
    29 s. cf. Matth. 4, 12; Marc. 1, 14.
    31 ss. cf. Ioh. 2, 12.
    33 s. cf. Ioh. 2, 13 ss.; 3, 22 ss.
    34 cf. Ioh. 3, 23.

9, 24   [ἀρχῶν] *Preuschen*
    32   ⟨εἰς⟩ *cod.*
    40   ⟨ἐρεῖ τ'⟩ *Preuschen*

lium entnehmen kann ... 13. Wenn man uns auf die Frage, wann denn
der Christus zum ersten Mal in Kapernaum weilte, im Anschluß an
den Wortlaut des Matthäus und der zwei anderen sagt, es sei nach der
Versuchung gewesen, als Jesus Nazareth verlassen hatte um in Kapernaum am Seeufer Wohnung zu nehmen, wie kann man dann gleichzeitig die Wahrheit der Aussage des Matthäus und Markus behaupten,
Jesus habe sich nach Galiläa zurückgezogen, weil er gehört hatte, daß
Johannes ausgeliefert worden war, und der Aussage des Johannes, die
sich nach einigen weiteren Heilsveranstaltungen und nach dem Aufenthalt in Kapernaum findet, auch nach dem Gang nach Jerusalem und
nach dem Rückweg von dort nach Judäa, daß nämlich Johannes noch
nicht ins Gefängnis geworfen war, sondern in Ainon, nahe bei Salim,
taufte? 14. Auch in vielen anderen Fällen würde einer, der die Evangelien hinsichtlich ihrer historischen Widersprüchlichkeit untersuchte,
die wir in jedem einzelnen Fall nach Möglichkeit darzulegen versuchen
werden, ganz verwirrt werden und davon abstehen, die vier Evangelien
für wahr zu halten und würde sich, wenn er den Glauben an unseren
Herrn nicht ganz aufzugeben wagt, willkürlich nur an eines von ihnen
halten oder er wird, wenn er doch die vier Evangelien annimmt, zu-
geben, daß ihre Wahrheit nicht in den materiellen Buchstaben liegt.

4, 15. Über die Frage, welche Vorstellung man sich von der Absicht
der Evangelien in diesen Dingen machen solle, müssen wir noch folgendes sagen[3]: Man nehme an, Menschen sähen im Geist Gott, seine
Worte an die Heiligen und seine Erscheinung, mit der er ihnen zu bestimmten Zeitpunkten ihres Fortschreitens offenbar wird, und zwar
soll es sich um mehrere Menschen an verschiedenen Orten handeln,
die nicht ganz gleichartige Wohltaten empfingen, und jeder habe nun
gesondert darüber zu berichten, was er im Geist von Gott, seinem Wort
und seinen Erscheinungen bei den Heiligen sähe: Dann würde der eine
über das reden, was Gott einem bestimmten Gerechten an einem bestimmten Ort gesagt und getan hatte, der zweite aber über die Offen-
barungen und Taten gegenüber einem anderen, und noch ein anderer
würde uns über einen dritten informieren wollen, der mit den beiden
ersten nichts gemein hat, und schließlich soll es noch einen vierten
geben, der dasselbe wie die drei anderen (Berichterstatter) tut, aber
wieder im Hinblick auf einen anderen (Offenbarungsempfänger). Diese
vier (Berichterstatter) sollen nun hinsichtlich gewisser Dinge, die ihnen

---

[3] Zum Verständnis dieses Gleichnisses sei hingewiesen auf F. H. Kettler, Funktion und Tragweite der historischen Kritik des Origenes an den Evangelien,
Kairos 15, 1973, 36ff.

ρέσθωσαν δὲ οἱ τέσσαρες οὗτοι περί τινων ὑπὸ τοῦ πνεύματος αὐτοῖς
ὑποβαλλομένων ἀλλήλοις, καὶ περὶ ἑτέρων ἐν ὀλίγῳ παραλλαττέτωσαν,
55 ὥστε εἶναι τοιαύτας αὐτῶν τὰς διηγήσεις· ὤφθη ὁ θεὸς τῷδε κατὰ τόνδε
τὸν καιρὸν ἐν τῷδε τῷ τόπῳ, καὶ τάδε αὐτῷ πεποίηκεν οὑτωσί, αὐτῷ
ἐπιφαινόμενος τοιῷδε τῷ σχήματι, καὶ ἐχειραγώγησεν ⟨εἰς⟩ τόνδε τὸν
τόπον, ἔνθα πεποίηκεν τάδε. 16. Ὁ δεύτερος κατὰ τὸν αὐτὸν τοῖς εἰρημένοις γεγονέναι παρὰ τῷ προτέρῳ χρόνον ἔν τινι πόλει ἀπαγγελλέτω τὸν
60 θεὸν ὦφθαι, ᾧ καὶ αὐτὸς νοεῖ, τινὶ δευτέρῳ ὄντι ἐν πολὺ ἀπεσχοινισμένῳ
τόπῳ παρὰ τὸν τόπον τὸν τοῦ προτέρου, καὶ ἑτέρους λόγους ἀναγραφέτω
κατὰ τὸν αὐτὸν καιρὸν εἰρῆσθαι ᾧ κατὰ τὴν ὑπόθεσιν εἰλήφαμεν δευτέρῳ.
Τὰ δὲ παραπλήσια περὶ τοῦ τρίτου καὶ τοῦ τετάρτου νοητέον. 17. Συμφε-
ρέσθωσαν δέ, ὡς προειρήκαμεν, οὗτοι τὰ ἀληθῆ ἀπαγγέλλοντες περὶ τοῦ
65 θεοῦ καὶ τῶν πρός τινας εὐεργεσιῶν αὐτοῦ ἀλλήλοις ἐπί τινων ἀπαγγελ-
λομένων ὑπ' αὐτῶν διηγήσεων. Δόξει τοίνυν τῷ ἱστορίαν εἶναι νομίζοντι τὴν
τούτων γραφήν, ἢ διὰ εἰκόνος ἱστορικῆς πρόσθοιτ' ἂν παραστῆσαι τὰ
πράγματα, καὶ τὸν θεὸν ὑπολαμβάνοντι κατὰ περιγραφὴν εἶναι ἐν τόπῳ, μὴ
δυνάμενον ⟨ἐν⟩ τῷ αὐτῷ πλείονας ἑαυτοῦ ἐμποιῆσαι φαντασίας πλείοσιν ἐν
70 πλείοσιν τόποις καὶ πλείονα ἅμα λέγειν, ἀδύνατον εἶναι ἀληθεύειν οὓς
ὑπεθέμην τέσσαρας, τῷ ἀδύνατον εἶναι ἐν τῷδέ τινι τῷ τεταγμένῳ καιρῷ
τὸν θεὸν εἶναι, ἅτε καὶ κατὰ περιγραφὴν αὐτὸν νενοημένον ἐν τόπῳ εἶναι,
καὶ τῷδε καὶ τῷδε λέγειν τάδε καὶ τάδε, καὶ ποιεῖν τάδε καὶ τὰ τούτοις
ἐναντία, καὶ φέρε εἰπεῖν καθεζόμενον ἅμα καὶ ἑστῶτα εἶναι, εἰ ὁ μὲν τῷδε
75 τῷ καιρῷ λέγοι αὐτὸν ἑστῶτα τάδε τινὰ εἰρηκέναι ἢ πεποιηκέναι ἐν τῷδε
τῷ τόπῳ, ὁ δὲ καθεζόμενον.
  5, 18. Ὥσπερ οὖν ἐπὶ τούτων, ὧν ὑπεθέμην, ἐκληφθεὶς ὁ νοῦς τῶν
ἱστορικῶν, χαρακτῆρι βουληθέντων ἡμᾶς διδάξαι τὰ ὑπὸ τοῦ νοῦ αὐτῶν
τεθεωρημένα, οὐδεμίαν ἂν εὑρεθείη ἔχων διαφωνίαν, εἰ οἱ τέσσαρες εἶεν
80 σοφοί· οὕτω νοητέον καὶ ἐπὶ τῶν τεσσάρων ἔχειν εὐαγγελιστῶν κα-
ταχρησαμένων μὲν πολλοῖς τῶν κατὰ τὸ τεράστιον καὶ παραδοξότατον τῆς
δυνάμεως Ἰησοῦ πεπραγμένοις ⟨δὲ⟩ καὶ εἰρημένοις, ἔσθ' ὅπου καὶ προσυ-
φανάντων τῇ γραφῇ μετὰ λέξεως ὡσπερεὶ αἰσθητὸν τὸ καθαρῶς νοητῶς
αὐτοῖς τετρανωμένον. 19. Οὐ καταγινώσκω δέ που καὶ τὸ ὡς κατὰ τὴν

9, 57   ⟨εἰς⟩ *cod.*
   82   ⟨δε⟩ *Wendland*

der Geist eingegeben hat, übereinstimmen, in anderen aber geringfügig abweichen; ihre Berichte mögen also etwa so lauten: Gott erschien einem bestimmten Manne an einem bestimmten Ort, hat etwas in einer bestimmten Weise an ihm getan, hat sich ihm in einer bestimmten Gestalt gezeigt, hat ihn an einen bestimmten Ort geführt und hat dort das und das getan. 16. Der zweite soll sagen, daß zur selben Zeit, als das vom ersten Berichtete sich abspielte, in irgendeiner Stadt einem zweiten Manne, mit dem er sich geistig befaßte, Gott erschienen sei, und zwar an einem Ort, der von dem des ersten weit entfernt war, und er mag andere Worte aufzeichnen, die zur gleichen Zeit diesem Manne gesagt wurden, den wir in unserer Überlegung als den zweiten angenommen haben. Und ähnliches muß man sich hinsichtlich des dritten und des vierten denken. 17. Diese Männer, die die Wahrheit über Gott und seine Wohltaten gegen einzelne berichten, die mögen, wie schon gesagt, zu einem Teil in ihren Berichten übereinkommen. Wenn aber jemand ihren Bericht für Historie hält, während er doch nur den Sachverhalt mit Hilfe eines historischen Bildes darstellen wollte, und wenn er weiterhin annimmt, Gott sei räumlich auf einen Ort begrenzt[4] und könne nicht zugleich mehrere Visionen seiner selbst bei mehreren Menschen an mehreren Orten hervorrufen und auch nicht zugleich mehreres sagen, dann wird er meinen, meine vier angenommenen Berichterstatter könnten unmöglich die Wahrheit sagen; denn es wäre dann ja unmöglich, daß Gott an einem bestimmten Zeitpunkt da sei – zumal man sich ihn ja örtlich begrenzt denkt – und mit einem bestimmten Menschen etwas bestimmtes spräche und etwas bestimmtes täte und auch das Gegenteil, etwa daß er zugleich sitze und stehe, wenn etwa der eine sagt, Gott habe zu jener Zeit etwas bestimmtes an einem bestimmten Ort stehend gesagt oder getan, der andere aber, er habe es sitzend getan.

5, 18. Bei diesen (vier) Männern, die ich angenommen habe, die uns das von ihrem Geist Geschaute buchstäblich mitteilen wollen, wird der Sinn der historischen Angaben ohne jeden Widerspruch erfunden werde, wenn die Vier weise sind; man muß sich nun vorstellen, daß es sich bei den vier Evangelisten ebenso verhält, die sich vieler Taten und Worte Jesu bedienen, die seiner wunderbaren und unbegreiflichen Macht entsprechen, die aber auch in ihre Schrift rein geistig Erkanntes hineingewoben haben, wobei sie sich einer Ausdrucksweise bedienen, als handle es sich um wahrnehmbare Dinge. 19. Ich verwerfe es keines-

---

[4] Über das Problem der räumlichen Unbegrenztheit Gottes handelt Origenes ausführlicher Contra Celsum VII 34.

85 ἱστορίαν ἑτέρως γενόμενον πρὸς τὸ χρήσιμον τοῦ ⟨τού⟩των μυστικοῦ
σκοποῦ μετατιθέναι πως αὐτούς, ὥστε εἰπεῖν τὸ ἐν ⟨τῷδε τῷ⟩ τόπῳ
γενόμενον ὡς ἐν ἑτέρῳ, ἢ τὸ ἐν τῷδε τῷ καιρῷ ὡς ἐν ἄλλῳ, καὶ τὸ οὑτωσὶ
ἀπαγγελλόμενον μετά τινος παραλλαγῆς αὐτοὺς πεποιηκέναι. 20. Προέκει-
το γὰρ αὐτοῖς ὅπου μὲν ἐνεχώρει ἀληθεύειν πνευματικῶς ἅμα καὶ σωμα-
90 τικῶς, ὅπου δὲ μὴ ἐνεδέχετο ἀμφοτέρως, προκρίνειν τὸ πνευματικὸν τοῦ
σωματικοῦ, σῳζομένου πολλάκις τοῦ ἀληθοῦς πνευματικοῦ ἐν τῷ σωμα-
τικῷ, ὡς ἂν εἴποι τις, ψεύδει· ... 21. Καὶ ὁ Ἰησοῦς τοίνυν πολλά ἐστιν ταῖς
ἐπινοίαις, ὧν ἐπινοιῶν εἰκὸς τοὺς εὐαγγελιστὰς διαφόρους ἐννοίας λαμβά-
νοντας, ἔσθ' ὅτε καὶ συμφερομένους ἀλλήλοις περί τινων ἀναγεγραφέναι
95 τὰ εὐαγγέλια· οἷον ἀληθὲς εἰπεῖν τὰ ὡς πρὸς τὴν λέξιν ἀντικείμενα περὶ
τοῦ κυρίου ἡμῶν, ὅτι »γέγονεν ἐκ Δαβίδ«, καὶ »οὐ γέγονεν ἐκ Δαβίδ«.
22. Ἀληθὲς μὲν γὰρ τὸ »Γέγονεν ἐκ Δαβίδ«, ὡς καὶ ὁ ἀπόστολός φησι·
Τοῦ γενομένου ἐκ σπέρματος Δαβὶδ κατὰ σάρκα, εἰ τὸ σωματικὸν αὐτοῦ
ἐκλάβοιμεν· ψευδὲς δὲ αὐτὸ τοῦτο, εἰ ἐπὶ τῆς θειοτέρας δυνάμεως ἀκούοιμεν
100 τὸ γεγονέναι αὐτὸν ἐκ σπέρματος Δαβίδ· ὡρίσθη γὰρ υἱὸς θεοῦ ἐν δυνάμει.

10   *Origenes,* In Lucam Homiliae XXVIII (cf. nr. 7) (ad Luc. 3, 23–28)

(p. 161, 4) Dominus noster atque Saluator, qui multo Melchisedech,
cuius generationem scriptura non docuit, melior fuit, nunc secundum
patrum ordinem natus esse describi-
bitur; et cum diuinitas eius hu-
5 mano non subiaceat exordio,   Γενεαλογεῖται ὁ κύριος ἡμῶν
propter te, qui ortus in carne es,   Ἰησοῦς Χριστός, ἀγενεαλόγητος
nasci uoluit. Et tamen non aeque   μὲν ὢν κατὰ τὴν θεότητα, εἰς γε-
ab euangelistis natiuitatis eius   νεαλογίαν δὲ ἐμβαλὼν ἑαυτὸν διὰ

9, 99   Rom. 1, 3.
9, 85   ⟨τον⟩ των Wendland
   86   ⟨τῷδε τῷ⟩ Preuschen
10, 2   cf. Hebr. 7, 3.

wegs, daß sie gelegentlich etwas, was historisch anders geschehen war, um des mystischen Sinnes dieser Vorgänge willen abänderten, so daß sie etwas, was an einem bestimmten Ort oder zu einer bestimmten Zeit geschehen war, als an einem anderen Ort oder zu einer anderen Zeit geschehen berichten, und daß sie etwas in bestimmter Weise Berichtetes mit einer gewissen Veränderung wiedergeben. 20. Denn ihre Absicht war, wo immer es möglich war, zugleich in geistiger und wörtlicher Hinsicht die Wahrheit zu sagen, wo beides zusammen aber nicht anging, die geistige der wörtlichen Wahrheit überzuordnen, wobei oftmals die geistige Wahrheit sozusagen durch eine buchstäbliche Lüge gewahrt wird . . .[5]. 21. Auch Jesus ist demnach vieles im Hinblick auf seine Bedeutsamkeiten[6], und von diesen Bedeutsamkeiten haben die Evangelisten natürlich unterschiedliche Aspekte aufgegriffen, als sie ihre Evangelien schrieben, mögen sie auch über Einzelnes im Widerstreit liegen. So ist es beispielsweise wahr, über unseren Herrn zu sagen – auch wenn es sich dem Wortlaut nach widerspricht –, er stamme von David ab und er stamme nicht von David ab. 22. Denn es ist wahr, daß er von David abstammt, wenn wir seine leibliche Existenz betrachten, wie ja auch der Apostel sagt: *der dem Fleisch nach aus Davids Geschlecht stammt.* Dieselbe Aussage aber ist unwahr, wenn wir seine Geburt aus Davids Geschlecht im Hinblick auf seine göttliche Macht verstehen wollten; denn in Macht wurde er als Sohn Gottes eingesetzt.

10   *Origenes,* Lukas – Homilien XXVIII (zu Luk. 3, 23–28)

Unser Herr und Heiland, der doch viel erhabener war als Melchisedek, dessen Abstammung die Schrift nicht aufzeigte, wird jetzt dargestellt als einer, der in einer Ahnenreihe geboren wurde. Und während seine Gottheit keinem menschlichen Ursprung unterliegt, wollte er doch um deinetwillen, da du im Fleisch geboren bist, geboren werden. Freilich wird sein Geburtsregister von den Evangelisten nicht

---

[5] Origenes führt als Beispiel Gen. 27 an: Wörtlich verstanden unterstellt dieser Text Jakob einen Betrug, nicht aber bei geistigem Verständnis, da Esau schon längst wegen seiner Gottferne das Erstgeburtsrecht verloren hatte.

[6] ’Επίνοια ist ein Begriff der hellenistischen Erkenntnistheorie (vgl. z. B. SVF II, 29, 21–28; 159, 26–28); er spielt auch in gnostischer Mythologie (Unbekanntes altgnostisches Werk; Apokryphon Johannis) eine Rolle. Origenes verwendet ihn häufig z. B. im Hinblick auf die verschiedenen christologischen Titel (Johannes-Kommentar I, 9, 53; 19, 118; II, 9, 66 ss.; 12, 89). Siehe dazu R. P. C. Hanson, Allegory and Event, 1959, 272ff.; M. Eichinger, Die Verklärung Christi bei Origenes, 1969, 64ff. (zu Contra Celsum II, 64).

ordo narratur, quae res nonnullos
10 plurimum conturbauit. Matthaeus
enim incipiens natiuitatis illius
seriem texere ab Abraham usque
ad id peruenit, ut diceret: *Christi
autem Iesu generatio sic erat,* et
15 describit non eum, qui baptizatus
est, sed qui uenit in mundum;
Lucas uero exponens natiuitatem
eius non a superioribus ad in-
feriora deducit, sed cum baptiza-
20 tum ante dixisset, usque ad ipsum
peruenit Deum. Nec (p. 162, 1)
eaedem personae sunt in generatione eius, quando descendere
dicitur et quando conscendere.
25 Qui enim facit eum de caelestibus
descendentem, et mulieres non
quaslibet, sed peccatrices et, quas
scriptura reprehenderat, introducit; qui uero baptizatum nar-
30 rat, nullius facit mulieris mentionem. In Matthaeo ergo, ut diximus, nominatur Thamar, quae
cum socero fraude concubuit, et
Ruth Moabitis nec de genere
35 Israhel, et Rachab, quae unde
sumpta sit scire nequeo, et coniux
Uriae, quae uiolauit mariti thorum.
Quia enim Dominus noster atque
Saluator ad hoc uenerat, ut homi-
40 num peccata susciperet, et *eum,
qui non fecerat peccatum, pro
nobis peccatum fecit* Deus,
propterea descendens in mundum
assumpsit peccatorum hominum
45 uitiosorumque personam et nasci
uoluit de stirpe (p. 163, 1) Salo-

σέ. Καὶ γενεαλογεῖται δὲ οὐχ ὁμοίως ὑπὸ τῶν εὐαγγελιστῶν, ὅπερ
ἐτάραξε πολλοὺς τῶν ἐντυγχα-
νόντων τῇ γραφῇ. Ματθαῖος μὲν γὰρ
ἀρξάμενος ἀπὸ Ἀβραὰμ γενεαλογῶν αὐτὸν κατάγει, μέχρις εἴπῃ·
τοῦ δὲ Ἰησοῦ Χριστοῦ ἡ γέννησις
οὕτως ἦν. Καὶ ὁ μὲν Ματθαῖος οὐ
τὸν βαπτιζόμενον γενεαλογεῖ, ἀλλὰ
τὸν εἰς τὸν κόσμον ἐρχόμενον·
Λουκᾶς δὲ γενεαλογῶν οὐ κατάγει
τὴν γενεαλογίαν, ἀλλ' ἀνάγει ἐπ'
αὐτὸν τὸν θεὸν τὸν βαπτιζόμενον.
Καὶ οὐ διὰ τῶν αὐτῶν ἡ κατάβασις
τῆς γενεαλογίας καὶ ἡ ἀνάβασις. Ὁ
μὲν γὰρ καταβιβάζων τῷ λόγῳ κα-
ταβιβάζει αὐτὸν καὶ διὰ γυναικῶν
ἁμαρτωλῶν, μόνας ἀναγράψας τὰς
ἐπιληψίμους, ὁ δὲ γενεαλογῶν τὸν
βαπτιζόμενον γυναῖκα οὐκ ὀνομά-
ζει ἐν τῇ γενεαλογίᾳ αὐτοῦ·

τὴν Θάμαρ, οὐ νομίμως τῷ πεν-
θερῷ συνελθοῦσαν, τὴν Μωαβίτιδα
Ῥούθ,
τὴν Ῥαχάβ, ἣν οὐδὲ οἴδαμεν,
               καὶ τὴν
τοῦ Οὐρίου.

Ἐπειδὴ γὰρ ἤρχετο λαβεῖν τὰς
ἁμαρτίας τῶν ἀνθρώπων, καὶ τὸν
μὴ γνόντα ἁμαρτίαν ὑπὲρ ἡμῶν ἁ-
μαρτίαν ἐποίει ὁ θεός, διὰ τοῦτο
καταβαίνων ἀνέλαβε τὰ ἁμαρτωλὰ
πρόσωπα καὶ γεννᾶται διὰ Σολομῶντος, οὗ ἀναγέγραπται τὰ ἁ-

10, 13 s. Matth. 1, 18.
   40 ss. 2. Cor. 5, 21.

gleichartig dargestellt, ein Sachverhalt, der viele aufs höchste verwirrt hat. Matthäus nämlich beginnt sein Geburtsregister bei Abraham bis zu der Stelle, wo er sagt: *Mit der Geburt Jesu Christi verhielt es sich folgendermaßen,* und er stellt nicht den vor, der gerade getauft wurde, sondern den, der in die Welt kam. Lukas aber geht bei der Darlegung seiner Ahnenreihe nicht von den entfernteren Gliedern zu den näheren, sondern geht, nachdem er davon gesprochen hatte, daß Jesus getauft worden war, (von ihm aus) bis zu Gott selbst aufwärts. Auch sind in der aufsteigenden und der absteigenden Ahnenreihe nicht dieselben Personen aufgeführt. Der (Evangelist), welcher ihn bei seiner Herabkunft vom Himmel beschreibt, bringt Frauen, und zwar keine beliebigen, sondern Sünderinnen, die die Schrift getadelt hatte; der (Evangelist) aber, der über den eben Getauften spricht, erwähnt keine Frau. Bei Matthäus also wird, wie gesagt, Thamar erwähnt, die betrügerisch Verkehr mit ihrem Schwiegervater hatte, und Ruth, eine Moabiterin, die nicht einmal aus dem Volk Israel stammte, und Rahab, über deren Herkunft ich nichts wissen kann, und die Frau des Uria, die das eheliche Recht des Gatten verletzte. Weil nun unser Herr und Heiland dazu gekommen war, daß er die Sünden der Menschen auf sich nähme, und Gott *ihn, der keine Sünde begangen hatte, für uns zur Sünde machte,* deshalb hat er bei seinem Abstieg in die Welt die Gestalt sündiger und lasterhafter Menschen angenommen und wollte aus dem Geschlecht Salomos, dessen Sünden aufgezeichnet sind, und Rehabeams, dessen Vergehen überliefert werden, und der anderen, von denen viele *Böses vor dem Angesicht des Herrn* taten, geboren werden. Bei seinem Aufsteigen aus dem Taufbad aber und bei der zweiten Beschreibung seiner Geburt wird er nicht als Nachkomme Salomos

monis, cuius peccata conscripta
sunt, et Roboam, cuius delicta
referuntur, et ceterorum, e quibus
50 multi fecerunt *malum in con-
spectu Domini.* Quando uero de
lauacro conscendit et secundo
ortus describitur, non per Salomonem, sed per Nathan nascitur,
55 qui eius arguit patrem super Uriae
morte ortuque Salomonis. Sed in
Matthaeo semper generationis
nomen adiungitur, hic uero peni-
tus siletur. Scriptum est enim ibi:
60 *Abraham genuit Isaac, Isaac genuit Iacob, Iacob genuit Iudam et
fratres eius, Iudas genuit Phares et
Zaram de Thamar,* et usque ad
finem ‹genuit› semper apponitur.
65 In Luca uero, ubi de lauacro conscendit Iesus, *filius* dicitur, *sicut
putabatur Ioseph*; et in tam multa
serie nominum nunquam, excepto
quod putabatur filius Ioseph,
70 genera- (p. 164, 1) tionis nomen
adscriptum est. In Matthaeo non
est scriptum: incipiebat: hic vero,
quia de baptismate conscensurus
erat, incipiebat legitur, scriptura
75 referente: *et ipse erat Iesus incipiens.* Quando enim baptizatus
est et mysterium secundae generationis assumpsit, ut tu quoque
priorem natiuitatem destruas et
80 in secunda regeneratione nascaris,
tunc dicitur incepisse.

μαρτήματα, καὶ ῾Ροβοάμ, οὗ ἐν
ταῖς Βασιλείαις λέγεται τὰ πταίσ-
ματα, καὶ τῶν λοιπῶν, ὧν οἱ πολλοὶ
ἐποίησαν τὸ πονηρὸν ἐνώπιον κυρίου. Οὗτος δὲ ἀναβιβάζει ἀναβαί-
νων ἀπὸ τοῦ βαπτίσματος, καὶ τῇ
γενεαλογίᾳ ἀναβαίνει οὐ διὰ Σολομῶντος, ἀλλὰ διὰ Ναθὰν τοῦ
ἐλέγξαντος τὸν πατέρα ἐπὶ τῇ γενέ-
σει Σολομῶντος καὶ τῇ τοῦ Οὐρίου
ἀναιρέσει. Κἀκεῖ μὲν ἀεὶ τὰ τῆς
γεννήσεως ὀνομάζεται, ἐνταῦθα δὲ
τὰ τῆς γεννήσεως σεσιώπηται.

᾿Αβραὰμ ἐγέννησε τὸν ᾿Ισαάκ,
᾿Ισαὰκ ἐγέννησε τὸν ᾿Ιακώβ,
᾿Ιακὼβ δὲ ἐγέννησε τὸν ᾿Ιούδαν καὶ
τοὺς ἀδελφοὺς αὐτοῦ, ᾿Ιούδας δὲ
ἐγέννησε τὸν Φαρὲς καὶ τὸν Ζαρὰ
ἐκ τῆς Θάμαρ· καὶ μέχρι τέλους
τό· ἐγέννησε ὁ δεῖνα τὸν δεῖνα.
᾿Ενθάδε δὲ ἀναβαίνει ὁ ᾿Ιησοῦς, υἱὸς ὤν, ὡς ἐνομίζετο, ᾿Ιωσήφ· καὶ
οὐδαμοῦ ἐνταῦθα γέννησις, ἀλλὰ
μόνον ›νομίζεται‹. Κἀκεῖ μὲν οὐδέ-
ποτε ἄρχεται εἰς γέννησιν, ἐνθάδε
δέ, ἐπεὶ ἀπὸ τοῦ βαπτίσματος ἀναβαίνει, ἄρχεσθαι λέγεται· καὶ
αὐτός, γάρ φησιν, ἦν ᾿Ιησοῦς ἀρχό-
μενος· ὅτε γὰρ ἐβαπτίσατο καὶ τὸ
μυστήριον ἀνέλαβε τῆς ἀναγεννήσεως, ἵνα καὶ σὺ καταργήσῃς τὴν
προτέραν γέννησιν καὶ ἀναβῇς
δευτέραν διὰ τῆς παλιγγενεσίας,
τότε ἄρχεσθαι λέγεται.

10, 47   3. Reg. 11, 8.
    48   3. Reg. 14, 21 ss.
    50 s. cf. 3. Reg. 15, 26.
    60 ss. Matth. 1, 2 s.
    66 s. Luc. 3, 23.

geboren, sondern Nathans, der dessen Vater wegen des Todes des Uria und der Geburt Salomos anklagte. Aber bei Matthäus wird immer das Wort «zeugen» hinzugefügt, während es hier gänzlich unterbleibt. Dort heißt es nämlich: *Abraham zeugte Isaak, Isaak zeugte Jakob, Jakob zeugte Juda und seine Brüder, Juda zeugte Peres und Serah mit Thamar,* und bis zum Ende wird immer gesagt: «er zeugte». Bei Lukas dagegen heißt es, als Jesus aus dem Taufbad aufstieg, *ein Sohn, wie man glaubte, Josephs,* und trotz der großen Reihe von Namen wird nirgends das Wort Zeugung verwendet, abgesehen davon, daß er für einen Sohn Josephs gehalten wurde[1]. Bei Matthäus steht auch nicht: *er fing an*; hier aber, weil er von der Taufe sich erhob, wird gesagt, er habe angefangen, wie die Schrift sagt: *Und dieser Jesus begann*[2]. Als er nämlich getauft wurde und das Mysterium der Wiedergeburt annahm, damit auch du die erste Geburt zerstörtest und in der Wiedergeburt geboren würdest, da wird gesagt, er habe *angefangen* . . .

---

[1] Diese Erklärung der unterschiedlichen Genealogien Jesu aus der unterschiedlichen Intention der Evangelisten führt auch Euseb an (Quaestiones ad Stephanum 3); siehe Text Nr. 20. Vgl. ferner Augustin, De diuersis quaestionibus LXXXIII, qu. 61, 2 und De consensu euangelistarum II, 4, 11 s.

[2] Origenes hat diesen Satz um seiner Erklärung willen verstümmelt; Lukas sagt: Jesus war am Anfang seines Wirkens etwa 30 Jahre alt. Dies ist ein typisches Beispiel für die atomisierende Methode, deren sich die allegorische Exegese stets bedient.

11 ibidem XXIX (ad Luc. 4, 1–4)

Scripturae sensum diligenter euentilans reor inuenire me causam, quare Iohannes tentationem Domini non descripserit, sed tan-
5 tum Matthaeus, Lucas et Marcus. Iohannes enim, quia a Deo exordium fecerat, dicens: *In principio erat uerbum, et uerbum erat apud*

Γενόμενος δὲ ἐν τῷ τόπῳ ἔχω τὴν αἰτίαν εἰπεῖν, διὰ τί Ἰωάννης μὲν οὐκ ἀνέγραψε τὸν πειρασμόν, Ματθαῖος δὲ καὶ Μᾶρκος καὶ Λουκᾶς ἀνέγραψαν. Ἐπειδὴ γὰρ Ἰωάννης ἀπὸ θεοῦ ἤρξατο, οὐκ ἐγενεαλόγησεν αὐτὸν ὡς θεόν.

Deum, et Deus erat uerbum, nec poterat diuinae generationis ordinem texere, sed tantummodo, quod
10 ex Deo et cum Deo esset, expresserat, adiecit. *Et uerbum caro factum est.* Porro quia Deus tentari non potest, de quo ei erat sermo ideo tentari illum a diabolo non introducit. Quia uero liber generatio-
15 nis Iesu Christi de eo in Matthaei euangelio narratur homine, qui natus fuerat ex Maria, et in Luca

Διὰ τοῦτο, ἐπειδὴ θεός, οὐκ ἐπειράζετο· οἱ δὲ ἄλλοι, ὡς τὰ ἀνθρώπινα διηγούμενοι τοῦ σωτῆρος, εἰσάγουσιν αὐτὸν καὶ πειραζόμενον.

generatio eius describitur, et in Marco homo est, qui tentatur, propterea eius fertur simile responsum: *non in pane solo uiuet homo.*

12 ibidem Fragmentum 139 (ad Luc. 9, 28)

Ζητήσωμεν πῶς ὁ μὲν Λουκᾶς φησιν· ἐγένετο δὲ μετὰ τοὺς λόγους τούτους ὡσεὶ ἡμέραι ὀκτώ, ὁ δὲ Μᾶρκος· ὡσεὶ μεθ᾽ ἡμέρας ἕξ. ὅσον ἐπὶ τῷ ῥητῷ τῷ· ἐγένοντο ὡσεὶ ἡμέραι ὀκτώ, ὁ Λουκᾶς μετρεῖ καὶ ταύτην τὴν ἡμέραν, [καὶ] ἐν ᾗ γίνεται, Μᾶρκος δὲ μετρεῖ τὰς μέσας μόνας, καὶ οὐκ ἔστι
5 διαφωνία πρὸς τὸ ῥητόν· ἀλλ᾽ εἴποιμι ἂν ἀνάγων τὸν λόγον, ὅτι οὐκ εἰκῇ.

11, 5 cf. Matth. 4, 1 ss.; Marc. 1, 12 s.
7 s. Ioh. 1, 1.
10 s. Ioh. 1, 14.
14 s. Matth. 1, 1.
19 Luc. 4, 4; Matth. 4, 4; cf. Deut. 8, 3.
12, 2 Marc. 9, 2.

11 Ebenda XXIX (zu Luk. 4, 1–4)

(p. 170, 13) Indem ich dem Sinn der Schrift gründlich nachgehe, glaube ich den Grund zu finden, warum Johannes die Versuchung des Herrn nicht beschrieben hat, sondern nur Matthäus, Lukas und Markus. Weil Johannes nämlich bei Gott seinen Anfang genommen hatte mit den Worten: *Im Anfang war das Wort, und das Wort war bei Gott, und Gott war das Wort,* hatte er auch nicht die Abfolge seiner göttlichen Abstammung beifügen können, sondern nur ausgedrückt, daß er aus Gott war und mit Gott war, so fügte er hinzu: *Und das Wort ward Fleisch.* Da aber Gott nicht versucht werden kann, und von ihm wollte er ja sprechen, so (171,1) hat er auch nicht dargestellt, wie er vom Teufel versucht wird. Weil aber das *Buch der Abstammung Jesu Christi* im Matthäusevangelium über ihn als Menschen berichtet wird, der von Maria geboren worden war, und bei Lukas seine Abstammung dargestellt wird, und es in Markus der Mensch ist, der versucht wird, daher wird auch eine ihm entsprechende Antwort gegeben: *nicht vom Brot allein lebt der Mensch*[1].

12 Ebenda, Fragm. 139 (zu Luk. 9, 28)

Wir wollen untersuchen, warum Lukas sagt: *Etwa acht Tage nach diesen Worten,* Markus aber *etwa sechs Tage.* Dem Wortlaut nach zählt Lukas in der Angabe *etwa acht Tage* auch den Tag mit, an dem sich die Begebenheit zuträgt, während Markus nur die dazwischenliegenden Tage zählt, und so besteht dem Wortlaut nach kein Widerspruch[1]. Ich möchte aber sagen, indem ich das Wort auf eine höhere

---

[1] Diese Überlegung nimmt gewissermaßen die heutige redaktionsgeschichtliche Methode vorweg. Vgl. dazu die grundsätzlichen Äußerungen des Origenes über die Notwendigkeit einer die Intentionen des jeweiligen Autors berücksichtigenden Auslegung in Contra Celsum I, 42 und seine gleichartigen Ausführungen zur Gethsemaneperikope (In Euangelium Matthaei commentariorum series 92): Die Synoptiker berichten diese Begebenheit, «da es dem Menschen eigen ist, soweit es zur Schwäche des Fleisches gehört, dem Leiden entgehen zu wollen; Johannes aber, der sich vorgenommen hatte, Jesus als Gott – Wort darzustellen, ... weiß nichts davon, daß der leidensunfähige Gott dem Leiden entfliehen wollte».
[1] Diese Lösung übernehmen Hieronymus, Commentarii in Euangelium Matthaei (zu Matth. 17, 1) und Augustin, De consensu euangelistarum III, 56, 113; die

ὃ ἐπηγγείλατο ὁ σωτήρ, οὐκ εὐθέως, ἀλλὰ μεθ' ἡμέρας ἓξ πεποίηκεν. Σύμβολον δὲ αἱ ἓξ ἡμέραι τῆς κοσμοποιίας, τοῦτ' ἐστιν μετὰ τὸν κόσμον τοῦτον.

13 Origenes, In Euangelium Matthaei commentarii Fragmenta, ed. E. Klostermann, GCS 41, 1, 1941.
Fragmentum 164 ad Matth. 8, 28–30

Ἐπειδὴ ὁ Ματθαῖος μὲν δύο δαιμονιζομένους εἶπε τοὺς ἀπὸ τῶν μνημεί- ων ἐξελθόντας, ὁ δὲ Λουκᾶς καὶ ὁ Μᾶρκος ἕνα, σκέψαι μήποτε τῶν δύο τῶν παρὰ τῷ Ματθαίῳ εἷς ἦν ὁ τὸν λεγεῶνα ἔχων, περὶ οὗ τὸν λόγον ἐποιήσαντο ὅ τε Μᾶρκος καὶ ὁ Λουκᾶς, ἱστοροῦντες τὰ κατ' αὐτὸν μόνον 5 διὰ τὸ ἐπισημότερον εἶναι καὶ πλείονα περὶ αὐτὸν γεγονέναι. Ὅθεν τὰ μὲν ὁμοίως ὁ Ματθαῖος γενικῶς περὶ τῶν δύο δαιμονιζομένων ἀνέγραψε καὶ οὗτοι περὶ τοῦ ἑνὸς ἐμνημόνευσαν, τὰ δὲ ἰδίως καὶ ἀφωρισμένως περὶ τοῦ τὸν λεγεῶνα ἐσχηκότος διὰ τὸ παρασεσιωπῆσθαι παρὰ τῷ Ματθαίῳ τὴν κατὰ μέρος περὶ αὐτοῦ διήγησιν.

14 Origenes, In Euangelium Matthaei commentarii Tomoi (post 244), ed. E. Klostermann, GCS 40, 1937
XVI, 12 (ad Matth. 20, 29 s.)

Ἐπεὶ δε Μᾶρκος καὶ Λουκᾶς κατὰ τινὰς μὲν τὴν αὐτὴν ἱστορίαν ἐκτίθενται κατὰ δὲ τινὰς ἑτέραν πα- ραπλησίαν, ἄξιόν γε καὶ τὰ τούτων 5 ἰδεῖν. καὶ πρῶτόν γε κατανοητέον τὴν κατὰ τὸν Μᾶρκον, οὕτως ἀνα- γράψαντα τὰ κατὰ τὸν τόπον· καὶ ἔρχεται εἰς Ἱεριχώ, καὶ ἐκπο- ρευομένου αὐτοῦ ἐκεῖθεν καὶ τῶν 10 μαθητῶν αὐτοῦ καὶ ὄχλου ἱκανοῦ, ἰδοὺ ὁ υἱὸς Τιμαίου Βαρτιμαῖος τυφλὸς καὶ τὰ ἑξῆς, ἕως τοῦ καὶ ἠκολούθει αὐτῷ ἐν τῇ ὁδῷ. Ὁ μὲν οὖν τῇ ἱστορίᾳ ψιλῇ πα-

Quoniam autem Marcus et Lucas secundum quosdam quidem ipsam exponunt historiam, secundum aliquos autem alteram similem, dignum est et quae ab eis dicuntur uidere, et primum uideamus de Marco ita scribente: et uenit in Hiericho, et exeunte eo inde et discipulis eius et turba multa

qui ergo corporaliter intellegunt,

13, 2 Luc. 8, 27; Marc. 5, 2.
3 Marc. 5, 15.
14, 1 cf. Marc. 10, 46–52; Luc. 18, 35–43.
8 ss. Marc. 10, 46.
13 Marc. 10, 52.

Stufe hebe, daß der Heiland nicht zufällig das, was er verheißen hatte, nicht sofort, sondern erst nach sechs Tagen getan hat. Die sechs Tage sind ein Symbol der Weltschöpfung, d. h. nach dieser Welt ...

13   *Origenes,* Matthäus-Kommentar Fragment 164 (zu Matth. 8, 28–30)

Nachdem Matthäus von *zwei* Besessenen spricht, die *aus den Gräbern* herauskommen, Lukas aber und Markus nur von einem, so überlege, ob nicht etwa einer von den zweien bei Matthäus derjenige war, welcher den *Legion* hatte, von welchem Markus und Lukas erzählten, die nur das wiedergeben, was ihm widerfuhr, da er der bekanntere war und sich bei ihm mehr zutrug. Daher hat Matthäus in ähnlicher Weise allgemein über die zwei Besessenen geschrieben, diese aber haben nur den einen erwähnt, wobei sie über den, der den Legion hatte, einzeln und genau berichteten, da die Einzelheiten der Erzählung über ihn von Matthäus übergangen worden waren[1].

14   *Origenes,* Matthäus-Kommentar XVI, 12 (zu Matth. 20, 29 s.)

Da aber Markus und Lukas nach der Meinung einiger dieselbe Geschichte berichten, nach der Meinung anderer eine ähnliche andere, ist auch dies eine Untersuchung wert. Zuerst muß man die Erzählung nach Markus bedenken, der folgende Ortsangabe bringt: *Und er kommt nach Jericho. Und als er von dort herauszog, und seine Jünger und eine große Menge, siehe, der Sohn des Timaeus, Bartimaeus, ein Blinder* und so weiter, bis: *und er folgte ihm auf dem Weg.* Wer nun auf die bloße

beiden hier gegebenen Lösungen stellt Hieronymus alternativ zur Wahl in seinen Tractatus in Marci Euangelium z. St.

---

[1] Diese Lösung kehrt wieder z. B. bei Johannes Chrysostomus, Matthäus-Homilien XXVIII, und Augustin, De consensu euangelistarum II, 24.56.

¹⁵ ριστάμενος καὶ μὴ βουλόμενος
διαφωνεῖν τοὺς εὐαγγελιστάς, ἐρεῖ
οὐχ ἅμα γεγονέναι τὸ κατὰ τὸν
Ματθαῖον καὶ τὸν Μᾶρκον, ἀλλὰ
τινὶ μὲν ἐπιδημίᾳ τῇ ἐν Ἱεριχὼ
²⁰ γεγονέναι τὰ κατὰ τοὺς ἀναβλέψαν-
τας δύο τυφλούς, ἑτέρᾳ δὲ τὰ κατὰ
τὸν ἕνα τοῦτον υἱὸν Τιμαίου Βαρτι-
μαῖον, καὶ ἄλλῃ τὰ κατὰ τὸν Λουκᾶν.
²⁵ Εἴπερ γὰρ ἀκριβῶς πιστεύομεν
ἀναγεγράφθαι συνεργοῦντος καὶ
τοῦ ἁγίου πνεύματος τὰ εὐαγγέλια,
καὶ μὴ ἐσφάλησαν ἐν τῷ ἀπομνημο-
νεύειν οἱ γράψαντες αὐτά, δῆλον
³⁰ ὅτι, ἐπεὶ μὴ δυνατὸν ἐν μιᾷ καὶ τῇ
αὐτῇ ἐπιδημίᾳ ἀληθὲς εἶναι δύο
τυφλοὺς τεθεραπεῦσθαι καὶ ἕνα,
ἑτέρα μέν τις ἐπιδημία δεδήλωται
ὑπὸ τοῦ Ματθαίου ἑτέρα δὲ ὑπὸ τοῦ
³⁵ Μάρκου, ἤδη δὲ καὶ ἄλλη ὑπὸ τοῦ
Λουκᾶ, ὡς τῷ ἐπιστήσαντι ἐκ τῆς
πρὸς τοὺς λοιποὺς διαφορᾶς ἔστι
καὶ τοῦτο τεθαρρηκότως ἀποφή-
νασθαι. Καὶ οὐδὲν θαυμαστὸν ἐ-
⁴⁰ πιτηρήσαντά τινα τῶν ἐν Ἱεριχὼ
τὴν προτέραν θεραπείαν διὰ τῆς
⟨αὐτῆς⟩ λέξεως καὶ τῆς ὁμοίας ἀ-
ξιώσεως καὶ ἐν τῷ αὐτῷ τόπῳ βε-
βουλῆσθαι θεραπευθῆναι. Εἴποι δ'
⁴⁵ ἄν τις ⟨ὅτι⟩ οὕτω καὶ ἄλλος ἐστὶν ὁ
κατὰ τὸν Λουκᾶν τυφλὸς θεραπευ-
θείς.
Ὁ μέντοιγε ὅλων τούτων ζητῶν
βαθυτέραν διήγησιν φήσει ὅτι ἓν
⁵⁰ καὶ τὸ αὐτὸ πρᾶγμα διαφόροις
λέξεσι παρίσταται.

propter diuersitatem uerborum
dicent.

alia vice *duos* istos caecos Christum sanasse, alia autem uice
unum illum quem Marcus expo-
nit, tertia uero quod scribit Lucas.

qui autem spiritaliter intellegunt,
unam eandemque rem diversis
modis

euangelistas exposuisse defendent.

14,   καὶ *Klostermann*: ἤ *codd.*
42   ⟨αὐτῆς⟩ *Eltester.*
45   ⟨ὅτι⟩ *Klostermann, Koetschau.*

Geschichtserzählung sieht und nicht will, daß die Evangelisten einander widersprechen, wird sagen, daß die Begebenheiten bei Matthäus und Markus nicht gleichzeitig geschehen seien, sondern die Geschichte mit den zwei Blinden, die wieder sehend wurden, habe sich bei einem Aufenthalt (Jesu) in Jericho zugetragen, bei einem anderen Aufenthalt dagegen die von diesem einen, dem Sohn des Timaeus, Bartimaeus, und bei einem dritten die von Lukas berichtete. Wenn wir nämlich glauben, daß die Evangelien genau aufgeschrieben wurden und unter Mitwirkung des heiligen Geistes, und daß ihre Verfasser sich in der Erinnerung nicht getäuscht haben, dann ist klar, da es ja unmöglich wahr ist, daß bei ein und demselben Aufenthalt zwei Blinde und noch ein Blinder geheilt wurden, daß von Matthäus ein bestimmter Aufenthalt kundgetan wird, von Markus ein zweiter, und schließlich wieder ein anderer von Lukas, wie dies ein Verständiger auch aus dem Widerspruch zu den übrigen Evangelisten mutig aufzeigen kann. Und es ist ja auch nicht verwunderlich, daß Leute aus Jericho, die die vorhergegangene Heilung beobachtet hatten, mit derselben Redeweise und einer ähnlichen Bitte und am gleichen Ort geheilt werden wollten. So könnte man sagen, daß der nach Lukas geheilte Blinde auch ein anderer sei. Wer freilich die tiefere Aussage all dessen sucht wird sagen, es werde eine und dieselbe Handlung mit unterschiedlichen Worten dargestellt.

15   *Origenes*, In Matthaei Euangelium Commentariorum series, ed. E. Klostermann, GCS 38, 1933
nr. 77 ad Matth. 26, 6–13

(p. 178, 17) Multi quidem aestimant de una eademque mu-liere quattuor euangelistas expo-
δοκεῖ μέν τισι μία εἶναι καὶ ἡ αὐτὴ παρὰ τοῖς εὐαγγελισταῖς ἅπα-σιν.

suisse, quia conscripserunt tale aliquid de muliere et omnes similiter
5 *alabastrum unguenti* nominauerunt; Iohannes autem pro alabastro posuit *libram unguenti*. Sed et quod dicitur *potuit hoc venundari et pauperibus dari,* dixerunt Matthaeus et Marcus et Iohannes, et quo-niam ad sepulturam suam unguentum illud Christus pronuntiauit effusum, ipsi exposuerunt, et quoniam *in Bethania in domo Simonis*
10 *leprosi* factum est, ipsi tres conscripserunt; Iohannes autem Bethaniam quidem dixit, ubi *fecerunt ei cenam et Martha ministrabat et Lazarus unus erat ex discumbentibus et Maria accepit libram unguenti nardi pistici pretiosi* et cetera, ex quibus apparet quia ipsi ei fecerunt cenam. Lucas autem, quamuis non leprosum posuit Simonem, tamen Phari-
15 saeum dixit fuisse, qui rogauerat Iesum ut manducaret eum eo, sicut de nomine eius dominus ipse testatur dicens ad eum (p. 179, 1) ibi: *Simon, Simon, habeo aliquid tibi dicere.* Multa ergo similitudo et cognatio quaedam uidetur de muliere apud quattuor euangelistas.

Dicam tamen ad eos, qui arbitrantur unam fuisse mulierem, de qua
20 omnes euangelistae scripserunt: putas quod haec *mulier* quae *effudit super caput* Iesu pretiosum unguentum, sicut Matthaeus et Marcus exposuerunt, ipsa et *myro unxit pedes ipsius,* sicut Lucas et Iohannes exposuerunt? Non est autem possibile, ut de eadem muliere exponen-tes euangelistae, cum essent *consummati in eodem intellectu et in*
25 *eodem spiritu et in eadem sententia,* qui fuerant ministraturi salutem ecclesiarum, contraria sibi dixissent. Si autem aliquis arbitratur ipsam fuisse, quae unxit unguento domini pedes apud Lucam et Iohannem, dicat nobis si Maria hic ipsa erat, quae apud Lucam scribitur fuisse *in civitate peccatrix,* quae *indiscens quoniam recubuit in domo Phari-*

15, 5   Matth. 26, 7; Marc. 14, 3; Luc. 7, 37.
    6   Ioh. 12, 3.
    6 s. Matth. 26, 9; Marc. 14, 5; Ioh. 12, 5.
    8 s. cf. Matth. 26, 12; Marc. 14, 8; Ioh. 12, 7.
  14 s. cf. Luc. 7, 36.
  17   Luc. 7, 40.
  20 s. Matth. 26, 7; Marc. 14, 3.
  22   cf. Luc. 7, 38; Ioh. 12, 3.
  24 s. 1. Cor. 1, 10.
  27   Luc. 7, 38; Ioh. 12, 3.
  29   Luc. 7, 37.

15 *Origenes*, Kommentarreihe zu Matthäus 77 (zu Matth. 26, 6–13)

(p. 178, 17) Viele glauben, daß die vier Evangelisten von ein und derselben Frau berichten, weil sie etwas derartiges von einer Frau geschrieben und alle gleichermaßen ein Gefäß voll Salböl erwähnt hätten; Johannes aber hat statt Alabastergefäß *ein Pfund Salböl* geschrieben. Aber auch die Aussage: *Dies hätte verkauft werden können und den Armen gegeben werden,* haben Matthäus, Markus und Johannes gesagt, und sie haben auch berichtet, daß Christus gesagt habe, das Salböl sei zu seinem Begräbnis vergossen worden, und diese drei berichteten auch, daß es sich *in Bethanien im Hause Simons, des Aussätzigen* zutrug. Johannes aber spricht von Bethanien, *wo ihm ein Mahl zubereitet wurde und Martha verrichtete Tischdienst und Lazarus war einer von denen, die zu Tische lagen, und Maria nahm ein Pfund echten, kostbaren Nardenöls* usw. Daraus geht hervor, daß man dort ein Gastmahl für ihn veranstaltete. Obwohl Lukas nicht von Simon dem Aussätzigen spricht, sagt er dennoch, es sei ein Pharisäer gewesen, der Jesus gebeten hatte, mit ihm zu essen, wie auch der Herr selbst seinen Namen bezeugt, indem er ihn anredet: (179, 1) *Simon, Simon, ich habe dir etwas zu sagen* ... So gibt es eine vielfache Ähnlichkeit und eine gewisse Verwandtschaft unter den Evangelisten hinsichtlich dieser Frau.

Dennoch möchte ich denen, die meinen, alle vier Evangelisten hätten nur über eine Frau berichtet, sagen: Glaubst du, daß die Frau, die das kostbare Salböl nach Matthäus und Markus über das Haupt Jesu ausgegossen hat, ebenfalls seine Füße mit Öl gesalbt hat, wie Lukas und Johannes berichten? Es ist doch unmöglich, daß die Evangelisten, *die vollkommen waren in demselben Sinn und in demselben Geist und in derselben Meinung,* die dem Heil der Gemeinden dienen sollten, einander widersprochen hätten. Wenn aber jemand glaubt, es sei dieselbe gewesen, die nach Lukas und Johannes die Füße des Herrn mit Salböl gesalbt hat, der sage uns, ob es hier dieselbe Maria war, die nach Lukas eine *Sünderin in der Stadt* gewesen sein soll, die *erfuhr, daß er im*

30 *saei adtulit alabastrum unguenti et stans retro secus pedes eius plorans lacrimis lauabat pedes eius.* Nec enim credibile est, ut Maria quam *diligebat Iesus,* soror Marthae *quae meliorem elegerat partem,* ut *peccatrix in civitate* fuisse dicatur. Et putas quia *mulier,* quae secundum Matthaeum et Marcum *effudit super caput* Iesu pretiosum
35 unguentum, casu non scribitur fuisse peccatrix, quae autem secundum Lucam «peccatrix» refertur, non fuit ausa ad caput Christi uenire sed *lacrimis pedes eius lauit* quasi uix etiam ipsis pedibus eius digna, prae tristitia *paenitentiam in salutem stabilem* operante? Et quae secundum Lucam est, plorat et multum lacrimat, ut *pedes* Iesu *lacrimis* lauet,
40 quae autem secundum Iohannem est Maria, neque peccatrix neque lacrimans introducitur.

(p. 180, 1) Forsitan ergo quis dicet quattuor fuisse mulieres, de quibus conscripserunt euangeli-
45 stae; ego autem magis consentio tres fuisse: et unam quidem, de qua conscripserunt Matthaeus et Marcus nullam differentiam expositionis suae facientes in eo
50 capitulo, alteram autem fuisse de qua scripsit Lucas; aliam autem de qua scripsit Iohannes, quoniam differt aliis mulieribus non solum in his quae scripta sunt de
55 unguento, sed quoniam et *diligebat Iesus* Mariam et Martham – quamuis et ipsa in Bethania referatur fuisse, sicut et mulier de qua exponunt Matthaeus et
60 Marcus. Tertia differentia est,

Τάχα μὲν εἴποι τις τέσσαρας εἶναι τὰς γυναῖκας περὶ ὧν ἀνέγραψαν οἱ εὐαγγελισταί. Ἐγὼ δὲ μᾶλλον
προστίθημι τῷ τρεῖς αὐτὰς εἶναι,
καὶ μίαν μὲν περὶ ἧς ἀνέγραψε
Ματθαῖος καὶ Μᾶρκος ⟨ὡς⟩ ἐν πολλοῖς ἄλλοις συνάδοντες τῆς εὐαγγελικῆς γραφῆς, ἑτέραν δὲ περὶ ἧς ὁ
Λουκᾶς, διαφέρουσαν δέ τινα τῶν
προειρημένων, περὶ ἧς ὁ Ἰωάννης·

εἰ γὰρ καὶ ἐν Βηθανίᾳ ἀνέγραψαν
τὰ κατὰ τὴν γυναῖκα γενόμενα,

15, 29 ss. Luc. 7, 37 s.
    32   Ioh. 11, 5.
    32 s. cf. Luc. 10, 42.
    33   Luc. 7, 37.
    33 s. cf. Marc. 14, 3.
    38   2. Cor. 7, 10.
    40   Luc. 7, 38.
    52 ss. Ioh. 12, 3.
    55 s. Ioh. 11, 5.
    57 s. cf. Ioh. 12, 1.

15, 35   casu *scripsi*: eventu *codd.* (*del. Koetschau*)

Hause des Pharisäers zu Tische lag und ein Gefäß mit Salböl brachte, *sich hinter ihn zu seinen Füßen stellte und weinend mit ihren Tränen* *seine Füße netzte?* Denn es ist unglaublich, daß von Maria, die *Jesus* *liebte,* der Schwester der Martha, *die das bessere Teil erwählt hatte,* gesagt wurde, sie sei eine Sünderin in der Stadt gewesen. Und du glaubst, daß die Frau, die nach Matthäus und Markus das kostbare Salböl über das Haupt Jesu goß, nur zufällig nicht als Sünderin bezeichnet wird, daß aber diejenige, welche bei Lukas als Sünderin bezeichnet wird, es nicht wagte, an das Haupt Christi heranzutreten, sondern *seine Füße mit ihren Tränen netzte,* als ob sie selbst seiner Füße kaum würdig wäre, wobei sie in ihrer Traurigkeit *Buße zum* *sicheren Heil* bewirkte. Und die Frau bei Lukas weint und vergießt viele Tränen, so daß sie die *Füße* Jesu mit ihren *Tränen* netzt; die aber bei Johannes ist Maria, und sie wird weder als Sünderin noch weinend dargestellt.

(p. 180, 1) Vielleicht wird jetzt jemand sagen, es seien vier Frauen gewesen, über die die Evangelisten geschrieben haben; ich stimme eher dafür, es seien drei gewesen: Die eine war die, von der Matthäus und Markus ohne Differenzen in der Darstellung dieses Kapitels berichtet haben; eine zweite war die, von der Lukas geschrieben hat; eine dritte aber die, von der Johannes berichtet hat, da sie sich von den anderen Frauen nicht nur durch die Angaben über das Salböl unterscheidet, sondern weil Jesus Maria und Martha liebte – obgleich auch sie in Bethanien gewesen sein soll, wie die Frau, von der Matthäus und Markus berichten; ein dritter Unterschied besteht darin, daß Matthäus und

quoniam Matthaeus quidem et
Marcus *in domo Simonis leprosi*
hoc factum fuisse exponunt; Iohannes autem quoniam Iesus *ante*
65 *sex dies paschae uenit in Betha-*
niam, ubi erat Lazarus quem
suscitauerat Iesus, et fecerunt ei
cenam

Ματθαῖος καὶ Μᾶρκος ἐν οἰκίᾳ
Σίμωνος τοῦ λεπροῦ διηγήσαντο τὰ
περὶ τούτων ἀπηντηκέναι,
'Ιωάννης δέ φησιν ὅτι πρὸ ἓξ
ἡμερῶν τοῦ πάσχα ἦλθεν 'Ιησοῦς
εἰς Βηθανίαν, ὅπου ἦν Λάζαρος ὃν
ἤγειρεν ἐκ νεκρῶν καὶ τὰ ἑξῆς.

[et] non Simon, sed Maria et Martha, forte et Lazarus, *et Martha*
70 *ministrabat, Lazarus autem erat unus ex discumbentibus*. Adhuc
autem secundum Iohannem *ante sex dies Paschae uenit in Bethaniam,*
quando et *fecerunt ei cenam* Maria et Martha; hic autem quando et
recumbente eo in domo Simonis leprosi accessit ad eum mulier post
biduum pascha erat futurum, sicut dictum est supra.
75   (p. 181, 1) Restat ut aliquis dicat: si de altera muliere Matthaeus
et Marcus scripserunt de altera autem Iohannes de tertia uero Lucas,
quomodo in persona unius mulieris semel a Christo increpati discipuli
(quasi male indignantes de facto mulieris) non se emendauerunt, ut ne
super alteram mulierem similiter facientem indignarentur? Propterea
80 sciat, quia apud Matthaeum et Marcum discipuli indignantur ex bono
proposito, apud Iohannem autem solus Iudas furandi adfectu, apud
Lucam autem murmurat nemo. Ex his ergo et aliis, quae et ipse poteris
obseruare, certum est quoniam aut sibi contraria dicunt euangelistae,
ut quidam eorum etiam mentiantur, aut (si hoc impium est credere)
85 necesse est dicere non de eadem muliere omnes conscripsisse euangelistas, sed aut de tribus aut de quattuor. Dicet autem aliquis paulo
audacior: forsitan secundum historiam una quaedam mulier fuit, quae
tale aliquid fecit, pone autem et alteram (si uis) et tertiam, tamen
principaliter euangelistarum propositum fuit respiciens ad mysteria, et
90 non satis curauerunt ut secundum ueritatem historiae enarrarent, sed
ut rerum mysteria quae ex historia nascebantur exponerent. Propter
quod et adtexuerunt quosdam sermones mysteriorum intellectibus
conuenientes et consonos.

---

62   cf. Marc. 14, 3.
63 ss. Ioh. 12, 1 s.
69 s. Ioh. 12, 2.
71   Ioh. 12 1.
73   Marc. 14, 3.
74   cf. Matth. 26, 2; Marc. 14, 1.
80   cf. Matth. 26, 9; Marc. 14, 5.
81   cf. Ioh. 12, 4 ss.

69   [et] *Klostermann*

Markus berichten, der Vorfall habe sich im Hause Simons des Aussätzigen zugetragen, während Johannes berichtet: *Jesus kam sechs*
Tage vor dem Passa nach Bethanien, wo Lazarus war, den Jesus von
den Toten erweckt hatte, und sie machten ein Mahl für ihn, und zwar
nicht Simon, sondern Maria und Martha, vielleicht auch Lazarus, *und*
Maria verrichtete Tischdienst, Lazarus aber war einer von denen, die
zu Tisch lagen. Dazu kam er nach Johannes sechs Tage vor dem Passa
nach Bethanien, als Maria und Martha ein Mahl für ihn bereiteten,
hier aber (d. h. bei Matthäus), als er im Hause Simons des Aussätzigen
zu Tische lag und eine Frau an ihn herantrat, sollte das Passa in zwei
Tagen sein, wie schon oben erwähnt. (p. 181, 1) Endlich könnte jemand sagen: Wenn Matthäus und Markus von einer Frau, Johannes
aber von einer zweiten und Lukas von einer dritten berichten, wie
kommt es dann, daß die Jünger, die von Christus angesichts einer Frau
einmal angefahren wurden (da sie über die Tat der Frau ungehalten
waren), sich nicht gebessert haben, so daß sie über eine zweite Frau,
die etwas ähnliches tat, nicht mehr ungehalten waren? Darum, so soll
er wissen, weil die Jünger bei Matthäus und Markus aus guter Absicht
ungehalten sind, bei Johannes aber nur Judas und zwar in betrüge-
rischer Absicht, während bei Lukas keiner murrt. Aus diesen und
anderen Umständen, die du selbst beobachten kannst, geht sicher hervor, daß entweder die Evangelisten einander widersprechen, so daß
einige von ihnen sogar lügen, oder – wenn die Annahme gottlos ist –
daß man notwendigerweise sagen muß, nicht alle Evangelisten hätten
über dieselbe Frau geschrieben, sondern über drei oder vier (verschiedene Frauen). Wer etwas kühner ist, wird sagen: Vielleicht war es
– historisch gesehen – eine einzige Frau, die so etwas getan hat, nimm
aber ruhig noch eine zweite und eine dritte an, wenn du willst; dennoch richtete sich das Hauptanliegen der Evangelisten auf die göttlichen Geheimnisse, und sie haben nicht genügend Sorge dafür getragen, den geschichtlichen Tatsachen gemäß zu berichten, weil sie einige
Äußerungen beifügten, die dem Verständnis der göttlichen Geheimnisse entsprachen.

16   ibidem 126 (ad Matth. 27, 32 s.)

(p. 262, 32) Sicut enim secundum tres euangelistas temptatur a diabolo Iesus, secundum Iohannem autem (qui spiritalis naturae eius fecit sermonem)

(p. 263, 1) non temptatur – nec enim temptatur «ueritas et uita» et
5 «resurrectio» et «lumen uerum», sed temptabatur secundum hominem quem susceperat unigenitus
deus – sic secundum Iohannem
quidem saluator, inponentibus eis   κατὰ μὲν τοὺς τρεῖς Σίμων
qui suceperunt eum, *crucem suam*   βαστάζων ἀναφέρεται τὸν Ἰησοῦ
10 *portans egressus est in locum qui*   σταυρόν, κατὰ δὲ Ἰωάννην ἑαυτῷ
dicitur Caluariae locus, secun-   βαστάζων ὁ Ἰησοῦς αὐτόν.
dum reliquos autem sibi eam non
portat.

Exeuntes enim qui *ducebant eum ad crucifigendum, inuenerunt*
15 quendam *Cyrenaeum, nomine Simonem, quem angariauerunt ut acci-*
peret crucem Christi. Non autem solum saluatorem conueniebat accipere crucem suam, sed et nos conueniebat eam portare, salutarem
nobis angariam adinplentes. Nec iterum autem sic prodificandi fuera-
mus crucem eius accipientes, quantum modo prodificamur a cruce
20 eius, cum et ipse sibi accipiat eam et portet.

quaeres autem si secundum tex-   εἰ δὲ γέγονε κατὰ τὸ ῥητὸν ἀμφό-
tum utrumque est factum et non   τερα, ζητήσεις, καὶ τί πρότερον,
dissonant sibi euangelistae ab in-
uicem, et quid eorum prius est
25 factum:

utrum enim qui susceperunt Iesum ad crucifigendum et inponentes ei
crucem, ut portans eam exeat *in*   πότερον τὸ τέλος τοῦ βαστάζειν
locum Caluariae, hoc primum   τὸν σταυρὸν Ἰησοῦς ἔλαβεν ἢ
fecerunt, antequam angariarent   Σίμων· εἰκὸς γὰρ μηδενὸς θελήσαν-
30 *Simonem Cyrenaeum* – aut *egressi*   τος βαστάσαι τὸν σταυρὸν οὗτος
quidem *angariauerunt Simonem,*   ἔσωθεν πρῶτον ἐβάστασεν αὐτόν,
facti autem ad locum in quo eum   ἐν δὲ τῇ ὁδῷ ἐπέθηκαν αὐτὸν ἐπὶ
fuerant suspensuri, posue- (p. 264,   Σίμωνα,
1) runt crucem ei ipsi, ut ipse eam
35 portaret. et qui potest discutere,

16, 1 s.   cf. Matth. 4, 1 ss.; Marc. 1, 12 s.; Luc. 4, 1 ss.
    4 s.   Ioh. 14, 6; 11, 25; 1, 9.
    9 ss.   Ioh. 19, 17.
    14 ss. Matth. 27, 31b.32.

16 Ebenda 126 (zu Matth. 27, 32 s.)

(p. 262, 32) Wie nämlich nach den drei Evangelisten Jesus vom Teufel versucht wird, nach Johannes, der über seine geistige Natur sprach, aber nicht (p. 263, 1) – denn *die Wahrheit und das Leben* und *die Auferstehung* und das *wahre Licht* werden nicht versucht, vielmehr wurde er als Mensch versucht, den der eingeborene Gott angenommen hatte –, ebenso trug der Heiland nach Johannes sein Kreuz selbst, als diejenigen, welche ihn übernommen hatten, es ihm auflegten, und ging zu der sogenannten Schädelstätte, während er nach den anderen (Evangelisten) es nicht selbst trug. Als nämlich die hinausgingen, die ihn zur Kreuzigung führten, *fanden sie einen Mann aus Kyrene namens Simon, den sie zwangen, das Kreuz Christi zu nehmen.* Es schickte sich aber nicht nur für den Heiland, sein Kreuz aufzunehmen, sondern es schickte sich auch für uns, es zu tragen, wodurch wir einen heilsamen Frondienst erfüllten. Wiederum aber sollten wir dadurch, daß wir sein Kreuz aufnahmen, nicht solchen Nutzen haben wie durch sein Kreuz, wenn er es selbst aufnimmt und trägt. Du wirst aber nun fragen, ob dem Wortlaut nach beides geschah, und ob die Evangelisten nicht einander widersprechen, und was denn davon zuerst geschah: Ob nämlich diejenigen, welche Jesus zur Kreuzigung übernahmen und ihm das Kreuz auflegten, daß er es trage und zur Schädelstätte gehe, dies zuerst taten, bevor sie Simon von Kyrene zwangen, oder ob sie (gleich) beim Hinausgehen Simon zwangen, aber nach der Ankunft an dem Ort, an dem sie ihn kreuzigen wollten, ihm selbst (p. 264, 1) das Kreuz auflegten, daß er es selbst trage[1]. Und wer genau prüfen kann, der mag

---

[1] Wie in anderen Fällen entscheidet sich Origenes nicht für eine bestimmte Harmonisierung, sondern begnügt sich damit, die Lösbarkeit des Problems zu zeigen. In ähnlicher Weise harmonisiert er die Angaben über die Schächer am Kreuz (Kommentarreihe zu Matthäus 133): Anfangs schmähten beide Schächer Jesus (Mk. 15, 32 // Mt. 27, 44); später bekehrte sich der eine Schächer, über den Lukas schreibt (23, 40–43). Allerdings erwägt er in diesem Fall auch eine bloße Addition der Berichte: Matthäus und Markus schreiben vielleicht von zwei anderen Schächern als Lukas. – Im Matthäus-Kommentar (XII, 24) löst Origenes den Widerspruch durch die Annahme zweier ἐπίνοιαι des Kreuzes. – Die hier gegebene historische Lösung übernehmen Theodor v. Mopsuestia (Joh.-Komm. VII, z. St.), Hieronymus (Matthäus-Komm., z. St.) und Augustin (De consensu euangelistarum III, 10, 37).

quaerat discutiens in utroque, ut
inueniat utrum finem portandae
crucis accepit, aut magis Cyre-
naeus Simon, non fortuite an-
40 gariatus, sed secundum aliquam
de eo praescientiam dei ...

οὐ συντυχικῶς μὲν ἀγγα-
ρευθέντα, προορισθέντα δὲ ὑπὸ θεοῦ
διακονῆσαι τῷ σταυρῷ Ἰησοῦ ...

17   *Iulius Africanus,* Epistula ad Aristidem (ca. 230), ed. W. Reichardt, TU XXXIV,
     2b, 1909

    (p. 53, 4) Οἱ μὲν οὖν ἤτοι τὴν εὐαγγελικὴν ἱστορίαν ἠγνοηκότες ἢ
συνεῖναι μὴ δυνηθέντες δοξολογούσῃ πλάνῃ τὴν ἀγνωσίαν ἐπύκνωσαν
εἰπόντες, ὅτι δικαίως γέγονεν ἡ διάφορος αὕτη τῶν ὀνομάτων καταρί-
θμησίς τε καὶ ἐπιμιξία τῶν τε ἱερατικῶν ὡς οἴονται καὶ τῶν βασιλικῶν,
5 ἵνα δειχθῇ δικαίως ὁ Χριστὸς ἱερεύς τε καὶ βασιλεὺς γενόμενος, ὥσπερ
τινὸς ἀπειθοῦντος ἢ ἑτέραν ἐσχηκότος ἐλπίδα, ὅτι (p. 54, 1) Χριστὸς ἀΐδιος
μὲν ⟨ὑπάρχει⟩ ἱερεὺς πατρός, τὰς ἡμετέρας πρὸς αὐτὸν εὐχὰς ἀναφέρων,
βασιλεὺς δὲ ὑπερκόσμιος, οὓς ἠλευθέρωσε νέμων τῷ πνεύματι, συνεργὸς εἰς
τὴν διακόσμησιν τῶν ὅλων γενόμενος. Καὶ τοῦτο ἡμῖν προσήγγειλεν οὐχ ὁ
10 κατάλογος τῶν φυλῶν, οὐχ ἡ μῖξις τῶν ἀναγράπτων γενῶν, ἀλλὰ πατριάρ-
χαι καὶ προφῆται. Μὴ οὖν κατίωμεν εἰς τοσαύτην θεοσεβείας σμικρολογί-
αν, ἵνα τῇ ἐναλλαγῇ τῶν ὀνομάτων τὴν Χριστοῦ βασιλείαν καὶ ἱερωσύνην
συνιστῶμεν, ἐπεὶ τῇ Ἰούδα φυλῇ τῇ βασιλικῇ ἡ τοῦ Λευῒ φυλὴ ⟨ἡ⟩ ἱερατικὴ
συνεζύγη, τοῦ Ναασσὼν ἀδελφὴν τὴν Ἐλισάβετ Ἀαρὼν ἀξαμένου καὶ
15 πάλιν Ἐλεάζαρ τὴν θυγατέρα Φατιὴλ καὶ ἐνθένδε παιδοποιησα-(p. 55,
1)μένων. Ἐψεύσαντο οὖν οἱ εὐαγγελισταὶ συνιστάντες οὐκ ἀλήθειαν, ἀλλ'
εἰκαζόμενον ἔπαινον, καὶ διὰ τοῦτο ὁ μὲν διὰ Σολομῶνος ἀπὸ Δαβὶδ
ἐγενεαλόγησεν ἐπὶ Ἰακὼβ τὸν τοῦ Ἰωσὴφ πατέρα, ὁ δὲ ἀπὸ Νάθαν τοῦ
Δαβὶδ ἐπὶ Ἡλὶ τὸν τοῦ Ἰωσὴφ ὁμοίως ἄλλως πατέρα. Καίτοι ἀγνοεῖν

17, 14   cf. Ex. 6, 23.
    15   cf. Ex. 6, 25.
    17 s.   cf. Matth. 1, 15 s.
    18 s.   cf. Luc. 3, 23 s.

weiterfragen, indem er beide Möglichkeiten prüft, damit er heraus-
findet, ob er (Jesus) das Kreuz am Ende zu tragen bekam oder vielmehr
Simon von Kyrene, der nicht zufällig gezwungen wurde, sondern auf
Grund eines Vorherwissens Gottes über ihn . . .

Julius Afrikanus

17   Brief an Aristides

(p. 53, 4) Diejenigen nun, die entweder die evangelische Geschichte
nicht kennen oder sie nicht verstehen können, haben ihre Unwissenheit
in einem der Verherrlichung dienenden Betrug verdichtet, indem sie
behaupten, diese unterschiedliche Aufzählung der Namen und die ver-
meintliche Verbindung der priesterlichen und königlichen Linie sei
berechtigtermaßen erfolgt, um Christus mit Recht als Priester und
König zu erweisen[1], als ob irgend jemand dies nicht gehorsam annähme oder eine andere Hoffnung hegte, weil doch (p. 54, 1) Christus
der ewige Priester des Vaters ist, der unsere Gebete vor ihn bringt, und
ebenso der überirdische König, der diejenigen, welche er frei gemacht
hat, im Geist weidet, ein Helfer bei der Ordnung des Alls. Dies aber
verkündigt uns nicht die Aufzählung der Stämme, nicht die Verbindung der aufzuzählenden Geschlechter, sondern Patriarchen und Propheten. Wollen wir uns doch nicht zu einer solchen frommen Haarspalterei hergeben, daß wir auf Grund einer Vertauschung der Namen
das Königtum und das Priestertum Christi behaupten, da dem königlichen Stamme Juda der priesterliche Stamm Levi angeheiratet wurde,
da Aaron die Schwester Naassons Elisabeth heimführte und ebenso
Eleazar die Tochter Phatiels und von daher Nachkommen kamen.
(p. 55, 1) So haben also die Evangelisten gelogen, und nicht die Wahrheit, sondern ein vermeintliches Lob geboten; daher hat der eine den
Stammbaum von David über Salomo bis zu Jakob, dem Vater Josephs,
geführt, der andere von Nathan, dem Sohne Davids, zu Eli, der ebenso
und anders Josephs Vater war. Und doch hätte ihnen nicht unbekannt
sein dürfen, daß ja jede der beiden Anordnungen der aufgezählten

---

[1] Welche Gegner Julius Afrikanus anspricht, ist nicht bekannt. Die bekämpfte
Meinung findet sich später noch bei Gregor von Nazianz, Carmina I, 1, 18,
9–14; Hilarius von Poitiers, Matthäus-Kommentar 1, 1; Ambrosius, Lukas-Erklärung III, 13; Augustin, De diuersis quaestionibus LXXXIII, qu. 61, 2; De
consensu euangelistarum I, 2, 4.

20 αὐτοὺς οὐκ ἐχρῆν, ὡς ἑκατέρα τῶν κατηριθμημένων τάξις τὸ τοῦ Δαβὶδ
ἐστι γένος, ἢ τοῦ Ἰούδα φυλὴ βασιλική.

Εἰ γὰρ προφήτης ὁ Νάθαν, ἀλλ' ὅμως καὶ Σολομὼν ὅ τε τούτων πατὴρ
ἑκατέρου· ἐκ πολλῶν δὲ φυλῶν ἐγένοντο προφῆται, ἱερεῖς δὲ οὐδένες τῶν
δώδεκα φυλῶν, μόνοι δὲ λευῖται. μάτην αὐτοῖς ἄρα πέπλασται τὸ (p. 56, 1)
25 ἐψευσμένον. Μὴ δὴ κρατοίη τοιοῦτος λόγος ἐν ἐκκλησίᾳ Χριστοῦ καὶ θεοῦ
πατρὸς ἀκριβοῦς ἀληθείας, ὅτι ψεῦδος σύγκειται εἰς αἶνον καὶ δοξολογίαν
Χριστοῦ. Τίς γὰρ οὐκ οἶδε κἀκεῖνον τὸν ἱερώτατον τοῦ ἀποστόλου λόγον
κηρύσσοντος καὶ διαγγέλλοντος τὴν ἀνάστασιν τοῦ σωτῆρος ἡμῶν καὶ
διϊσχυριζομένου τὴν ἀλήθειαν, μεγάλῳ φόβῳ λέγοντος, ὅτι εἰ Χριστὸν
30 λέγουσί τινες μὴ ἐγηγέρθαι ⟨οὐδὲ Χριστὸς ἐγήγερται⟩, ἡμεῖς δὲ τοῦτο καὶ
φαμεν καὶ πεπιστεύκαμεν καὶ αὐτὸ καὶ ἐλπίζομεν καὶ κηρύσσομεν,
καταψευδομαρτυροῦμεν τοῦ θεοῦ, ὅτι ἤγειρε τὸν Χριστόν, ὃν οὐκ ἤγειρεν. Εἰ δὲ οὕτως ὁ δοξολογῶν θεὸν πα- (p. 57, 1)τέρα δέδοικε, μὴ
ψευδολόγος δοκοίη ἔργον παράδοξον διηγούμενος, πῶς οὐκ ἂν δικαίως
35 φοβηθείη ὁ διὰ ψευδολογίας ἀληθείας σύστασιν ποριζόμενος, δόξαν οὐκ
ἀληθῆ συντιθείς; Εἰ γὰρ τὰ γένη διάφορα καὶ μηδὲν καταφέρει γνήσιον
σπέρμα ἐπὶ τὸν Ἰωσήφ, εἴρηται δὲ μόνον εἰς σύστασιν τοῦ γεννηθησομένου,
ὅτι βασιλεὺς καὶ ἱερεὺς ἔσται ὁ ἐσόμενος, ἀποδείξεως μὴ προσούσης, ἀλλὰ
τῆς τῶν λόγων σεμνότητος εἰς ὕμνον ἀδρανῆ φερομένης, δῆλον ὡς τοῦ θεοῦ
40 μὲν ὁ ἔπαινος οὐχ ἅπτεται ψεῦδος ὤν, κρίσις δὲ τῷ εἰρηκότι τὸ οὐκ ὂν ὡς ὂν
κομπάσαντι.

Ἵνα οὖν καὶ τοῦτο μὲν τοῦ εἰρηκότος ἐλέγξωμεν τὴν ἀμα-(p. 58, 1)θίαν,
παύσωμεν δὲ τοῦ μηδένα ὑπ' ἀγνοίας ὁμοίας σκανδαλισθῆναι, τὴν ἀληθῆ
τῶν γεγονότων ἱστορίαν ἐκθήσομαι.

45   Ἐπειδὴ γὰρ τὰ ὀνόματα τῶν γενῶν ἐν Ἰσραὴλ ἠριθμεῖτο ἢ φύσει ἢ νόμῳ
— φύσει μὲν γνησίου σπέρματος διαδοχῇ, νόμῳ δὲ ἑτέρου παιδοποιουμένου
εἰς ὄνομα τελευτήσαντος ἀδελφοῦ ἀτέκνου· (ὅτι γὰρ οὐδέπω αὐτοῖς δέδοτο
ἐλπὶς ἀναστάσεως σαφής, τὴν μέλλουσαν ἐπαγγελίαν ἀναστάσει ἐμιμοῦντο
θνητῇ, ἵνα ἀνέκλειπτον τὸ ὄνομα μείνῃ τοῦ μετηλλαχότος) — ἐπεὶ οὖν οἱ τῇ
50 γενεαλογίᾳ ταύτῃ ἐμφερόμενοι οἱ μὲν διεδέξαντο παῖς πατέρα γνησίως, οἱ

17, 22   cf. 2. Reg. 5, 14; 12, 1 ss.
   30 ss.   cf. 1. Cor. 15, 12 ss.
   46 s.   cf. Deut. 25, 5 ss.

Leute das Geschlecht Davids wiedergibt, nämlich den königlichen Stamm Juda.

Denn wenn Nathan ein Prophet war, so war es doch auch Salomo und ebenso der Vater dieser beiden (sc. David); aus vielen Stämmen kamen Propheten, Priester aber kamen aus keinem der 12 Stämmen, sondern dies waren nur die Leviten. So ist das (p. 56, 1) Lügengewebe umsonst von ihnen ersonnen worden. Möchte doch ein solcher Gedanke nicht die Oberhand gewinnen in der Kirche Christi und Gottes, des Vaters der genauen Wahrheit; denn in diesem Fall trägt eine Lüge zum Lob und zur Verherrlichung Christi bei. Denn wer kennt nicht jenes hochheilige Wort des Apostels, der die Auferstehung unseres Heilands predigt und verkündigt und diese Wahrheit bekräftigt, indem er mit großer Furcht sagt: *Wenn gewisse Leute sagen, Christus sei nicht auferweckt worden – und er ist wirklich nicht auferweckt worden –, wir aber dafür eintreten, fest daran glauben, und wenn wir dies hoffen und verkündigen, so sind wir falsche Zeugen Gottes, daß er Christus auferweckt habe, den er tatsächlich nicht auferweckte.* Wenn schon der, welcher Gott den Vater verherrlicht, (p. 57, 1) fürchtet, er könnte als Lügner erscheinen, da er von einem wunderbaren Vorgang berechtet, wie sollte dann nicht jener zu Recht sich fürchten, welcher mit einer Unwahrheit den Bestand der Wahrheit bekräftigen will, indem er eine unwahre Ansicht aufstellt? Denn wenn nämlich die Geschlechter verschieden sind und wenn sie Joseph keinerlei blutsmäßige Zugehörigkeit vermitteln, sondern wenn sie nur zur Unterstützung des Nachkömmlings behauptet werden, da der künftige König und Priester sein solle, ohne daß ein Beweis geliefert wird, so daß die ganze erhabene Rede doch nur auf eine schwächliche Lobhudelei hinausläuft, dann ist doch offenbar kein Lob, das Gott beeindruckt, da es ja eine Lüge ist, vielmehr gereicht es dem, der es ausspricht, zum Gericht, da er eine Fiktion lauthals verkündet.

Um also die Unwissenheit desjenigen, der dies behauptet, bloßzustellen (p. 58, 1) und um der Gefahr ein Ende zu bereiten, daß jemand an einer ähnlichen Dummheit Ärgernis nimmt, will ich den wahren geschichtlichen Hergang darlegen.

In Israel wurden nämlich die Namen der Geschlechter entweder nach der natürlichen oder nach der gesetzlichen Ordnung aufgezählt, und zwar nach der natürlichen Ordnung entsprechend der Abfolge der leiblichen Abstammung; nach der gesetzlichen Ordnung dann, wenn einer auf den Namen seines kinderlos verstorbenen Bruders einen Sohn gezeugt hatte – weil ihnen (sc. den Israeliten) noch keine klare Auferstehungshoffnung gegeben war, ahmten sie die künftige Verheißung durch

δὲ ἑτέροις μὲν ἐγεννήθησαν, ἑτέροις δὲ προσετέθησαν κλήσει, ἀμφοτέρων γέγονεν ἡ μνήμη, καὶ τῶν γεγεννηκότων καὶ τῶν ὡς γεγεννηκότων. Οὕτως οὐδέτερον τῶν εὐαγγελίων ψεύδεται, καὶ φύσιν ἀριθμοῦν καὶ νόμον. Ἐπεπλάκη γὰρ ἀλλήλοις τὰ γένη τό τε ἀπὸ τοῦ Σολομῶνος καὶ τὸ ἀπὸ τοῦ
55 Νάθαν ἀναστάσεσιν ἀτέκνων καὶ δευτερογαμίαις καὶ ἀναστάσει σπερμάτων, ὡς δικαίως τοὺς αὐτοὺς ἄλλοτε ἄλλων νομίζεσθαι, τῶν μὲν δοκούντων πατέρων, τῶν δὲ ὑπαρχόντων, καὶ ἀμφοτέρας τὰς διηγήσεις κυρίως ἀληθεῖς οὔσας ἐπὶ τὸν Ἰωσὴφ πολυπλόκως μέν, ἀλλ' ἀκριβῶς κατελθεῖν.
(p. 59, 1) Ἵνα δὲ σαφὲς ᾖ τὸ λεγόμενον, τὴν ἐπαλλαγὴν τῶν γενῶν
60 διηγήσομαι. Ἀπὸ τοῦ Δαβὶδ διὰ Σολομῶνος τὰς γενεὰς καταριθμουμένοις τρίτος ἀπὸ τέλους εὑρίσκεται Ματθάν, ὃς ἐγέννησε τὸν Ἰακὼβ τοῦ Ἰωσὴφ τὸν πατέρα· ἀπὸ δὲ Νάθαν τοῦ Δαβὶδ κατὰ Λουκᾶν ὁμοίως τρίτος ἀπὸ τέλους Μελχί· [οὗ υἱὸς Ἡλὶ ὁ τοῦ Ἰωσὴφ πατήρ] Ἰωσὴφ γὰρ υἱὸς Ἡλὶ τοῦ Μελχί. Σκοποῦ τοίνυν ἡμῖν κειμένου τοῦ Ἰωσήφ, ἀποδεικτέον, πῶς ἑκά-
65 τερος αὐτοῦ πατὴρ ἱστορεῖται ὅ τε Ἰακὼβ ὁ ἀπὸ Σολομῶνος καὶ Ἡλὶ ὁ ἀπὸ τοῦ Νάθαν, [ἑκάτερος κατάγοντες γένος] ὅπως τε [πρότερον οὗτοι δή, ὅ τε Ἰακὼβ καὶ ὁ Ἡλί, δύο ἀδελφοί, καὶ πρό γε, πῶς] οἱ τούτων πατέρες Ματθὰν καὶ Μελχὶ διαφόρων ὄντες γενῶν τοῦ Ἰωσὴφ ἀναφαίνονται πάπποι.
70 Καὶ δὴ οὖν ὅ τε Ματθὰν καὶ ὁ Μελχὶ ἐν μέρει τὴν αὐτὴν ἀγαγόμενοι γυναῖκα ὁμομητρίους ἀδελφοὺς ἐπαιδοποιήσαντο, τοῦ νόμου μὴ κωλύοντος χηρεύουσαν ἤτοι ἀπολελυμένην ἢ καὶ τελευτήσαντος τοῦ ἀνδρὸς ἄλλῳ γαμεῖσθαι. Ἐκ δὴ τῆς Ἐσθᾶ, τοῦτο γὰρ καλεῖσθαι τὴν γυναῖκα παραδέδοται, πρῶτος Ματθὰν ὁ ἀπὸ τοῦ Σολομῶνος τὸ γένος κατάγων τὸν Ἰακὼβ
75 γεννᾷ καὶ τελευτήσαντος τοῦ Ματθὰν Μελχὶ ὁ ἐπὶ τὸν Νάθαν κατὰ γένος ἀναφερόμενος χηρεύουσαν ἐκ μὲν τῆς αὐτῆς φυλῆς, ἐξ ἄλλου δὲ γένους ὤν, ὡς προεῖπον, ἀγαγόμενος αὐτὴν ἔσχεν υἱὸν τὸν Ἡλί. (p. 60, 1) Οὕτω δὴ διαφόρων δύο γενῶν εὑρήσομεν τόν τε Ἰακὼβ καὶ τὸν Ἡλὶ ὁμομητρίους ἀδελφούς. Ὦν ὁ ἕτερος Ἰακώβ, ἀτέκνου τοῦ ἀδελφοῦ τελευτήσαντος Ἡλί,

---

17, 60 s.   cf. Matth. 1, 15 s.
62 s.   cf. Luc. 3, 23.
17, 58   [οὗ... πατήρ] del. Reichardt
61   [ἑκάτερος... γένος] del. Reichardt
61 s.   [πρότερον... πῶς] del. Reichardt

eine irdische Auferstehung nach, damit der Name des Verschiedenen immerwährenden Bestand habe. Weil nun diejenigen, welche in diesen Stammbaum eingetragen wurden, teils im wahren Sinn als Sohn auf den Vater folgten, teils aber von anderen Männern als denen sie dem Namen nach zugerechnet wurden, gezeugt wurden, so ist beider Erinnerung wachgehalten, d. h. sowohl derjenigen, welche tatsächlich Söhne gezeugt haben, als auch derjenigen, die als deren Väter galten. Somit lügt keines der beiden Evangelien, da sie sowohl die natürliche als auch die gesetzliche Ordnung anführen. Die von Salomo und von Nathan ausgehenden Geschlechterfolgen waren nämlich untereinander verflochten durch Auferweckungen kinderlos (Verstorbener) sowohl durch Zweitehen als auch durch (natürliche) Zeugung von Nachkommen, so daß dieselben Männer mit Recht einmal diesem, einmal jenem zugerechnet werden, einmal den nominellen, das andere Mal den leiblichen Vätern; beide Berichte sind daher völlig wahr und führen, wenn auch in vielfältig verschlungener Weise, doch genau zu Joseph hin.

(p. 59, 1) Damit das Gemeinte deutlich werde, will ich das Ineinandergreifen der Geschlechter darlegen. Wer die Generationen von David ab über Salomo zählt, findet als drittletzten Matthan, der Jakob zeugte, den Vater Josephs. Zählt man aber nach Lukas von Nathan, dem Sohn Davids, ab, so findet man als drittletzten Melchi; denn Joseph war ein Sohn Helis, des Sohnes Melchis[2]. Da nun Joseph als Ziel gesetzt ist, muß gezeigt werden, wieso jeder von diesen beiden als sein Vater genannt wird, nämlich Jakob, der Nachkomme Salomos, und Heli, der Nachkomme Nathans, und wie deren Väter Matthan und Melchi, die doch aus verschiedenen Geschlechtern stammen, als Großväter Josephs auftreten. Matthan und Melchi hatten also nacheinander dieselbe Frau geheiratet und mit ihr Söhne gezeugt, die mütterlicherseits Halbbrüder waren; das Gesetz verbot ja nicht, daß eine alleinstehende Frau nach der Scheidung oder auch nach dem Tod ihres Mannes einen anderen heiratete. So hat also mit Estha – so soll die Frau nämlich geheißen haben – zuerst Matthan, der Nachfahre Salomos, den Jakob gezeugt, und als Matthan gestorben war, nahm Melchi, der seine Abstammung auf Nathan zurückführt, der aus dem gleichen Stamme, aber – wie schon oben gesagt – aus einer anderen Sippe kam, die Verwitwete zur Frau und bekam Heli als Sohn. (p. 60, 1) Wir werden also finden, daß Jakob und Heli aus verschiedenen Sippen stammen, aber dennoch Halbbrüder mütterlicherseits sind. Der eine von

---

[2] Aus nicht ganz einsichtigen Gründen hat Julius Afrikanus hier den lukanischen Stammbaum um zwei Glieder verkürzt.

80 τὴν γυναῖκα παραλαβὼν ἐγέννησεν ἐξ αὐτῆς τὸν Ἰωσήφ, κατὰ φύσιν μὲν
ἑαυτῷ καὶ κατὰ λόγον, διὸ γέγραπται· Ἰακὼβ δὲ ἐγέννησε τὸν Ἰωσήφ·
κατὰ νόμον δὲ τοῦ Ἡλὶ υἱὸς ἦν· ἐκείνῳ γὰρ ὁ Ἰακὼβ ἀδελφὸς ὢν ἀνέστησε
σπέρμα. Διόπερ οὐκ ἀκυρωθήσεται καὶ ἡ κατ᾿ αὐτὸν γενεαλογία, ἣν
Ματθαῖος μὲν ὁ εὐαγγελιστὴς ἐξαριθμούμενος· Ἰακὼβ δέ, φησίν, ἐγέννησε
85 τὸν Ἰωσήφ· ὁ δὲ Λουκᾶς ἀνάπαλιν· ὃς ἦν, ὡς ἐνομίζετο – καὶ γὰρ τοῦτο
προστίθησι – τοῦ Ἰωσὴφ τοῦ Ἡλὶ τοῦ Μελχί· τὴν γὰρ κατὰ νόμον γένεσιν
ἐπισημότερον οὐκ ἦν ἐξειπεῖν, καὶ τὸ ᾿ἐγέννησεν᾿ ἐπὶ τῆς τοιᾶσδε παιδοποι-
ίας ἄχρι τέλους ἐσιώπησεν, τὴν ἀναφορὰν ποιησάμενος ἕως τοῦ Ἀδὰμ τοῦ
θεοῦ κατ᾿ ἀνάλυσιν.

90   (p. 62, 3) Εἴτ᾿ οὖν οὕτως εἴτ᾿ ἄλλως ἔχοι, σαφεστέραν ἐξήγησιν οὐκ ἂν
ἔχοι τις ἄλλος ἐξευρεῖν, ὡς ἔγωγε νομίζω πᾶς τε ὃς εὐγνώμων τυγχάνει,
καὶ ἡμῖν αὕτη μελέτω, εἰ καὶ ἀμάρτυρος ἐστι, τῷ μὴ κρείττονα ἢ ἀληθεστέ-
ραν ἔχειν εἰπεῖν· τό γέ τοι εὐαγγέλιον πάντως ἀληθεύει.

18   *Dionysius Alexandrinus,* Epistula ad Basilidem (ca. 250/60), ed. Ch. L. Feltoe,
CPT 3, 1904

(p. 94, 3) Ἐπέστειλάς μοι, πιστότατε καὶ λογιώτατε υἱέ μου, πυνθανό-
μενος καθ᾿ ἣν ὥραν ἀπονηστίζεσθαι δεῖ τῇ τοῦ πάσχα περιλύσει. Τινὰς μὲν
γὰρ τῶν ἀδελφῶν λέγειν φῄς, ὅτι χρὴ τοῦτο ποιεῖν πρὸς τὴν ἀλεκτο-
ροφωνίαν· τινὰς δέ, ὅτι ἀφ᾿ ἑσπέρας χρή. οἱ μὲν γὰρ ἐν Ῥώμῃ ἀδελφοί, ὡς

17, 81.84 s. Matth. 1, 16.
    85 s.   Luc. 3, 23 s.

ihnen, Jakob, nahm, nachdem sein Bruder Heli kinderlos gestorben war, dessen Frau und zeugte mit ihr Joseph, der nach der natürlichen Ordnung und nach dem Wortsinn sein Sohn war; deshalb steht auch geschrieben: *Jakob zeugte den Joseph.* Nach der gesetzlichen Ordnung jedoch war er Helis Sohn; denn für ihn erweckte Jakob als sein Bruder einen Nachkommen. Deshalb wird sich auch der für ihn aufgestellte Stammbaum nicht als ungültig erweisen, bei dessen Aufzählung Matthäus schreibt: *Jakob aber zeugte Joseph,* während Lukas schreibt: *der war, wie man glaubte,* denn dies fügt er hinzu – *ein Sohn des Joseph, des Sohnes Helis, des Sohnes Melchis.* Die der Gesetzesordnung entsprechende Abstammung hätte er nicht besser zum Ausdruck bringen können, und das Verb «zeugen» hat er bei dieser Art der Erzeugung von Nachkommen bis zum Ende nicht verwendet, obwohl er doch die Linie der Reihe nach bis zu Adam, dem Sohn Gottes, hinaufführt[3].

(p. 62, 3) Ob es sich nun so oder anders verhält, eine klarere Darlegung dürfte wohl niemand finden können, wie ich jedenfalls meine und auch jeder, der vernünftig urteilt. So soll diese (Darlegung) unsere Aufmerksamkeit finden, auch wenn sie nicht dokumentarisch belegt ist, da es nicht möglich ist, eine bessere und glaubwürdigere beizubringen. Das Evangelium jedenfalls ist in allen Punkten wahr[4].

Dionysius von Alexandrien

18   Brief an Basilides

(p. 94, 3) Du hast mir, mein sehr gläubiger und gelehrter Sohn, brieflich die Frage vorgelegt, zu welcher Stunde man am Ende des Passa das Fasten aufhören solle. Einige der Brüder meinen nämlich, so sagst Du, man solle dies (erst) beim Hahnenschrei tun, andere aber,

---

[3] Hier folgt eine Ausführung über die Gewährsleute des Afrikanus, die Herrnverwandten, die den Stammbaum ihrer Familie trotz einer großangelegten Vernichtungsaktion des Herodes gerettet haben sollen (p. 60, 15–62, 1).
[4] Die Unstimmigkeiten dieses Versuchs, die Stammbäume mit Hilfe der Leviratsehe auszugleichen, hat schon P. Vogt, Der Stammbaum Christi bei den heiligen Evangelisten Matthäus und Lukas, 1907, 20 ss., aufgewiesen. In der Alten Kirche erfreute sich diese Theorie dennoch einer gewissen Beliebtheit: Euseb, Kirchengeschichte I, 7 und Quaestiones ad Stephanum 3 (vgl. Nr. 20); Hilarius von Poitiers (vgl. Anm. 1); Ambrosius, Lukas-Erklärung III, 15 und Hieronymus, Commentarii in Euangelium Matthaei 1, 1, übernehmen sie; zweifelnd zitiert sie Augustin, Quaestiones euangeliorum II, qu. 5, während er sie positiver beurteilt in den Quaestiones in Heptateuchum V, 46; in Retractationes II, 7 akzeptiert er sie ohne Vorbehalt.

⁵ φασι, περιμένουσι τὸν ἀλέκτορα· περὶ δὲ τῶν ἐνταῦθα ἔλεγες ὅτι τάχιον.
Ἀκριβῆ δὲ ὅρον ἐπιτιθέναι ζητεῖς, καὶ ὥραν πάνυ μεμετρημένην· ὅπερ καὶ
δύσκολον καὶ σφαλερόν ἐστι. τὸ μὲν γὰρ ὅτι μετὰ τὸν τῆς ἀναστάσεως τοῦ
κυρίου ἡμῶν καιρὸν χρὴ τῆς ἑορτῆς καὶ τῆς εὐφροσύνης ἐνάρχεσθαι, μέχρις
ἐκείνου τὰς *ψυχὰς ταῖς νηστείαις ταπεινοῦντας*, ὑπὸ πάντων ὁμοίως ὁμο-
¹⁰ λογηθήσεται. Κατεσκεύασας δὲ δι᾽ ὧν ἔγραψάς μοι πάνυ ὑγιῶς καὶ τῶν
θείων εὐαγγελίων ᾐσθημένως, ὅτι μηδὲν ἀπηκριβωμένον ἐν αὐτοῖς περὶ τῆς
ὥρας καθ᾽ ἣν ἀνέστη φαίνεται. Διαφόρως μὲν γὰρ οἱ εὐαγγελισταὶ τοὺς ἐπὶ
τὸ μνημεῖον ἐλθόντας ἀνέγραψαν κατὰ καιροὺς ἐνηλλαγμένους, καὶ πάντες
ἀνεστηκότα ἤδη τὸν κύριον ἔφασαν εὑρηκέναι· καὶ *ὀψὲ σαββάτων*᾽ ὡς ὁ
¹⁵ Ματθαῖος εἶπε· καὶ *πρωίας ἔτι σκοτίας οὔσης*, ὡς ὁ Ἰωάννης γράφει· καὶ
ὄρθρου βαθέος ὡς ὁ Λουκᾶς· καὶ *λίαν πρωὶ ἀνατείλαντος τοῦ ἡλίου*, ὡς ὁ
Μάρκος. Καὶ πότε μὲν ἀνέστη, σαφῶς οὐδεὶς ἀπεφήνατο· ὅτι δὲ ὀψὲ
σαββάτων τῇ ἐπιφωσκούσῃ μιᾷ σαββάτων μέχρις ἀνατολῆς ἡλίου τῆς μιᾶς
σαββάτων οἱ ἐπὶ τὸ μνημεῖον παραγενόμενοι οὐκέτι κείμενον αὐτὸν ἐν αὐτῷ
²⁰ κατέλαβον, τοῦτο ἀνωμολόγηται. Καὶ μηδὲ διαφωνεῖν μηδὲ ἐναντιοῦσθαι
τοὺς εὐαγγελιστὰς πρὸς ἀλλήλους ὑπολάβωμεν· ἀλλ᾽ εἰ καὶ μικρολογία τις
εἶναι δόξει περὶ τὸ ζητούμενον, εἰ συμφωνοῦντες πάντες ἐν ἐκείνῃ τῇ νυκτὶ
τὸ τοῦ κόσμου φῶς τὸν κύριον ἡμῶν ἀνατεταλκέναι περὶ τὴν ὥραν δια-
φέρονται, ἀλλ᾽ ἡμεῖς εὐγνωμόνως τὰ λεχθέντα καὶ πιστῶς ἁρμόσαι προ-
²⁵ θυμηθῶμεν.

Τὸ μὲν οὖν ὑπὸ τοῦ Ματθαίου λεχθὲν οὕτως ἔχει· Ὀψὲ σαββάτων, τῇ
ἐπιφωσκούσῃ εἰς μίαν σαββάτων, ἦλθε Μαρία ἡ Μαγδαληνὴ καὶ ἡ ἄλλη
Μαρία θεωρῆσαι τὸν τάφον. Καὶ ἰδοὺ σεισμὸς ἐγένετο μέγας· ἄγγελος γὰρ
Κυρίου καταβὰς ἐξ οὐρανοῦ καὶ προσελθὼν ἀπεκύλισε τὸν λίθον καὶ
³⁰ ἐκάθητο ἐπάνω αὐτοῦ. Ἦν δὲ ἡ ἰδέα αὐτοῦ ὡς ἀστραπὴ καὶ τὸ ἔνδυμα αὐτοῦ
λευκὸν ὡσεὶ χιών. Ἀπὸ δὲ τοῦ φόβου αὐτοῦ ἐσείσθησαν οἱ τηροῦντες καὶ
ἐγενήθησαν ὡσεὶ νεκροί. Ἀποκριθεὶς δὲ ὁ ἄγγελος εἶπε ταῖς γυναιξί· Μὴ
φοβεῖσθε ὑμεῖς, οἶδα γὰρ ὅτι Ἰησοῦν τὸν ἐσταυρωμένον ζητεῖτε· οὐκ ἔστιν
ὧδε, ἠγέρθη γὰρ καθὼς εἶπε. Τοῦτο δὲ τὸ λεχθὲν ὀψὲ οἱ μέν τινες οἰήσονται
³⁵ κατὰ τὴν κοινότητα τοῦ ῥήματος τὴν ἑσπέραν δηλοῦσθαι τοῦ σαββάτου, οἱ

18, 9 s.   Ps. 34 (35), 13; Lev. 16, 29.
    14   Matth. 28, 1.
    15   Ioh. 20, 1.
    16   Luc. 24, 1.
    16   Marc. 16, 2.
    23   Ioh. 9, 5; 8, 12.
    26 ss. Matth. 28, 1–6.

es gehöre sich schon vom Vorabend ab; denn die Brüder in Rom warten – wie sie (p. 95, 1) sagen – auf den Hahnenschrei, aber die dortigen Brüder (sc. in der Pentapolis) hören nach Deinem Bericht früher auf. Du möchtest nun, daß eine genaue Grenze festgelegt werde, und zwar eine genau festgelegte Stunde; das aber ist schwierig und unsicher. Einerseits nämlich stimmen alle völlig darin überein, daß die Festfreude nach dem Zeitpunkt der Auferstehung unseres Herrn beginnen soll; bis dahin *demütigen sich die Seelen durch Fasten.* Andererseits hast Du in Deinem Schreiben an mich sehr vernünftig und mit rechtem Verständnis für die göttlichen Evangelien die Tatsache herausgestellt, daß in ihnen keine genaue Angabe über die Stunde, in der er auferstand, erscheint. Unterschiedlich nämlich haben die Evangelisten die zu verschiedenen Zeiten zum Grabe Gekommenen aufgezeichnet; aber alle sagen, sie hätten den Herrn schon als Auferstandenen (p. 96, 1) vorgefunden, und zwar *spät abends am Sabbat,* wie Matthäus sagt, und *am frühen Morgen, als es noch dunkel war,* wie Johannes schreibt, *beim Morgengrauen,* wie Lukas angibt, und *sehr früh, als die Sonne gerade aufging,* wie Markus sagt. Wann er aber auferstanden ist, gibt keiner genau an; Übereinstimmung besteht darüber, daß diejenigen, welche vom *Spätabend des Sabbattages, als der erste Wochentag anbrach,* bis zum *Aufgang der Sonne am ersten Wochentag* zum Grabe kamen, ihn nicht mehr darin vorfanden. So wollen wir nicht annehmen, daß die Evangelisten unstimmig seien noch daß sie einander widersprächen. Und wenn jemand auch glaubt, es sei im Hinblick auf unser Problem eine Haarspalterei, ob sie, die doch alle übereinstimmend bezeugen, in jener Nacht habe sich das *Licht der Welt,* unser Herr, erhoben, hinsichtlich der Stunde (in der das geschah) differieren, so wollen wir uns dennoch anschicken, aufrichtig und zuverlässig die Aussagen zu harmonisieren.

(p. 97, 1) Die Aussage des Matthäus lautet: *Spät abends am Sabbat, als der erste Wochentag anbrach, kam Maria Magdalena und die andere Maria, um nach dem Grabe zu sehen. Und siehe, es ereignete sich ein großes Erdbeben; denn ein Engel des Herrn, der vom Himmel herabgekommen und hinzugetreten war, wälzte den Stein weg und setzte sich darauf. Sein Aussehen war wie ein Blitz und sein Gewand weiß wie Schnee. Aus Furcht vor ihm erbebten die Wachen und wurden wie tot. Der Engel aber sprach zu den Frauen: Ihr sollt euch nicht fürchten; denn ich weiß, daß ihr Jesus den Gekreuzigten sucht. Er ist nicht hier, er wurde auferweckt, wie er gesagt hat.* Die einen werden nun glauben, daß die Vokabel *spät abends* nach dem verbreiteten Sprachgebrauch den Abend des Sabbats anzeige; (p. 98, 1) diejenigen

δὲ σοφώτερον ἐξακούοντες οὐ τοῦτο ἀλλὰ νύκτα βαθεῖαν ἐροῦσιν εἶναι,
βραδύτητα καὶ μακρὸν χρόνον τοῦ ῥήματος τοῦ ὀψὲ δηλοῦντος. Καὶ ὅτι
νύκτα λέγει καὶ οὐχ ἑσπέραν, ἐπήγαγε τῇ ἐπιφωσκούσῃ εἰς μίαν σαββάτων,
καὶ ἧκον οὔπω, ὡς οἱ λοιποί φασι, τὰ ἀρώματα φέρουσαι ἀλλὰ θεωρῆσαι
40 τὸν τάφον· καὶ εὗρον τὸν σεισμὸν γεγονότα καὶ καθήμενον τὸν ἄγγελον ἐπὶ
τοῦ λίθου, καὶ ἀκηκόασι παρ' αὐτοῦ· Οὐκ ἔστιν ὧδε· ἠγέρθη. Ὁμοίως
Ἰωάννης· Ἐν μιᾷ τῶν σαββάτων, φησί, Μαρία ἡ Μαγδαληνὴ ἦλθε πρωὶ
σκοτίας ἔτι οὔσης εἰς τὸ μνημεῖον, καὶ βλέπει τὸν λίθον ἠρμένον ἀπὸ τοῦ
μνημείου, πλὴν παρὰ τοῦτο σκοτίας οὔσης ἔτι πλὴν τὸ πρὸς ἕω τοῦ
45 μνημείου προελήλυθει. Ὁ δὲ Λουκᾶς φησί· Τὸ μὲν σάββατον ἡσύχασαν κατὰ
τὴν ἐντολήν, τῇ δὲ μιᾷ τῶν σαββάτων ὄρθρου βαθέος ἐπὶ τὸ μνῆμα ἦλθον
φέρουσαι ἃ ἡτοίμασαν ἀρώματα. Εὗρον δὲ τὸν λίθον ἀποκεκυλισμένον ἀπὸ
τοῦ μνημείου. Ὁ βαθὺς ὄρθρος ἴσως προυποφαινομένην αὐγὴν ἑωθινὴν
ἐμφανίζει τῆς μιᾶς τῶν σαββάτων. Διὰ τοῦτο, παρῳχηκότος ἤδη τελείως
50 σὺν τῇ μετ' αὐτὸ νυκτὶ πάσῃ τοῦ σαββάτου καὶ ἑτέρας ἀρχομένης ἡμέρας,
ἦλθον τὰ ἀρώματα καὶ τὰ μύρα φέρουσαι, ὅτε δῆλον ὡς ἀνειστήκει πρὸ
πολλοῦ. τούτῳ κατακολουθεῖ καὶ ὁ Μάρκος λέγων· Ἠγόρασαν ἀρώματα
ἵνα ἐλθοῦσαι ἀλείψωσιν αὐτόν. Καὶ λίαν πρωὶ τῆς μιᾶς σαββάτων ἔρχονται
ἐπὶ τὸ μνημεῖον, ἀνατείλαντος τοῦ ἡλίου. Λίαν μὲν γὰρ πρωὶ καὶ οὗτος
55 εἶπεν, ὅπερ ταὐτόν ἐστι τῷ βαθέος ὄρθρου· καὶ ἐπήγαγεν ἀνατείλαντος τοῦ
ἡλίου. Ἡ μὲν γὰρ ὁρμὴ καὶ ἡ ὁδὸς αὐτῶν δῆλον ὡς ὄρθρου βαθέος καὶ λίαν
πρωὶ κατήρξαντο· παρέτειναν δὲ κατά τε τὴν πορείαν καὶ περὶ τὸ μνημεῖον
διατρίβουσαι μέχρις ἀνατολῆς ἡλίου. Καὶ λέγει καὶ τότε ταύταις ὁ νεανί-
σκος ὁ λευχείμων· Ἠγέρθη· οὐκ ἔστιν ὧδε.
60 Τούτων οὕτως ἐχόντων, τοῦτο τοῖς ἀκριβολογουμένοις ἀποφαινόμεθα κατὰ
ποίαν ὥραν, ἢ καὶ ποῖον ἡμιώριον, ἢ ὥρας τέταρτον, ἄρχεσθαι προσῆκε τῆς
ἐπὶ τῇ τοῦ κυρίου ἡμῶν ἐκ νεκρῶν ἀναστάσει χαρᾶς· τοὺς μὲν λίαν
ἐπιταχύναντας καὶ πρὸ νυκτὸς ἐγγὺς ἤδη μεσούσης ἀνιέντας ὡς ὀλιγώρους
καὶ ἀκρατεῖς μεμφόμεθα, παρ' ὀλίγον προκαταλύοντας τὸν δρόμον, λέγον-

---

18, 38   Matth. 28, 1.
    39   Luc. 24, 1; cf. Marc. 16, 1.
    39 s. Matth. 28, 1.
    41   Matth. 28, 6.
    42 ss. Ioh. 20, 1.
    45 ss. Luc. 23, 56 – 24, 2.
    52 ss. Marc. 16, 1–2.
    59   Marc. 16, 6.

aber, die genauer hinhören, werden sagen, es bedeute nicht dies, sondern die tiefe Nacht, da das Wort «spät abends» einen sehr weit vorgerückten Zeitpunkt anzeigt. Und da er die Nacht meint und nicht den Abend, fügt er hinzu *als der erste Wochentag anbrach* und die Frauen kamen noch nicht, wie die anderen (Evangelisten) sagen, *Spezereien tragend,* sondern *um nach dem Grab zu sehen* und sie fanden das Erdbeben geschehen und den Engel auf dem Stein sitzen und hörten von ihm: *Er ist nicht hier, er wurde auferweckt.* Ganz ähnlich schreibt Johannes: *Am ersten Tag der Woche kam Maria Magdalena am frühen Morgen, als es noch dunkel war, zum Grab und sieht, daß der Stein vom Grab weggenommen ist.* In der Tat ist er nach diesem Bericht *als es noch dunkel war,* wenn auch um die Zeit der Morgendämmerung, (p. 99, 1) aus dem Grab hervorgegangen. Lukas aber sagt: *Am Sabbat ruhten sie gemäß dem Gesetz, am ersten Tag der Woche, beim Morgengrauen, gingen sie zum Grab und trugen die Salben, die sie zubereitet hatten. Sie fanden aber den Stein vom Grabe weggewälzt.* Das Morgengrauen bedeutet vielleicht den ersten Glanz der Morgenröte des ersten Wochentags. Deshalb, weil der Sabbat und die dazugehörige Nacht vollständig vergangen waren und der andere Tag schon begonnen hatte, kamen also die Salben und Öle tragenden Frauen, und daher ist klar, daß er längst vorher auferstanden war. Damit stimmt auch Markus überein: *Sie kauften Spezereien, um hinzugehen und ihn zu salben. Und sehr früh am ersten Wochentag kommen sie ans Grab, als die Sonne aufging.* (p. 100, 1) *Sehr früh am Morgen* sagte auch er, und das ist dasselbe wie *beim Morgengrauen* und er fügt hinzu: *als die Sonne gerade aufging.* Ihr Aufbruch und ihr Weg begannen deutlich im Morgengrauen und sehr früh; unterwegs und am Grab hatten sie noch Zeit verbraucht bis zum Aufgang der Sonne. Und zu dieser Zeit sprach dann der Jüngling im weißen Gewand zu ihnen: *Er wurde auferweckt; er ist nicht hier.*

Da es sich so verhält, geben wir denen, die so genau nachforschen, zu welchen ganzen, halben oder Viertelstunde man mit dem Jubel über die Auferstehung unseres Herrn von den Toten beginnen solle, folgenden Bescheid: Wir rügen die, die es zu sehr eilig haben und die noch vor Mitternacht, auch wenn sie schon nah ist, das Fasten aufhören, (p. 101, 1) als nachlässig und unbeherrscht – sie sind Leute, die den Wettlauf um ein kleines zu früh aufhören. Wie ein Weiser[1] sagt: «Im Leben ist das scheinbar Geringfügige nichts Geringes.» Diejenigen

---

[1] Schon im Altertum war die Herkunft dieses Sprichworts unbekannt.

⁶⁵ τος ἀνδρὸς σοφοῦ· Οὐ μικρὸν ἐν βίῳ τὸ παρὰ μικρόν. Τοὺς δὲ ἐφυστερίζον-
τας καὶ διαρκοῦντας ἐπὶ πλεῖστον καὶ μέχρι τετάρτης φυλακῆς ἐγκαρτε-
ροῦντας, καθ' ἣν καὶ τοῖς πλέουσιν ὁ σωτὴρ ἡμῶν περιπατῶν ἐπὶ τῆς
θαλάσσης ἐπεφάνη, ὡς γενναίους καὶ φιλοπόνους ἀποδεξόμεθα. Τοῖς δὲ
μεταξὺ ὡς ἐκινήθησαν ἢ ὡς ἠδυνήθησαν ἀναπαυσαμένοις μὴ πάνυ
⁷⁰ διοχλῶμεν·

19   *Eusebius*, Historia ecclesiastica (ca. 303 aut 312) III, 24, 5–15, ed. E. Schwartz,
       GCS 9, 1903/09

       Οἱ θεσπέσιοι καὶ ὡς ἀληθῶς θεοπρεπεῖς, φημὶ δὲ τοῦ Χριστοῦ τοὺς
ἀποστόλους, τὸν βίον ἄκρως κεκαθαρμένοι καὶ ἀρετῇ πάσῃ τὰς ψυχὰς
κεκοσμημένοι, τὴν δὲ γλῶτταν ἰδιωτεύοντες, τῇ γε μὴν πρὸς τοῦ σωτῆρος
αὐτοῖς δεδωρημένη θείᾳ καὶ παραδοξοποιῷ δυνάμει θαρσοῦντες, τὸ μὲν ἐν
⁵ πειθοῖ καὶ τέχνῃ λόγων τὰ τοῦ διδασκάλου μαθήματα πρεσβεύειν οὔτε
ᾔδεσαν οὔτε ἐνεχείρουν, τῇ δὲ τοῦ θείου πνεύματος τοῦ συνεργοῦντος
αὐτοῖς ἀποδείξει καὶ τῇ δι' αὐτῶν συντελουμένῃ θαυματουργῷ τοῦ Χριστοῦ
δυνάμει μόνῃ χρώμενοι, τῆς τῶν οὐρανῶν βασιλείας τὴν γνῶσιν ἐπὶ πᾶσαν
κατήγγελλον τὴν οἰκουμένην, σπουδῆς τῆς περὶ τὸ λογογραφεῖν μικρὰν
¹⁰ ποιούμενοι φροντίδα. Καὶ τοῦτ' ἔπραττον ἅτε μείζονι καὶ ὑπὲρ ἄνθρωπον
ἐξυπηρετούμενοι διακονίᾳ. Ὁ γοῦν Παῦλος πάντων ἐν παρασκευῇ λόγων
δυνατώτατος νοήμασίν τε ἱκανώτατος γεγονώς, οὐ πλέον τῶν βραχυτάτων
ἐπιστολῶν γραφῇ παραδέδωκεν, καίτοι μυρία γε καὶ ἀπόρρητα λέγειν
ἔχων, ἅτε τῶν μέχρις οὐρανοῦ τρίτου θεωρημάτων ἐπιψαύσας ἐπ' αὐτόν τε
¹⁵ τὸν θεοπρεπῆ παράδεισον ἀναρπασθεὶς καὶ τῶν ἐκεῖσε ῥημάτων ἀρρήτων
ἀξιωθεὶς ἐπακοῦσαι. 5. Οὐκ ἄπειροι μὲν οὖν ὑπῆρχον τῶν αὐτῶν καὶ οἱ
λοιποὶ τοῦ σωτῆρος ἡμῶν φοιτηταί, δώδεκα μὲν ἀπόστολοι, ἑβδομήκοντα
δὲ μαθηταί, ἄλλοι τε ἐπὶ τούτοις μυρίοι· ὅμως δ' οὖν ἐξ ἁπάντων τῶν τοῦ
κυρίου διατριβῶν ὑπομνήματα Ματθαῖος ἡμῖν καὶ Ἰωάννης μόνοι καταλε-

---

18, 67 s.   Matth. 14, 26.
19, 3 s.   cf. Act. 4, 13; 2. Cor. 11, 6.
   5 ss.   cf. 1. Cor. 2, 4.
  13 ss.   cf. 2. Cor. 12, 2–4.

aber, welche es noch weiter hinausschieben und die so lange wie möglich durchhalten und sich sogar bis zur vierten Nachtwache beherrschen – zu dieser Zeit erschien unser Heiland den Schiffern *auf dem Meer wandelnd* –, finden unsere Billigung als edle und zur Anstrengung bereite Menschen. Mit jenen aber, die in der dazwischenliegenden Zeit (das Fasten) beenden – je nachdem, wie sie dazu bewegt oder in der Lage sind –, wollen wir nicht zu streng umgehen . . .[2].

Euseb von Cäsarea

19   Kirchengeschichte III, 24, 3–15

3. Die erhabenen und wahrhaft gottgefälligen Männer – ich meine die Apostel Christi – haben ihr Leben in äußerster Reinheit geführt und ihre Seelen mit jeglicher Tugend geschmückt, aber ihre sprachlichen Fähigkeiten waren nicht ausgebildet. So verließen sie sich auf die ihnen vom Heiland geschenkte göttliche, wunderwirkende Kraft; zur Verbreitung der Lehren ihres Meisters mit Überredungskunst waren sie weder imstande noch willens, sondern sie hielten sich an den Erweis des göttlichen Geistes, der ihnen beistand, und an die wunderwirkende Kraft Christi, die durch sie ausgeübt wurde, und predigten die Erkenntnis des Himmelreiches in der ganzen Welt, wobei sie wenig um eine schriftstellerische Tätigkeit besorgt waren[1]. 4. Und dies taten sie, da sie ja ganz in einem größeren und menschliches Maß sprengenden Dienst standen. So hat z. B. Paulus, der doch der wortgewaltigste und denkerisch befähigteste von allen war, nur seine sehr kurzen Briefe schriftlich hinterlassen, obwohl er doch unzählige Geheimnisse hätte kundtun können, da er Visionen bis in den dritten Himmel hatte und bis in das göttliche Paradies entrückt worden und dort gewürdigt worden war, unaussprechliche Worte zu hören. 5. Aber auch die übrigen Begleiter unseres Heilands, die zwölf Apostel, die siebzig Jünger und dazu noch unzählige andere, wußten auch um diese (Geheimnisse); gleichwohl haben uns von ihnen allen nur Matthäus und Johannes

---

[2] Die Bedeutung dieses Briefes liegt in der maßvollen und ungekünstelten Harmonistik, die in einer praktischen Frage einem gewissen Pluralismus Raum schafft. – Noch beachtlicher ist übrigens die Untersuchung über die Apokalypse, die Dionysius dem Evangelisten Johannes mit philologischen und sachlichen Argumenten abspricht (vgl. Euseb, Kirchengeschichte VII, 24f.).
[1] Diese Überlegungen berühren sich mit Irenäus (Adu. haereses III, 1, 1), der ebenfalls die grundlegende Bedeutung der mündlichen Verkündigung hervorgehoben hatte.

²⁰λοίπασιν· οὓς καὶ ἐπάναγκες ἐπὶ τὴν γραφὴν ἐλθεῖν κατέχει λόγος. 6.
Ματθαῖός τε γὰρ πρότερον Ἑβραίοις κηρύξας, ὡς ἤμελλεν καὶ ἐφ' ἑτέρους
ἱέναι, πατρίῳ γλώττῃ γραφῇ παραδοὺς τὸ κατ' αὐτὸν εὐαγγέλιον, τὸ λεῖπον
τῇ αὐτοῦ παρουσίᾳ τούτοις ἀφ' ὧν ἐστέλλετο, διὰ τῆς γραφῆς ἀπεπλήρου·
7. ἤδη δὲ Μάρκου καὶ Λουκᾶ τῶν κατ' αὐτοὺς εὐαγγελίων τὴν ἔκδοσιν
²⁵πεποιημένων, Ἰωάννην φασὶ τὸν πάντα χρόνον ἀγράφῳ κεχρημένον κηρύγ-
ματι, τέλος καὶ ἐπὶ τὴν γραφὴν ἐλθεῖν τοιᾶσδε χάριν αἰτίας. Τῶν προανα-
γραφέντων τριῶν εἰς πάντας ἤδη καὶ εἰς αὐτὸν διαδεδομένων, ἀποδέξασθαι
μέν φασιν, ἀλήθειαν αὐτοῖς ἐπιμαρτυρήσαντα, μόνην δὲ ἄρα λείπεσθαι τῇ
γραφῇ τὴν περὶ τῶν ἐν πρώτοις καὶ κατ' ἀρχὴν τοῦ κηρύγματος ὑπὸ τοῦ
³⁰Χριστοῦ πεπραγμένων διήγησιν. Καὶ ἀληθής γε ὁ λόγος. 8. Τοὺς τρεῖς γοῦν
εὐαγγελιστὰς συνιδεῖν πάρεστιν μόνα τὰ μετὰ τὴν ἐν τῷ δεσμωτηρίῳ
Ἰωάννου τοῦ βαπτιστοῦ κάθειρξιν ἐφ' ἕνα ἐνιαυτὸν πεπραγμένα τῷ σωτῆρι
συγγεγραφότας αὐτό τε τοῦτ' ἐπισημηναμένους κατ' ἀρχὰς τῆς αὐτῶν
ἱστορίας. 9. Μετὰ γοῦν τὴν τεσσαρακονταήμερον νηστείαν καὶ τὸν ἐπὶ
³⁵ταύτῃ πειρασμὸν τὸν χρόνον τῆς ἰδίας γραφῆς ὁ μὲν Ματθαῖος δηλοῖ λέγων
ἀκούσας δὲ ὅτι Ἰωάννης παρεδόθη, ἀνεχώρησεν ἀπὸ τῆς Ἰουδαίας εἰς τὴν
Γαλιλαίαν, 10. Ὁ δὲ Μάρκος ὡσαύτως μετὰ δὲ τὸ παραδοθῆναι φησίν
Ἰωάννην ἦλθεν Ἰησοῦς εἰς τὴν Γαλιλαίαν, καὶ ὁ Λουκᾶς δὲ πρὶν ἄρξασθαι
τῶν τοῦ Ἰησοῦ πράξεων, παραπλησίως ἐπιτηρεῖ, φάσκων ὡς ἄρα προσθεὶς
⁴⁰Ἡρῴδης οἷς διεπράξατο πονηροῖς, κατέκλεισε τὸν Ἰωάννην ἐν φυλακῇ.
11. Παρακληθέντα δὴ οὖν τούτων ἕνεκά φασι τὸν ἀπόστολον Ἰωάννην τὸν
ὑπὸ τῶν προτέρων εὐαγγελιστῶν παρασιωπηθέντα χρόνον καὶ τὰ κατὰ
τοῦτον πεπραγμένα τῷ σωτῆρι (ταῦτα δ' ἦν τὰ πρὸ τῆς τοῦ βαπτιστοῦ
καθείρξεως) τῷ κατ' αὐτὸν εὐαγγελίῳ παραδοῦναι, αὐτό τε τοῦτ' ἐ-
⁴⁵πισημήνασθαι, τοτὲ μὲν φήσαντα ταύτην ἀρχὴν ἐποίησεν τῶν παραδόξων ὁ
Ἰησοῦς, τοτὲ δὲ μνημονεύσαντα τοῦ βαπτιστοῦ μεταξὺ τῶν Ἰησοῦ πράξεων ὡς ἔτι τότε βαπτίζοντος ἐν Αἰνὼν ἐγγὺς τοῦ Σαλείμ, σαφῶς τε τοῦτο
δηλοῦν ἐν τῷ λέγειν οὔπω γὰρ ἦν Ἰωάννης βεβλημένος εἰς φυλακήν. 12.
Οὐκοῦν ὁ μὲν Ἰωάννης τῇ τοῦ κατ' αὐτὸν εὐαγγελίου γραφῇ τὰ μηδέπω τοῦ
⁵⁰βαπτιστοῦ εἰς φυλακὴν βεβλημένου πρὸς τοῦ Χριστοῦ πραχθέντα παραδί-
δωσιν, οἱ δὲ λοιποὶ τρεῖς εὐαγγελισταὶ τὰ μετὰ τὴν εἰς τὸ δεσμωτήριον
κάθειρξιν τοῦ βαπτιστοῦ μνημονεύουσιν· 13. οἷς καὶ ἐπιστήσαντι οὐκέτ'

19, 36 s.   Matth. 4, 12.
     37 s.   Marc. 1, 14.
     39 s.   cf. Luc. 3, 19 s.
     45 s.   Ioh. 2, 11.
     46 ss. cf. Joh. 3, 23.
     48 s.   Ioh. 3, 24.

Aufzeichnungen der Lehrvorträge des Herrn hinterlassen; und selbst diese, so heißt es, haben sich nur gezwungen ans Schreiben gemacht. 6. Als Matthäus, der zuerst unter den Hebräern verkündigt hatte, sich zu anderen Völkern wenden wollte, da legte er seine Evangeliumsverkündigung in seiner Muttersprache nieder; denn er suchte die Lücke in seiner Gegenwart, die für diejenigen entstand, von welchen er wegzog, durch die Schrift zu füllen. 7. Als nun auch Markus und Lukas ihre Evangeliumsverkündigungen herausgegeben hatten, da soll zuletzt auch Johannes, der sich die ganze Zeit an die ungeschriebene Verkündigung gehalten hatte, sich ans Schreiben gemacht haben, und zwar aus folgendem Grund: Nachdem die früher geschriebenen Evangelien an alle und auch an Johannes übergeben worden waren, soll er sie zwar akzeptiert und ihnen Wahrhaftigkeit bezeugt haben, nur fehle der Aufzeichnung noch ein Bericht über das, was Christus zuerst, d. h. am Anfang seiner Verkündigung, getan habe. 8. Und dies sagte er mit Recht; denn man muß bemerken, daß die drei Evangelisten nur das aufgezeichnet haben, was vom Heiland nach der Gefangennahme Johannes des Täufers im Laufe eines Jahres getan wurde, und daß sie dies am Beginn ihrer Darstellung auch angegeben haben. 9. So macht Matthäus nach dem vierzigtägigen Fasten und der darauffolgenden Versuchung die Chronologie seiner Schrift mit den Worten klar: *Als er gehört hatte, daß Johannes verhaftet worden war, zog er sich* von Judäa *nach Galiläa zurück.* 10. Ebenso sagt Markus: *Nach der Verhaftung des Johannes ging Jesus nach Galiläa.* Auch Lukas bemerkt, ehe er mit den Taten Jesu beginnt, in ähnlicher Weise, Herodes habe seine Übeltaten vermehrt und *Johannes ins Gefängnis geworfen.* 11. Daher, so heißt es, habe der Apostel Johannes auf Zureden den von den früheren Evangelisten übergangenen Zeitraum und die darin vom Heiland vollbrachten Taten in seinem Evangelium berichtet – also das, was sich vor der Verhaftung des Täufers ereignete –; er selbst habe dies auch angegeben, einmal mit den Worten: *Dies tat Jesus als Anfang seiner* Wunder, ein andermal dadurch, daß er mitten in der Darstellung von Jesu Taten erwähnt, der Täufer habe damals noch in Aenon bei Salim getauft, und ganz klar zeige er es an mit den Worten: *Denn Johannes war noch nicht ins Gefängnis geworfen worden.* 12. Also erzählt Johannes in seiner Evangelienschrift das, was von Christus getan worden war, als der Täufer noch nicht ins Gefängnis geworfen worden war; die übrigen drei Evangelisten aber berichten über das, was sich nach der Einkerkerung des Täufers abspielte². 13.

---

² Damit erzielt die Tradition, die Euseb hier übernimmt, einen leichten Sieg über die Gegner des Vierten Evangeliums: Johannes ist primär eine Ergänzung zu

ἂν δόξαι διαφωνεῖν ἀλλήλοις τὰ εὐαγγέλια τῷ τὸ μὲν κατὰ Ἰωάννην τὰ
πρῶτα τῶν τοῦ Χριστοῦ πράξεων περιέχειν, τὰ δὲ λοιπὰ τὴν ἐπὶ τέλει τοῦ
55 χρόνου αὐτῷ γεγενημένην ἱστορίαν· εἰκότως δ' οὖν τὴν μὲν τῆς σαρκὸς τοῦ
σωτῆρος ἡμῶν γενεαλογίαν ἅτε Ματθαίῳ καὶ Λουκᾷ προγραφεῖσαν ἀπο-
σιωπῆσαι τὸν Ἰωάννην, τῆς δὲ θεολογίας ἀπάρξασθαι ὡς ἂν αὐτῷ πρὸς τοῦ
θείου πνεύματος οἷα κρείττονι παραπεφυλαγμένης. 14. Ταῦτα μὲν οὖν ἡμῖν
περὶ τῆς τοῦ κατὰ Ἰωάννην εὐαγγελίου γραφῆς εἰρήσθω, καὶ τῆς κατὰ
60 Μάρκον δὲ ἡ γενομένη αἰτία ἐν τοῖς πρόσθεν ἡμῖν δεδήλωται· 15. ὁ δὲ
Λουκᾶς ἀρχόμενος καὶ αὐτὸς τοῦ κατ' αὐτὸν συγγράμματος τὴν αἰτίαν
προύθηκεν δι' ἣν πεποίηται τὴν σύνταξιν, δηλῶν ὡς ἄρα πολλῶν καὶ ἄλλων
προπετέστερον ἐπιτετηδευκότων διήγησιν ποιήσασθαι ὧν αὐτὸς πεπληρο-
φόρητο λόγων, ἀναγκαίως ἀπαλλάττων ἡμᾶς τῆς περὶ τοὺς ἄλλους ἀμφηρί-
65 στου ὑπολήψεως, τὸν ἀσφαλῆ λόγον ὧν αὐτὸς ἱκανῶς τὴν ἀλήθειαν
κατειλήφει ἐκ τῆς ἅμα Παύλῳ συνουσίας τε καὶ διατριβῆς καὶ τῆς τῶν
λοιπῶν ἀποστόλων ὁμιλίας ὠφελημένος, διὰ τοῦ ἰδίου παρέδωκεν εὐαγγελίου.

20   *Eusebius*, Quaestiones ac solutiones circa euangelia ad Stephanum (post 313/14)
     qu. 3, MPG 22

   Πῶς ὁ μὲν Ματθαῖος ἀπὸ τοῦ Δαβὶδ καὶ Σολομῶνος διαδόχων ἐπὶ
Ἰακὼβ καὶ Ἰωσὴφ τὰ γένη κατάγει· ὁ δὲ Λουκᾶς ἀπὸ Δαβὶδ καὶ Νάθαν
παίδων ἐπὶ Ἡλὶ καὶ Ἰωσήφ, ἐναντίως γενεαλογῶν τῷ Ματθαίῳ.

19, 61 ss. cf. Luc. 1, 1 ss.
20, 1   cf. Matth. 1, 1 ss.
 2   cf. Luc. 3, 23 ss.

Wer darauf achtet, wird nicht länger meinen, die Evangelien widersprächen einander, da doch das Johannesevangelium die allerersten Taten Christi enthält, die übrigen aber das, was ihm gegen Ende seiner Wirksamkeit zustieß. Begreiflicherweise hat Johannes über die fleischliche Abstammung unseres Heilands geschwiegen, da ja Matthäus und Lukas sie bereits dargestellt hatten; aber er hat mit der Lehre von seiner Gottheit begonnen, da diese wohl vom göttlichen Geist für ihn als dem Vorzüglicheren aufgehoben worden war. 14. Soviel soll von uns über die Evangelienschrift nach Johannes gesagt sein! Der Anlaß für das Markusevangelium wurde von uns schon im Vorhergehenden dargelegt. 15. Lukas aber gibt selbst zu Beginn der Schrift, die seinen Namen trägt, an, aus welchem Grund er die Darstellung gemacht habe: Es hätten sich nämlich viele andere in sehr leichtfertiger Weise angeschickt, einen Bericht über die ihm genau bekannten Vorgänge zu schreiben; daher habe er sich gezwungen gesehen, um uns von den unsicheren Meinungen der anderen fernzuhalten, in einem Evangelium eine sichere Darstellung dessen zu geben, was er zuverlässig als wahr erfahren habe aus dem ständigen Zusammensein und Gespräch mit Paulus, wobei ihm auch der Verkehr mit den übrigen Aposteln genützt habe[3].

20 *Euseb,* Evangelienfragen und Lösungen an Stephanus[1], Frage 3

Warum führt Matthäus die Geschlechterfolge von den Nachkommen Davids und Salomos angefangen bis zu Jakob und Joseph an, Lukas aber von den Söhnen Davids und Nathans bis zu Heli und

den Synoptikern. Eine perspektivische Differenzierung zwischen den Evangelien wird dadurch überflüssig, und man versteht nicht mehr recht, warum Johannes der «Vorzüglichere» sein soll, wie es im § 13 gleich heißen wird. In den Evangelienfragen an Marinus, Frage 3, werden Matthäus und Johannes den beiden nichtapostolischen Evangelien übergeordnet, und zwar auf Grund der Tatsache, daß sie von Engelerscheinungen am leeren Grab berichten, während Markus und Lukas nur von einem «Jüngling» bzw. von «Männern in glänzenden Kleidern» wissen (MPG 22, 953A). – Die rein auf den Stoff bezogene Ergänzungstheorie hat Theodor von Mopsuestia am entschiedensten aufgenommen (vgl. Nr. 36), aber auch Hieronymus, De uiris illustribus IX, und Augustin, De consensu euangelistarum II, 18, 42.

[3] Daß Lukas nicht nur mit Paulus in Verbindung gebracht wird, ist uns aus Irenäus bekannt (vgl. Nr. 2, Anm. 1).
[1] Diese Schrift Eusebs ist nur durch eine Epitome, deren Text wir wiedergeben, und einige Katenenzitate bekannt; eine kritische Edition gibt es noch nicht.

α'. Τὸ τρίτον τῶν προταθέντων καιρὸς ἐπισκέψασθαι· ἀτενὲς οὖν ταῖς
5 λέξεσιν αὐταῖς ἐπερείσωμεν τὴν ἑαυτῶν διάνοιαν· ἴδωμεν δὲ τί φησιν ὁ
Λουκᾶς· *Καὶ αὐτὸς ὁ Ἰησοῦς ἦν ἀρχόμενος ὡσεὶ ἐτῶν τριάκοντα, ὢν υἱός,
ὡς ἐνομίζετο, τοῦ Ἰωσήφ, τοῦ Ἡλί, τοῦ Μελχί.* Ἀλλ' οὐχ ὅ γε Ματθαῖος
ἐχρήσατο τῇ, ὡς ἐνομίζετο φωνῇ· ἀλλὰ τί φησι; *Ματθὰν δὲ ἐγέννησε τὸν
Ἰακώβ, Ἰακὼβ δὲ ἐγέννησε τὸν Ἰωσήφ·* ἄλλο δὲ δήπου ἐστὶ τὸ νομίζειν,
10 καὶ ἄλλο τὸ οὕτως ἔχειν διαβεβαιοῦσθαι· εἰ μὲν δὴ τοῦ Ματθαίου διαβεβαιωσαμένου τὸν Ἰωσὴφ υἱὸν εἶναι Ἰακὼβ καὶ τοῦ Ματθάν, ὁ Λουκᾶς
ὁμοίως διισχυρίσατο τὸν Ἰωσὴφ γεγονέναι υἱὸν τοῦ Ἡλὶ καὶ τοῦ Μελχὶ,
ἀληθῶς μάχη τις ἦν καὶ πόλεμος, καὶ ἦν τῶν διαιτησόντων αὐτοῖς χρεία·
νῦν δὲ ὅτε, τοῦ Ματθαίου διαβεβαιωσαμένου, ὁ Λουκᾶς οὐ διατείνεται,
15 δόξαν δὲ παρὰ τοῖς πολλοῖς νενομισμένην τίθησιν, οὐ τὴν παρ' αὐτῷ
κρατοῦσαν, οἶμαι μηδεμίαν ὑπολείπεσθαι ζήτησιν.

β'. Διαφόρων γὰρ παρὰ Ἰουδαίοις ὑπολήψεων περὶ τοῦ Χριστοῦ κε-
κρατημένων, καὶ πάντων μὲν συμφώνως ἐπὶ τὸν Δαβὶδ ἀναγόντων, διὰ τὰς
πρὸς τὸν Δαβὶδ τοῦ Θεοῦ ἐπαγγελίας, ἤδη δὲ τῶν μὲν ἀπὸ Δαβὶδ καὶ
20 Σολομῶνος καὶ τοῦ βασιλικοῦ γένους πειθομένων ἔσεσθαι τὸν Χριστόν, τῶν
δὲ ταύτην μὲν φευγόντων τὴν δόξαν, διὰ τὸ πλείστην ἐμφέρεσθαι τῶν
βεβασιλευκότων κατηγορίαν, διά τε τὸ ἐκκήρυκτον ὑπὸ τοῦ προφήτου
Ἰερεμίου γεγονέναι τὸν Ἰεχονίαν, καὶ διὰ τὸ εἰρῆσθαι μὴ ἀναστήσεσθαι ἐξ
αὐτοῦ σπέρμα καθήμενον ἐπὶ θρόνου Δαβίδ, διὰ δὲ οὖν ταῦτα, ἑτέραν
25 ὁδευόντων, καὶ ἀπὸ μὲν Δαβὶδ ὁμολογούντων, οὐ μὴν διὰ Σολομῶνος,
ἀλλὰ διὰ Νάθαν, ὃς ἦν τοῦ Δαβὶδ παῖς (φασὶ δὲ τὸν Νάθαν καὶ προφητεῦ-
σαι κατὰ τὰ ἐν ταῖς Βασιλείαις φερόμενα, ἀπό τε τοῦ Νάθαν διαδόχων
προελεύσεσθαι τὸν Χριστὸν διαβεβαιουμένων, καὶ τόν γε Ἰωσὴφ ἐκεῖθέν
ποθεν γενεαλογούντων, σφόδρα ἀναγκαίως ὁ Λουκᾶς τὴν τούτων ἀνι-
30 στορῶν δόξαν, ἀλλ' οὐ τὴν αὐτοῦ, προσέθηκε τῇ κατ' αὐτὸν ἱστορίᾳ τὸ ‹ὡς
ἐνομίζετο› τῷ Ματθαίῳ παραχωρήσας μὴ τὸ, ὡς ἐνομίζετο, ἱστορεῖν, ἀλλ'
ὡς εἶχεν ἀληθείας τὰ τῆς γενέσεως· αὕτη μὲν οὖν ἡ πρώτη ἀπόδοσις.

---

6 ss.   Luc. 3, 23.
8 s.   Matth. 1, 15 s.
22 ss. cf. Ier. 22, 20.
26 s.   cf. 2 Reg. 5, 14; 12, 1 ss.

Joseph, wodurch er eine zu Matthäus widersprüchliche Ahnenreihe aufstellt?

1. Es ist soweit, daß wir das dritte der vorgelegten Probleme untersuchen; so sollen wir unseren Sinn aufmerksam dem Wortlaut zuwenden. Wir wollen sehen, was Lukas sagt: *Und Jesus selbst fing an (zu wirken) etwa dreißig Jahre alt, der Sohn – wie man glaubte – des Joseph, des Sohnes Helis, des Sohnes Melchis.* Matthäus aber hat die Wendung *wie man glaubte* nicht gebraucht; was sagt er denn? *Matthan zeugte Jakob, Jakob zeugte Joseph.* Nun besteht doch zweifellos ein Unterschied zwischen einer Meinung und der Bekräftigung eines Sachverhalts. Wäre es also so, daß Matthäus behauptete, Joseph stamme von Matthan und Jakob ab, und Lukas gleichzeitig beteuerte, Joseph sei Nachkomme Helis und Melchis, dann bestünde tatsächlich Kriegszustand, sie benötigten ein Schiedsgericht. So aber stellt Matthäus eine feste Behauptung auf, Lukas hingegen gibt keine nachdrückliche Versicherung ab, sondern gibt nur eine von der Menge angenommene Meinung wieder, die er selbst nicht für richtig hält, und daher bleibt meiner Meinung nach keine Frage offen.

2. Denn bei den Juden gab es unterschiedliche Anschauungen über den Messias. Zwar führten ihn alle auf Grund der Verheißungen Gottes an David übereinstimmend auf David zurück, aber die einen waren überzeugt, der Messias werde von David und Salomo und dem königlichen Geschlecht abstammen, während die anderen diese Auffassung ablehnten, weil gegen die Inhaber der königlichen Macht schwerste Anklage vorgebracht wird und weil Jechonia vom Propheten Jeremia mit dem Bann belegt worden war und gesagt worden war, keiner seiner Nachkommen werde auf dem Thron Davids sitzen. Deshalb gingen sie einen anderen Weg: Sie stimmten zwar zu, daß der Messias von David abstamme, aber nicht über Salomo, sondern über Nathan, den Sohn Davids (es heißt, daß Nathan auch geweissagt habe gemäß der Darstellung der Königsbücher) und behaupteten fest, der Messias werde aus den Nachkommen Nathans hervorgehen; und so leiteten sie den Stammbaum Josephs von dort irgendwie ab[2]. Da nun Lukas die Meinung dieser Leute, nicht aber seine eigene, wiedergibt, fügte er ganz notwendigerweise seiner Darstellung die Wendung *wie man glaubte* bei; denn Matthäus überließ er es darzustellen, wie es sich mit der Abstammung Jesu in Wahrheit verhielt, nicht wie man glaubte. Dies ist die erste Antwort.

---

[2] Diese angeblich jüdische Messiaserwartung hat Euseb ad hoc erfunden.

γ'. Εἴη δ' ἄν τις καὶ ἄλλος βαθὺς καὶ ἀπόρρητος ἐν τοῖς προκειμένοις
λόγος· Ματθαῖος μὲν γὰρ ὁμολογουμένως τὴν ἔνσαρκον γένεσιν ἱστορῶν
35 τοῦ Χριστοῦ, καὶ τὸν Ἰωσὴφ ἀποδεῖξαι βουλόμενος ἀληθῶς ἐκ Δαβίδ, ὅθεν
ἐχρῆν τῇ εἰσβολῇ κέχρηται τοῦ λόγου· τὸν δὲ Λουκᾶν ἡγοῦμαι μὴ τὴν κατὰ
σάρκα γένεσιν τοῦ Ἰησοῦ γενεαλογεῖν ἐθέλοντα, νῦν τοῦτο πεποιηκέναι·
τοῦτο μὲν γὰρ εἰ κατὰ γνώμην ἔπραττεν, οὐκ ἠγνόει ὅτι ἐχρῆν ταύτην
ἐκθέσεσθαι· ἐπειδὴ δὲ νῦν τῆς διὰ λουτροῦ ἀναγεννήσεως μέμνηται, υἱὸν
40 αὐτὸν εἰσάγων Θεοῦ, βούλεται ὡς ἐν ὑποδείγματι παραστῆσαι ὅτι δὴ πᾶς ὁ
ἐν Θεῷ ἀναγεννώμενος, κἂν ἀληθῶς υἱὸς εἶναι ἀνθρώπων νομίζοιτο δι' ἣν
περίκειται σάρκα, ἀλλ' οὐχ ἵσταταί γε αὐτῇ τὰ τῆς γενέσεως εἰς τοὺς κατὰ
σάρκα γονεῖς, οὐδὲ μέχρι τῶν τοῦ σώματος προπατόρων φθάνει· ἀλλ' εἰ καὶ
νομίζοιτο ἀνθρώπων εἶναι υἱὸς διὰ τὴν τοῦ σώματος γέννησιν, ὅμως δ' οὖν
45 οὐκ ἀλλότριος τῆς τοῦ Θεοῦ υἱοθεσίας ὑφέστηκεν· ἐπειδὴ δὲ οὖν οὐ κατὰ
τὴν αὐτὴν τῷ Ματθαίῳ διάνοιαν ἐξετίθετο τὴν διήγησιν, εἰκότως τὸν αὐτὸν
ἐκείνῳ καιρὸν ὑπερβάς, ἐπὶ τὴν ἀναγέννησιν τὴν διὰ λουτροῦ παραγίνεται·
καὶ ἐνταῦθα τὴν ἐναντίαν ἐκτίθεται τῶν γενῶν διαδοχήν· ὁμοῦ καὶ ἀνάγων
ἀπὸ τῶν ὑστάτων ἐπὶ τὰ πρῶτα, ὁμοῦ καὶ τὴν μνήμην τῶν παρὰ τῷ Ματθαίῳ
50 ὑπαιτίων καὶ ἁμαρτωλῶν ἀνδρῶν ἀποσειόμενος· ἐπειδήπερ ὁ παρὰ τῷ Θεῷ
ἀναγεγεννημένος, ἀλλότριος καθίσταται τῆς ἐνσάρκου γενέσεως καὶ τῶν
κατὰ σάρκα ἁμαρτωλῶν πατέρων, υἱὸς ἀποφαινόμενος Θεοῦ, καὶ πάντων
τῶν κατὰ Θεὸν ἀνεπιλήπτως βεβιωκότων.

ε'. Εἰκότως τοιγαροῦν καὶ ὁ Λουκᾶς, ἅτε τὴν ἀναγέννησιν ἱστορῶν, οὐ
55 τὴν αὐτὴν ὁδεύει τῷ Ματθαίῳ, οὐ τοῦ Σολομῶνος καὶ τῆς τοῦ Οὐρίου, οὐ
τῆς Θάμαρ, οὐ τῆς Ῥούθ, οὐ τοῦ Ἰεχονίου καὶ τῶν μεταξὺ διαβεβλημένων
ἀνδρῶν τὴν παράθεσιν πεποίηται, ἀλλὰ δι' ἑτέρων ἀνεπιλήπτων ἄνεισι, καὶ
δὴ καὶ ἐκ τοῦ προφήτου Νάθαν ἀναγεγεννημένον εἰσάγει· καὶ ὁ μὲν παρὰ
τῷ Ματθαίῳ κατὰ σάρκα γεγεννημένος, υἱὸς ἦν Ἀβραὰμ ἐντεῦθεν γενεαλο-
60 γούμενος, ἐπειδήπερ τῷ Ἀβραὰμ πρώτῳ ἡ ἐπαγγελία δέδοτο τῆς τῶν

---

39 s. cf. Luc. 3, 21 s.

3. Es könnte aber auch noch einen anderen tiefen und verborgenen Sinn bei dem vorliegenden Problem geben[3]. Es besteht nämlich Übereinstimmung darüber, daß Matthäus die leibliche Abstammung Christi beschreibt und daß er nachweisen will, daß Joseph wirklich von David abstammt, weshalb er den für seine Darstellung nötigen Beginn gewählt hat; Lukas aber, so meine ich, wollte nicht die fleischliche Abstammung Jesu mit dem Stammbaum aufweisen, und hat es daher so gemacht. Denn hätte er dies vorgehabt, dann hätte er gewußt, daß er sie (die Genealogie) darlegen müsse. Da er nun aber die Wiedergeburt durch das Taufbad erwähnt und ihn dabei als Sohn Gottes einführt, so will er gleichsam an seinem Beispiel darlegen, daß jeder, der in Gott wiedergeboren wird, auch wenn er zu Recht als Menschenkind angesehen wird wegen des Fleisches, das ihn umkleidet, im Hinblick auf seine Abstammung durch das Fleisch nicht bei den fleischlichen Eltern stehenbleiben müsse – wenn er auch nicht über die leiblichen Vorfahren hinausgelangen könne –, sondern daß er, auch wenn er auf Grund seiner leiblichen Abkunft für ein Menschenkind gehalten wird, gleichwohl der Gotteskindschaft nicht fernesteht. Da also Lukas seine Erzählung nicht mit derselben Absicht wie Matthäus darbot, hat er zu Recht den Zeitpunkt bei Matthäus überschritten und kommt zur Wiedergeburt durch das Taufbad, und dort legt er die entgegengesetzte Geschlechterfolge dar, indem er von den spätesten Gliedern bis zu den frühesten hinaufgeht und zugleich die bei Matthäus genannten schuldbeladenen und sündigen Männer unerwähnt läßt; denn der bei Gott Wiedergeborene entfremdet sich seiner fleischlichen Abstammung und seiner sündigen fleischlichen Väter und wird zum Sohn Gottes und Nachkommen aller derer, die untadelig vor Gott gelebt hatten, erklärt[4].

... 5. Zu Recht also geht Lukas, da er ja die Wiedergeburt darstellt, nicht den gleichen Weg wie Matthäus und erwähnt weder Salomo und die Frau des Uria, noch Thamar, Ruth, Jechonias und die anderen Zwischenglieder mit schlechtem Ruf, sondern er steigt durch andere untadelige Glieder auf und führt vielmehr den Wiedergeborenen als Abkömmling des Propheten Nathan ein. Seiner fleischlichen Abstammung nach, die bei Matthäus berichtet wird, war er ein Nachkomme Abrahams und wird mit einer entsprechenden Genealogie dargestellt, da ja Abraham die Verheißung des Segens der Heiden als erstem ge-

---

[3] Die folgende «redaktionstheologische» Erklärung der unterschiedlichen Stammbäume Jesu folgt der von Origenes (Nr. 10) gegebenen.
[4] In dem ausgelassenen Abschnitt versucht Euseb, die doppelte Vaterschaft auch an Paulus und Abraham zu erläutern.

ἐθνῶν εὐλογίας, οὐκ ἄλλως ἢ διὰ τοῦ ἐκ σπέρματος αὐτοῦ προελευσομένου γενησομένης· ὁ δὲ ἐν Θεῷ ἀναγεγεννημένος, ἑτέρους πατέρας τοὺς κατὰ Θεὸν ἐπιγραψάμενος, οὐδ' αὐτοὺς ἀληθῶς ἐσχηκώς, ἀλλ' ὡς ἐνομίζετο διὰ τὴν τῶν ἠθῶν ὁμοιοτροπίαν, ἄνεισιν ἐπὶ τὸν ἀληθῆ πατέρα, μετὰ πάντας
65 χρηματίσας Υἱὸς τοῦ Θεοῦ.

21   ibidem qu. 16

Πῶς ἀπὸ τῆς Βηθλεὲμ ὁ μὲν Ματθαῖος εἰς Αἴγυπτον ἱστορεῖ, ὁ δὲ Λουκᾶς εἰς Ἱερουσαλήμ, κἀκεῖθεν εἰς Ναζαρὲθ πρὸς τῶν γονέων φέρεσθαι τὸν Ἰησοῦν.

α'. Λουκᾶς μὲν τὸν καιρὸν ἱστορῶν τῆς τοῦ Σωτῆρος ἡμῶν γενέσεως,
5 τῆς Αὐγούστου βασιλείας μνημονεύει καὶ τῆς κατ' αὐτὸν ἀπογραφῆς· φησί τε μηδὲ ἐσχηκέναι αὐτοὺς ἐν τῇ Βηθλεὲμ κατάλυμα, πλήθους συνόντος ὡς εἰκὸς ἐν τῇ Βηθλεὲμ τῶν ἀπὸ γένους Δαβὶδ τῆς ἀπογραφῆς ἕνεκεν· διὸ μηδὲ οἴκου τὸν Ἰωσὴφ εὐπορεῖν· ὅθεν τεκοῦσάν φησι τὴν Μαρίαν σπαργανῶσαι τὸ βρέφος καὶ ἀποθέσθαι ἐν φάτνῃ, διὰ τὸ μὴ εἶναι αὐτοῖς τόπον ἐν τῷ
10 καταλύματι· καὶ εἰκός γε ἦν πλείστων συνόντων διὰ τὴν ἀπογραφὴν μὴ εὐπορεῖν καταγωγίου, ἀλλὰ καί, ῞Οτε, φησίν, αἱ ἡμέραι ἐπλήσθησαν τοῦ περιτεμεῖν αὐτὸν (χρὴ δὲ τοῦτο γίνεσθαι ὀγδόῃ μετὰ τὴν ἀπότεξιν ἡμέρᾳ), ἀνήγαγον τὸ παιδίον εἰς Ἱεροσόλυμα, καὶ τελέσαντες ἐπ' αὐτῷ τὰ νενομισμένα, ἀπίασιν εἰς Ναζαρέθ. Τούτων παρὰ τῷ Λουκᾷ κειμένων οὐδενὸς
15 μνημονεύσας ὁ Ματθαῖος, παραχωρήσας δὲ τῷ Λουκᾷ τὰ εἰρημένα, ἕτερα αὐτὸς διηγεῖται· τίνα δὲ ἦν ταῦτα, ἀλλ' ἢ τῶν Μάγων ἀπὸ Ἀνατολῆς ἄφιξις; κινησάντων μὲν ἀπὸ τῆς οἰκείας γῆς ἅμα τῷ γεννηθῆναι τὸν Ἰησοῦν, ἀστέρος αὐτοῖς τὴν γνῶσιν τῆς γεννήσεως ὑποφήναντος, οὐδήπου δὲ τὴν τοσαύτην στειλαμένων πορείαν καιρῷ βραχεῖ· οὐ γὰρ ἐν ἡμέραις
20 ὀκτὼ τὴν ἀπὸ Ἀνατολῶν ὁδὸν εἰκὸς αὐτοῖς ἐπὶ τὴν Ἰουδαίαν ἠνύσθαι, ὡς

21, 1   cf. Matth. 2, 14.
   2 s.   cf. Luc. 2, 22 ss.
   5   Luc. 2, 1.
   6 ss.   Luc. 2, 7.
  11 ss.   Luc. 2. 22; 2, 39.
  16 ss.   cf. Matth. 2, 1 ss.

geben worden war, eines Segens, der ja nur durch einen leiblichen
Nachkommen verwirklicht werden konnte. Der aus Gott Wiedergebo-
rene beansprucht jedoch andere, gottgefällige Vorfahren, die er freilich
nicht faktisch hatte, sondern die man auf Grund der Entsprechung im
Lebenswandel dafür hielt, und so geht er hinauf zu seinem wirklichen
Vater, indem er nach allen Sohn Gottes genannt wird[5].

21　　Ebenda Frage 16

Warum erzählt Matthäus, daß Jesus unter dem Schutz seiner Eltern
von Bethlehem nach Ägypten, Lukas aber, daß er nach Jerusalem und
von dort nach Nazareth gebracht worden sei?
1. Bei der Erzählung des Zeitpunktes der Geburt unseres Heilands
erwähnt Lukas die Herrschaft des Augustus und den auf seinen Befehl
hin durchgeführten Zensus; er erwähnt, daß sie in Bethlehem keine
Herberge gefunden hätten, da sich natürlich in Bethlehem eine große
Zahl von Menschen aus davidischem Geschlecht auf Grund des Zensus
einfand; daher habe Joseph keine Unterkunft beschaffen können; daher habe Maria nach der Geburt das Kind in Windeln gewickelt und
in eine Krippe gelegt, da sie keinen Raum in der Herberge hatten;
denn natürlich strömten auf Grund des Zensus eine so große Menge
zusammen, so daß sie keine Unterkunft fanden. Ferner sagt er: *Als die
Tage bis zu seiner Beschneidung erfüllt waren* (dies muß am achten
Tag nach der Geburt geschehen), *da brachten sie das Kind nach Jerusalem, und als sie an ihm die Gesetzesvorschriften vollzogen hatten,
gingen sie nach Nazareth.* Von diesen bei Lukas niedergelegten Vorgängen erwähnt Matthäus nichts. Er überläßt die genannten Vorgänge
dem Lukas und erzählt selbst andere. Um welche handelte es sich,
wenn nicht um die Ankunft der Magier aus dem Osten, die zur Zeit
der Geburt Jesu aus ihrem Heimatland aufbrachen – ein Stern hatte
ihnen die Kenntnis von der Geburt angezeigt –, die aber sicher nicht
eine solch große Reise in kurzer Zeit ausführen konnten; denn es ist
doch unwahrscheinlich, daß der Weg vom Orient bis nach Judäa in

---

[5] Der in der Niketas-Katene erhaltene Auszug aus unserer Schrift bringt im Anschluß noch den Brief des Julius Afrikanus, dessen Lösung Euseb aber nur
bedingt empfiehlt. Er schreibt: «Damit aber niemand annehme, wir würden hier
nur eigene geistreiche Erfindungen vortragen, wollen wir einen sehr alten Bericht wiedergeben, dem man eine Lösung für den vermuteten Widerspruch
zwischen beiden Evangelisten entnehmen kann» (MPG 22, 965).

τὸν αὐτὸν νομίσαι εἶναι καιρὸν τῆς τε τούτων ἀφίξεως, καὶ τῆς τοῦ
Σωτῆρος ἡμῶν γενέσεως· εἰ δὲ καὶ πυνθανόμενοι λέγουσι, *Ποῦ ἐστιν ὁ*
τεχθεὶς βασιλεὺς τῶν Ἰουδαίων; εἴδομεν γὰρ αὐτοῦ τὸν ἀστέρα, καὶ
ἤλθομεν προσκυνῆσαι αὐτῷ, οὐ τὸν σήμερον τεχθέντα, ὡς ἄν τις ὑπολάβοι,
25 καθ᾽ ὃν ταῦτα ἐπυνθάνοντο χρόνον δηλοῦσιν, ἀλλὰ τὸν τότε γενόμενον ὅτε
αὐτοῖς ὁ ἀστὴρ ἐπέφανε.

β΄. Πόσος δὲ ἦν οὗτος ὁ μεταξὺ χρόνος, τοῦ τε φανέντος τοῖς Μάγοις ἐπὶ
τῆς τοῦ Σωτῆρος ἡμῶν γενέσεως ἀστέρος, καὶ τῆς αὐτῶν εἰς τὰ Ἱεροσόλυμα παρουσίας, αὐτός σε διδάξει ὁ εὐαγγελιστὴς λέγων· *Τότε Ἡρώδης*
30 *λάθρα καλέσας τοὺς Μάγους, ἠκρίβωσε παρ᾽ αὐτῶν τὸν χρόνον τοῦ φαινομέ-*
νου ἀστέρος. Καὶ ὡς ἂν ἀκριβώσας παρ᾽ αὐτῶν, μαθὼν ὅστις ἦν οὗτος,
μετὰ τὸ ἀναχωρῆσαι λάθρα τοὺς Μάγους, ἰδὼν ὅτι ἐνεπαίχθη ὑπ᾽ αὐτῶν,
ἐθυμώθη λίαν, καὶ ἀποστείλας ἀνεῖλε πάντας τοὺς παῖδας ἐν Βηθλεὲμ, καὶ
ἐν πᾶσι τοῖς ὁρίοις αὐτῆς, ἀπὸ διετοῦς καὶ κατωτέρω, κατὰ τὸν χρόνον ὃν
35 ἠκρίβωσε παρὰ τῶν Μάγων. Οὐκοῦν διετὴς χρόνος ἤδη παρεληλύθει ἀπὸ
τῆς Ἰησοῦ γενέσεως καὶ ἐπὶ τὴν ἄφιξιν τῶν εἰρημένων· οὐκ ἄρα διαφωνεῖ
τὰ παρὰ τοῖς ἱεροῖς εὐαγγελισταῖς, εἰ ὁ μὲν Λουκᾶς ὀγδόῃ τῆς γενέσεως
ἡμέρᾳ ἀνάγει αὐτὸν ἅμα τοῖς γονεῦσιν εἰς Ἱερουσαλὴμ τῆς τῶν νομίμων
ἐκπληρώσεως ἕνεκα, κἀκεῖθεν ἀπάγει ἐπὶ τὴν Ναζαρέθ· ὁ δὲ Ματθαῖος
40 μετὰ διετῆ χρόνον γενομένους πάλιν ἐν Βηθλεὲμ ἀναγράφει, ἐντεῦθέν τε εἰς
Αἴγυπτον ἀπεληλυθέναι φησὶ διὰ τὴν τοῦ βασιλέως ἐπιβουλήν· καὶ ἦν εἰκὸς
οὐ μόνον δεύτερον, ἀλλὰ καὶ πλειστάκις ἐπιφοιτᾶν αὐτοὺς τῷ τόπῳ,
μνήμης τοῦ παραδόξου χάριν· δείκνυται γοῦν ἀναμφιβόλως οὐχ ὁ αὐτὸς ὢν
καιρὸς ἐν ᾧ γεγέννηται κατὰ τὸν Λουκᾶν ὁ Σωτὴρ ἡμῶν, ἐν ᾧ τε κατὰ τὸν
45 Ματθαῖον ὑπήντησαν οἱ ἐξ Ἀνατολῶν Μάγοι.

γ΄. Ὅτι δὲ μὴ εἷς ἦν ὁ παρ᾽ ἀμφοτέροις τοῖς εὐαγγελισταῖς χρόνος, καὶ
ἄλλως ἐστὶ συλλογίσασθαι. Λουκᾶς φησι μὴ εὐπορῆσαι αὐτοὺς καταγωγίου
ἐν τῇ Βηθλεέμ· διὸ καὶ τεκοῦσαν ἀνακλῖναι τὸ παιδίον ἐν φάτνῃ, διὰ τὸ μὴ
εἶναι τόπον ἐν τῷ καταλύματι, ὡς εἰκός, τῆς ἀπογραφῆς ἕνεκεν πάντων
50 πανταχόθεν τῶν ἐξ οἴκου καὶ πατριᾶς Δαβὶδ συντρεχόντων εἰς τὴν εἰρη-
μένην πόλιν, διά τε τὸ πλῆθος τῶν ἐπιξενουμένων αὐτόθι μὴ εὐπορούντων
καταλύματος· ὁ δὲ Ματθαῖος *Ἀκούσαντες, φησὶν, οἱ Μάγοι τοῦ βασιλέως*

21, 22 ss. Matth. 2, 2.
29 s. Matth. 2, 7.
32 ss. Matth. 2, 16.
47 ss. cf. Luc. 2, 7.
52 ss. Matth. 2, 9; 2, 11.

acht Tagen von ihnen zurückgelegt werden konnte, so daß man den Zeitpunkt ihrer Ankunft mit dem der Geburt unseres Heilands gleichsetzen könnte; und wenn sie auch fragen: *Wo ist der neugeborene König der Juden? Wir haben nämlich seinen Stern gesehen und sind gekommen, um ihn anzubeten,* dann meinen sie nicht, wie vielleicht jemand annehmen könnte, einen der eben geboren wurde, als sie dies erfragten, sondern den, der damals geboren worden war, als ihnen der Stern erschien.

2. Welcher Zeitraum aber zwischen der Erscheinung des Sterns für die Magier bei der Geburt unseres Heilands und deren Ankunft in Jerusalem liegt, lehrt dich der Evangelist selbst mit den Worten: *Da rief Herodes die Magier heimlich zu sich und erkundete von ihnen den genauen Zeitpunkt der Erscheinung des Sterns.* Und als er ihn von ihnen erfragt und erkannt hatte, daß es der und der sei, und als er nach der heimlichen Abreise der Magier sah, daß er von ihnen hintergangen worden war, *da wurde er sehr zornig, sandte Leute aus und ließ alle Knaben in Bethlehem und der ganzen Umgebung umbringen, die zweijährig und jünger waren, entsprechend dem Zeitpunkt, den er von den Magiern erfahren hatte.* Also war von der Geburt Jesu bis zur Ankunft der Genannten bereits ein Zeitraum von zwei Jahren verstrichen. Und somit stehen die Angaben bei den heiligen Evangelisten nicht im Widerspruch zu einander, wenn Lukas ihn am achten Tag nach der Geburt zusammen mit seinen Eltern zur Erfüllung der Gesetzesvorschriften nach Jerusalem hinaufgehen und ihn von dort nach Nazareth bringen läßt, während Matthäus schreibt, sie seien nach zwei Jahren wieder nach Bethlehem gekommen und auf Grund der Nachstellung des Königs nach Ägypten weggegangen; denn natürlicherweise kamen sie nicht nur ein zweites Mal, sondern sehr oft an diesen Ort zurück im Gedenken an das Wunder. So wird unzweifelhaft bewiesen, daß der Zeitpunkt, an welchem nach Lukas unser Heiland geboren wurde, nicht derselbe ist wie derjenige, an welchem nach Matthäus die Magier aus dem Orient ankamen.

3. Daß es sich bei beiden Evangelisten nicht um denselben Zeitpunkt handelt, kann man auch noch auf andere Weise erschließen. Lukas nämlich sagt, sie hätten keine Herberge in Bethlehem gefunden; daher hätte sie (sc. Maria) nach der Geburt das Kind in eine Krippe gelegt, da sie keinen Raum in der Herberge hatten; es ist ja natürlich, daß auf Grund des Zensus von allenthalben alle Abkömmlinge des Hauses und der Sippe Davids in der genannten Stadt zusammenströmten, und daß wegen der Menge der Gäste sie keine Herberge fanden. Matthäus aber sagt: *Als die Magier den König Herodes gehört hatten,*

Ἡρώδου, ἐπορεύθησαν εἰς Βηθλεέμ· καὶ ἰδοὺ ὁ ἀστὴρ ὃν εἶδον ἐν τῇ
ἀνατολῇ προῆγεν αὐτούς, ἕως οὗ ἦν τὸ παιδίον μετὰ Μαρίας τῆς μητρὸς
55 αὐτοῦ· καὶ πεσόντες προσεκύνησαν αὐτῷ. Ἀλλ' οὐκ ἐν φάτνῃ κείμενον
οὗτοι καταλαμβάνουσι τὸ παιδίον ὁμοίως τοῖς ποιμέσιν, ἀλλ' ἔνδον ἐν οἰκίᾳ
μετὰ τῆς μητρὸς αὐτὸ θεωροῦσι· καίτοι Λουκᾶς ἔφησε μὴ εἶναι τόπον
αὐτοῖς ἐν τῷ καταλύματι· πῶς οὖν ὁ Ματθαῖος οἰκίαν αὐτοῖς ἀφορίζει;
Ἀλλ' ἐπεὶ Λουκᾶς τὸν καιρὸν ἱστορεῖ τῆς γενέσεως, οὗτος δ' ἦν ὁ τῆς
60 ἀπογραφῆς, καθ' ὃν πανδημεὶ συνέτρεχον οἱ τῷ αὐτῷ γένει προσήκοντες ἐν
τῇ τοῦ Δαβὶδ πόλει, ὁ δὲ Ματθαῖος τὰ μετὰ δύο ἐτῶν χρόνους ἱστορεῖ
(τοσοῦτος γὰρ ἦν ὁ χρόνος ὃν Ἡρώδης παρὰ τῶν Μάγων ἠκρίβωσεν)· ὥστε
σχολῆς οὔσης ἐν τῇ Βηθλεέμ, κατὰ τὸν Ματθαῖον εὐπόρουν καταγωγίου·
διὸ εἰσελθόντες οἱ Μάγοι εἰς τὴν οἰκίαν, εἶδον τὸ παιδίον μετὰ Μαρίας τῆς
65 μητρὸς αὐτοῦ· καὶ πεσόντες προσεκύνησαν αὐτῷ· καὶ αὕτη μὲν ἡ τοῦ
ζητηθέντος λύσις.

22   *Eusebius*, Quaestiones euangelicae ad Marinum (post 313/14), qu. 1, MPG 22

Πῶς παρὰ μὲν τῷ Ματθαίῳ ὀψὲ σαββάτων φαίνεται ἐγηγερμένος ὁ
Σωτήρ, παρὰ δὲ τῷ Μάρκῳ πρωῒ τῇ μιᾷ τῶν σαββάτων·
α'. Τούτου διττὴ ἂν εἴη ἡ λύσις· ὁ μὲν γὰρ τὸ κεφάλαιον αὐτὸ τὴν τοῦτο
φάσκουσαν περικοπὴν ἀθετῶν, εἴποι ἂν μὴ ἐν ἅπασιν αὐτὴν φέρεσθαι τοῖς
5 ἀντιγράφοις τοῦ κατὰ Μάρκον εὐαγγελίου· τὰ γοῦν ἀκριβῆ τῶν ἀντιγράφων τὸ τέλος περιγράφει τῆς κατὰ τὸν Μάρκον ἱστορίας ἐν τοῖς λόγοις τοῦ
ὀφθέντος νεανίσκου ταῖς γυναιξὶ καὶ εἰρηκότος αὐταῖς, Μὴ φοβεῖσθε,
Ἰησοῦν ζητεῖτε τὸν Ναζαρηνόν· καὶ τοῖς ἑξῆς, οἷς ἐπιλέγει· καὶ ἀκούσασαι
ἔφυγον, καὶ οὐδενὶ οὐδὲν εἶπον, ἐφοβοῦντο γάρ. Ἐν τούτῳ γὰρ σχεδὸν ἐν

21, 56 s.   cf. Matth. 2, 11.
22, 1   cf. Matth. 28, 1.
    2   cf. Marc. 16, 9.
    7 s.   Marc. 16, 6.
    8 s.   Marc. 16, 8.

zogen sie nach Bethlehem. *Und siehe, der Stern, den sie im Orient
gesehen hatten, zog vor ihnen her, bis an den Ort, wo das Kind mit
Maria, seiner Mutter, war; und sie warfen sich zu Boden und huldigten ihm.* Sie aber finden das Kind nicht in der Krippe vor, wie es bei
den Hirten der Fall war, sondern sie sehen es zusammen mit seiner
Mutter in einem Haus. Wenn nun Lukas sagt, sie hätten keinen Raum
in der Herberge gehabt, wie kann dann Matthäus ihnen ein Haus zu-
teilen? Da Lukas die Zeit der Geburt beschreibt, die auch die Zeit des
Zensus war, zu welcher die Angehörigen desselben Geschlechts mas-
senweise in der Stadt Davids zusammenströmten, während Matthäus
die Begebenheiten nach einem Zeitraum von zwei Jahren berichtet
(denn dies war die Zeit, die Herodes von den Magiern genau erfragt
hatte); so also herrschte in Bethlehem Ruhe und sie fanden nach Matthäus leicht eine Unterkunft; und daher gingen die Magier in das Haus
hinein, sahen das Kind zusammen mit Maria, seiner Mutter, warfen
sich zu Boden und huldigten ihm. Dies ist die Lösung des Problems[1].

22   *Euseb,* Evangelienfragen an Marinus
       Frage 1

Wieso scheint bei Matthäus der Heiland am Abend des Sabbats
auferweckt worden zu sein, bei Markus aber am frühen Morgen des
ersten Wochentags?
1. Dafür dürfte es eine doppelte Lösung geben. Wer das Haupt-
problem beseitigt, nämlich die Perikope, die dies aussagt, der könnte
darauf hinweisen, daß sie nicht in allen Abschriften des Markusevangeliums enthalten ist. Die guten Abschriften jedenfalls lassen die Darstellung des Markus enden mit den Worten des jungen Mannes, der
den Frauen erschien und zu ihnen sagte: *Fürchtet euch nicht, ihr sucht
Jesus, den Nazarener,* und alles folgende, worauf sie sagen: *Und als
sie dies gehört hatten, flohen sie und sagten keinem etwas; denn sie*

---

[1] Diese naheliegende Harmonisierung findet sich auch in einem unter dem Namen Theodor überlieferten Katenenfragment (Reuss, Matthäus-Kommentare,
S. 138), sowie bei Epiphanius (Panarion 51, 9), dann erst wieder im Pseudo-
Matthäusevangelium 16, 1 (Transacto vero secundo anno venerunt magi ab
oriente Ierusolimam ...). Dagegen nimmt z. B. Johannes Chrysostomus an, der
Stern sei sehr lange vor der Geburt Jesu erschienen, damit die Magier recht-
zeitig dem Kinde huldigen konnten (Matthäus-Homilie 7); Augustin arbeitet
die matthäische und lukanische Vorgeschichte zusammen, ohne das chronolo-
gische Problem zu bedenken (De consensu euangelistarum II, 5, 15f.).

¹⁰ ἅπασι τοῖς ἀντιγράφοις τοῦ κατὰ Μάρκον εὐαγγελίου περιγέγραπται τὸ
τέλος· τὰ δὲ ἑξῆς σπανίως ἔν τισιν ἀλλ᾽ οὐκ ἐν πᾶσι φερόμενα περιττὰ ἂν
εἴη, καὶ μάλιστα εἴπερ ἔχοιεν ἀντιλογίαν τῇ τῶν λοιπῶν εὐαγγελιστῶν μαρ-
τυρίᾳ· ταῦτα μὲν οὖν εἴποι ἄν τις παραιτούμενος καὶ πάντη ἀναιρῶν περιτ-
τὸν ἐρώτημα. Ἄλλος δέ τις οὐδ᾽ ὁτιοῦν τολμῶν ἀθετεῖν τῶν ὁπωσοῦν ἐν τῇ
¹⁵ τῶν εὐαγγελίων γραφῇ φερομένων, διπλῆν εἶναί φησι τὴν ἀνάγνωσιν, ὡς καὶ
ἐν ἑτέροις πολλοῖς, ἑκατέραν τε παραδεκτέαν ὑπάρχειν, τῷ μὴ μᾶλλον ταύτην
ἐκείνης, ἢ ἐκείνην ταύτης, παρὰ τοῖς πιστοῖς καὶ εὐλαβέσιν ἐγκρίνεσθαι.

β′. Καὶ δὴ τοῦδε τοῦ μέρους συγχωρουμένου εἶναι ἀληθοῦς, προσήκει τὸν
νοῦν διερμηνεύειν τοῦ ἀναγνώσματος· εἰ γοῦν διέλοιμεν τὴν τοῦ λόγου
²⁰ διάνοιαν, οὐκ ἂν εὕροιμεν αὐτὴν ἐναντίαν τοῖς παρὰ τοῦ Ματθαίου ὀψὲ
σαββάτων ἐγηγέρθαι τὸν Σωτῆρα λελεγμένοις· τὸ γὰρ *ἀναστὰς δὲ πρωῒ τῇ*
μιᾷ τοῦ σαββάτου κατὰ τὸν Μάρκον, μετὰ διαστολῆς ἀναγνωσόμεθα· καὶ
μετὰ τὸ *ἀναστὰς δὲ*, ὑποστίξομεν· καὶ τὴν διάνοιαν ἀφορίσομεν τῶν ἑξῆς
ἐπιλεγομένων· εἶτα τὸ μὲν *ἀναστὰς ἂν*, ἐπὶ τὴν παρὰ τῷ Ματθαίῳ *ὀψὲ*.
²⁵ *σαββάτων*· τότε γὰρ ἐγήγερτο· τὸ δὲ ἑξῆς ἑτέρας ὂν διανοίας ὑποστατικὸν,
συνάψωμεν τοῖς ἐπιλεγομένοις· *πρωῒ γὰρ τῇ μιᾷ τοῦ Σαββάτου* ἐφάνη
Μαρίᾳ τῇ Μαγδαληνῇ· τοῦτο γοῦν ἐδήλωσε καὶ ὁ Ἰωάννης πρωῒ καὶ αὐτὸς
τῇ μιᾷ τοῦ σαββάτου ὦφθαι αὐτὸν τῇ Μαγδαληνῇ μαρτυρήσας· οὕτως οὖν
καὶ παρὰ τῷ Μάρκῳ πρωῒ ἐφάνη αὐτῇ· οὐ πρωῒ ἀναστάς, ἀλλὰ πολὺ
³⁰ πρότερον κατὰ τὸν Ματθαῖον ὀψὲ τοῦ σαββάτου· τότε γὰρ ἀναστὰς ἐφάνη
τῇ Μαρίᾳ, οὐ τότε, ἀλλὰ πρωῒ· ὡς παρίστασθαι ἐν τούτοις καιροὺς δύο· τὸν
μὲν γὰρ τῆς ἀναστάσεως, τὸν ὀψὲ τοῦ σαββάτου· τὸν δὲ τῆς τοῦ Σωτῆρος
ἐπιφανείας, τὸν πρωῒ, ὃν ἔγραψεν ὁ Μάρκος εἰπὼν (ὃ καὶ μετὰ διαστολῆς
ἀναγνωστέον) *ἀναστὰς δέ*· εἶτα ὑποστίξαντες, τὸ ἑξῆς ῥητέον, *πρωῒ τῇ μιᾷ*

22, 21 s. Marc. 16, 9.
27 s. cf. Ioh. 20, 11 ss.
34 Marc. 16, 9.
34 ss. Marc. 16, 9.

fürchteten sich. Damit endet in fast allen Handschriften das Markus-evangelium[1]. Das, was gelegentlich in einigen (Abschriften), aber nicht in allen, folgt, dürfte wohl überflüssig sein, zumal wenn es einen Wi-derspruch zum Zeugnis der übrigen Evangelisten enthält. Dies könnte man sagen, wenn man eine überflüssige Frage vermeiden und gänzlich aus der Welt schaffen will. Ein anderer jedoch, der es nicht wagt, irgend etwas zu beseitigen, was im Evangelienbuch überliefert ist – wie auch immer diese Überlieferung beschaffen sein mag –, der wird sagen, es handle sich wie an vielen anderen Stellen um eine zweifache Lesart, und jede von ihnen sei anzunehmen, da von frommen und gottesfürch-tigen Leuten weder die erste Lesart anstelle der zweiten noch die zweite anstelle der ersten bevorzugt werden dürfe.

2. Wenn man also zugesteht, daß diese Sicht richtig ist, dann muß man den Sinn der Lesart erklären. Wenn wir die Absicht des (marki-nischen) Satzes darlegen, dann dürften wir nicht mehr finden, sie stehe im Widerspruch zu der Aussage des Matthäus, der Heiland sei am Abend des Sabbats auferweckt worden. Wir werden den markinischen Satz: *Er stand aber am Morgen des ersten Wochentags* mit einer Interpunktion lesen. Nach: *Er erstand aber* werden wir ein Komma setzen und werden die Aussage vom folgenden abgrenzen. Folglich könnten wir die Aussage: *Er stand* auf das matthäische: *Am Abend des Sabbats* beziehen; denn zu dieser Zeit wurde er auferweckt; das Folgende aber, dem ein anderer Sinn zugrundeliegt, könnten wir mit dem verbinden, was danach gesagt wird; denn am Morgen des ersten Wochentags erschien er Maria Magdalena. Dies jedenfalls geht auch aus Johannes hervor, der ebenfalls bezeugt, daß er am ersten Wochentag der Magdalene erschienen ist. Also erschien er ihr auch bei Markus am Morgen und erstand nicht (erst) am Morgen, sondern lange vorher, und zwar nach Matthäus am Abend des Sabbats. Da nämlich, nachdem er auferstanden war, erschien er der Maria, aber nicht zur selben Zeit, sondern (erst) am Morgen. Somit geht es also um zwei unterschiedliche Zeitpunkte: um den der Auferstehung, näm-lich den Abend des Sabbats, und um den der Erscheinung des Heilands, nämlich den Morgen, von dem Markus schrieb (wobei dies mit einer Interpunktion zu lesen ist): *Er erstand aber* – dann ist zu interpungie-ren und das Folgende zu lesen: –, *am Morgen des ersten Wochentags*

---

[1] Über das textkritische Problem des sicher nicht ursprünglichen Markusschlusses informiert B. M. Metzger, A Textual Commentary on the Greek New Testa-ment, 1971, 122ff.; vgl. ferner K. Aland, Der Schluß des Markusevangeliums, in: M. Sabbe (Hrsg.), L'Evangile selon Marc, 1974, 435ff.

³⁵ τοῦ σαββάτου ἐφάνη Μαρίᾳ τῇ Μαγδαληνῇ, ἀφ' ἧς ἐκβεβλήκει ἑπτὰ δαιμόνια.

23 ibidem qu. 2

Πῶς κατὰ τὸν Ματθαῖον ὀψὲ σαββάτων ἡ Μαγδαληνὴ τεθεαμένη τὴν ἀνάστασιν, κατὰ τὸν Ἰωάννην ἡ αὐτὴ ἑστῶσα κλαίει παρὰ τῷ μνημείῳ τῇ μιᾷ τοῦ σαββάτου.

α'. Οὐδὲν ἂν ζητηθείη κατὰ τοὺς τόπους, εἰ τὸ ὀψὲ σαββάτων μὴ τὴν
⁵ ἑσπερινὴν ὥραν τὴν μετὰ τὴν ἡμέραν τοῦ σαββάτου λέγεσθαι ὑπολάβοιμεν,
ὥς τινες ὑπειλήφασιν, ἀλλὰ τὸ βραδὺ καὶ ὀψὲ τῆς νυκτὸς τῆς μετὰ τὸ
σάββατον· οὕτω γὰρ καὶ ὀψὲ τῆς ὥρας εἰώθαμεν λέγειν, καὶ ὀψὲ τοῦ
καιροῦ, καὶ ὀψὲ τῆς χρείας· οὐ τὴν ἑσπέραν δηλοῦντες, οὐδὲ τὸν μετὰ ἡλίου
δυσμὰς χρόνον, τὸ δὲ σφόδρα βράδιον τούτῳ σημαίνοντες τῷ τρόπῳ· ὅθεν
¹⁰ ὥσπερ διερμηνεύων αὐτὸς ἑαυτὸν ὁ Ματθαῖος μετὰ τὸ ὀψὲ σαββάτων,
ἐπήγαγε τῇ ἐπιφωσκούσῃ φησί· δηλαδὴ ὥρα τῇ λοιπὸν ἤδη ὑποφαινούσῃ,
καὶ ἐπιφωσκούσῃ εἰς τὴν Κυριακὴν ἡμέραν, ἥτις ἦν ὀψὲ καὶ πόρρω λοιπὸν
ἐλαύνουσα τῶν σαββάτων· λέλεκται δὲ ὀψὲ τοῦ σαββάτου παρὰ τοῦ
ἑρμηνεύσαντος τὴν Γραφήν· ὁ μὲν γὰρ εὐαγγελιστὴς Ματθαῖος ἑβραΐδι
¹⁵ γλώττῃ παρέδωκε τὸ εὐαγγέλιον· ὁ δὲ ἐπὶ τὴν Ἑλλήνων φωνὴν μεταβαλὼν
αὐτὸ, τὴν ἐπιφωσκοῦσαν ὥραν εἰς τὴν Κυριακὴν ἡμέραν, ὀψὲ σαββάτων
προσεῖπεν· ὥστε τὸν αὐτὸν σχεδὸν νοεῖσθαι καιρὸν, ἢ τὸν σφόδρα ἐγγὺς παρὰ
τοῖς εὐαγγελισταῖς διαφόροις ὀνόμασι τετηρημένον· μηδέν τε διαφέρειν
Ματθαῖον εἰρηκότα· Ὀψὲ δὲ σαββάτων τῇ ἐπιφωσκούσῃ εἰς μίαν σαβ-
²⁰ βάτων ἦλθε Μαρία ἡ Μαγδαληνὴ καὶ ἡ ἄλλη Μαρία θεωρῆσαι τὸν τάφον,
Ἰωάννου φήσαντος· τῇ δὲ μιᾷ τῶν σαββάτων ἔρχεται Μαρία ἡ Μαγδαληνὴ
πρωῒ εἰς τὸ μνημεῖον, ἔτι οὔσης σκοτίας. Πλατυκῶς γὰρ ἕνα καὶ τὸν αὐτὸν
δηλοῦσι χρόνον διαφόροις ῥήμασι· ὁ μὲν Ματθαῖος ὀψὲ, ἀντὶ τοῦ βράδιον·
καὶ ὀψὲ τῆς νυκτὸς ὀνομάσας πρωῒ, ὁ διερμηνεύων ἐπήγαγε τὸ σκοτίας
²⁵ οὔσης, ἵνα μή τις τὸν ὄρθρον λέγειν αὐτὸν ὑπολάβοι· ὡς καὶ ὁ Ματθαῖος τῷ

23, 1 Luc. 24, 10.
   2 Marc. 16, 9.
   4 Joh. 20, 17.
  10 cf. Matth. 28, 1 ss.
  19 s. cf. Joh. 20, 11.
  21 s. Matth. 28, 1.

erschien er Maria Magdalena, von der er sieben Dämonen ausgetrieben hatte[2].

23   Ebenda Frage 2

Wieso steht Maria Magdalena, die nach Matthäus am Abend des Sabbats die Auferstehung gesehen hatte, nach Johannes am ersten Tag der Woche weinend am Grab?

1. Es entstünde bei diesen Texten überhaupt keine Frage, wenn wir annähmen, daß der Ausdruck *spät am Sabbat* nicht die Abendstunde meine, wie manche schon angenommen haben, sondern einen recht späten Zeitpunkt der Nacht nach dem Sabbat; so pflegen wir ja auch zu sagen «zu später Stunde» und «zu später Zeit» und «zu spät zum Gebrauch», womit wir nicht den Abend bezeichnen, auch nicht die Zeit nach Sonnenuntergang, sondern auf diese Weise drücken wir aus, daß es sehr spät sei. Daher hat Matthäus sich gleichsam selbst erklärt, indem er nach der Wendung *spät am Sabbat* hinzufügte *beim Anbruch des Tages,* womit er offenbar die Tageszeit bezeichnete, die schon allmählich dämmerte und den Herrentag erleuchtete; und diese Stunde war schon weit weg vom Sabbat. Vom Übersetzen der Schrift[1] wurde dieser Zeitpunkt mit *spät am Sabbat* wiedergegeben; denn der Evangelist Matthäus gab sein Evangelium in hebräischer Sprache heraus. Derjenige aber, welcher es in die griechische Sprache übertrug, bezeichnete die Tageszeit, die schon den Herrentag zu erleuchten begann, mit *spät am Sabbat.* Daher ist hier fast derselbe Zeitpunkt gemeint, oder einer, der sehr nahe an dem Zeitpunkt liegt, den die Evangelisten mit verschiedenen Bezeichnungen angeben. Und so unterscheidet sich Matthäus, der sagt: *Spät am Sabbat, beim Anbruch des Herrentags, kam Maria Magdalena und die andere Maria, um das Grab zu sehen,* nicht von Johannes, der sagt: *Am ersten Wochentag kommt Maria Magdalena am Morgen an das Grab, noch bei Dunkelheit.* Im weiteren Wortsinn bezeichnen sie ein und dieselbe Zeit mit verschiedenen Ausdrücken; Matthäus sagt spät statt recht spät, und «am Morgen» statt «spät in der Nacht»; der Übersetzer fügte hinzu *noch bei Dunkelheit,* damit nicht jemand annähme, er meine die Morgenröte; so fügte Mat-

---

[2] Hieronymus, Brief 120, 3, hat beide hier vorgeschlagenen Lösungsmöglichkeiten übernommen.
[1] Hier dürfte zum ersten Mal die auf Papias (Nr. 1) zurückgehende These vom «hebräischen Matthäus» apologetisch ausgewertet worden sein.

ὀψὲ σαββάτων, ἵνα μὴ τὴν ἑσπερινὴν ὥραν νομίσειέ τις λέγεσθαι, προσέθηκε τὸ τῇ ἐπιφωσκούσῃ εἰς μίαν σαββάτων. Ἐπεὶ καὶ ἀκριβῶς οὗτος Σαββάτου εἶπεν τὴν ὀψίαν, μή τις τὴν ἑσπέραν ὑπολάβοι λέγεσθαι τὴν μετὰ ἡλίου δυσμάς, ἀλλὰ σαββάτων φησὶν ὀψέ.

30   γ'. Οὐκ ἂν γοῦν ἁμάρτοις τὰ μὲν πρῶτα τῆς ἀναστάσεως τοῦ Σωτῆρος ἡμῶν σημαίνεσθαι εἰπὼν παρὰ τῷ Ἰωάννῃ, παρ' ᾧ ἡ Μαγδαληνὴ πρωΐ, ἔτι οὔσης σκοτίας, καὶ πρῶτον καὶ δεύτερον ἐπιστᾶσα τῷ μνήματι, καὶ μὴ εὑροῦσα τὸ σῶμα τοῦ Σωτῆρος, κλαίει διὰ τὸ μηδένα μήπω ἐγνωκέναι περὶ τῆς ἀναστάσεως αὐτοῦ· τῆς αὐτῆς δὲ ὥρας μέρος εἶναι δεύτερον τὸν παρὰ
40 τῷ Ματθαίῳ χρόνον, καθ' ὃν τρίτον ἐπιστᾶσα ἡ αὐτὴ Μαγδαληνὴ ἅμα τῇ ἄλλῃ Μαρίᾳ τῷ μνήματι, οὐκέτι κλαίει, ὡς ἂν παρὰ τῷ Ἰωάννῃ τεθεαμένη τοὺς ἀγγέλους καὶ αὐτὸν τὸν Σωτῆρα· τὰ γὰρ παρὰ τῷ Λουκᾷ καὶ τῷ Μάρκῳ ἑτέρων ἂν εἴη δηλωτικά, παρ' οἷς πλείους ἀπαντῶσιν γυναῖκες ἐπὶ τὴν θέαν· τὴν δέ γε Μαγδαληνὴν μὴ μακρὰν ἀλλήλων διεστῶσιν ἀπηντηκέ-
45 ναι καιροῖς νόμιζε, ἀλλ' ἐν τῷ αὐτῷ καὶ κατὰ τὸ αὐτὸ παρατυχεῖν καὶ τὸ πρῶτον καὶ τὸ δεύτερον· τὸ μὲν πρῶτον, καθ' ἑαυτὴν μόνην· τὸ δὲ δεύτερον, μετὰ τῆς ἄλλης Μαρίας· οὕτω δ' οὖν ἡ αὐτὴ Μαρία ἡ Μαγδαληνὴ καὶ τὰ παρὰ τῷ Ματθαίῳ ἐθεᾶτο καὶ τὰ παρὰ τῷ Ἰωάννῃ· οὐκ ἀπελιμπάνετο δὲ τῶν παρὰ τοῖς πολλοῖς ἀναγεγραμμένων· οὐ γὰρ ἀπεστάτει τοῦ τόπου·
50 παρῆν δὲ καὶ παρέμενεν καταπεπληγμένη μὲν τὰ τεθεαμένα, ποθοῦσα δὲ πρὸς τοῖς πρώτοις καὶ δευτέρων καὶ τριῶν θεοφανειῶν καταξιωθῆναι· ὧν ἐτύγχανεν μετὰ ταῦτα διαφόρως μὲν πλειόνων γυναικῶν ἐπὶ τὸ μνημεῖον ἀφικνουμένων, ἄλλοτε δ' ἄλλως αὐταῖς ἀγγελικῆς ὄψεως παραφαινομένης, αὐτῆς δὲ ἐφ' ἑκάστῃ θέᾳ παρατυγχανούσης· οὕτω γοῦν τῶν παρὰ τοῖς
55 τέσσαρσιν εὐαγγελισταῖς ἀναγεγραμμένων θεωρὸς ἐγίγνετο ἡ Μαγδαληνή· διὸ καὶ παρὰ τοῖς πᾶσιν ἐμνημονεύθη· οὕτω δὲ καὶ ὁ μὲν καιρὸς ὁ αὐτὸς ἦν ὁ ὑπὸ τοῦ Ἰωάννου καὶ τοῦ Ματθαίου παριστάμενος· τοῦ δ' αὐτοῦ καιροῦ διάφορα διαστήματα παρ' ἑκάστῳ τετηρημένα.

23, 26 s. Matth. 28, 1.
    42 s. Matth. 28, 1.
    43 s. Joh. 20, 1.

thäus den Worten *spät am Sabbat* hinzu: *beim Anbruch des Herrentags,* damit nicht jemand glaube, es sei die Abendstunde gemeint. Indes hat er ganz genau die späte Zeit des Sabbats genannt, und damit niemand annehme, sei die Abendstunde nach dem Sonnenuntergang gemeint, sagt er: *Spät am Sabbat*[2].

3. So dürfte man wohl nicht fehlgehen, wenn man sagt, der Anfang des Auferstehungsgeschehens unseres Heilands werde bei Johannes wiedergegeben, bei dem Magdalena am Morgen, als es noch dunkel war, ein erstes und ein zweites Mal sich an das Grab stellt und, da sie den Leib des Heilands nicht fand, weint, da ja noch niemand von seiner Auferstehung wußte. Ein anderer Teil derselben Stunde ist die Zeit bei Matthäus, zu der sich Magdalena zum dritten Mal zusammen mit der anderen Maria ans Grab stellt, wobei sie aber nicht mehr weint, da sie ja nach Johannes schon die Engel und den Heiland selbst gesehen hat. Die Erzählungen bei Markus und Lukas dürften wieder andere Begebenheiten kundtun, bei denen mehrere Frauen zum Besuch des Grabes gehen. Nimm aber an, daß Magdalena zu verschiedenen, nicht weit auseinanderliegenden Zeitpunkten hinausgegangen ist: das erste und zweite Mal war sie zur selben Zeit und in derselben Verfassung dort; das erste Mal ging sie allein, das zweite Mal mit der anderen Maria; somit hat dieselbe Maria Magdalena sowohl das bei Matthäus als auch das bei Johannes Berichtete gesehen. Aber sie fehlte auch nicht in den Berichten über die mehreren (Frauen); denn sie ging nicht von dem Ort weg, sondern war und blieb da, bestürzt über das Gesehene und zugleich vom Verlangen beseelt, nach der ersten Erscheinung noch einer zweiten und dritten gewürdigt zu werden. Und sie wurde ihrer auch teilhaftig, als in verschiedener Weise mehrere Frauen ankamen, denen jeweils unterschiedlich eine Engelserscheinung zuteil wurde, da sie bei diesen allen gegenwärtig war. So war also Magdalena Augenzeuge der von den vier Evangelisten aufgezeichneten Begebenheiten, und deshalb wird sie auch von allen (Evangelisten) erwähnt. Ebenso war es auch derselbe Zeitraum, der von Matthäus und Johannes überliefert wird; bei jedem aber werden unterschiedliche Momente desselben Zeitraums angegeben.

---

[2] Im folgenden Abschnitt belegt Euseb seine These, daß die Auferstehung nicht am Abend des Sabbats, sondern erst in der Nacht stattgefunden habe, mit dem allgemeinen Sprachgebrauch, mit dem kirchl. Fastenbrauch (!) und mit der Überlegung, daß die die Auferstehung begleitenden Wunder am Abend nicht unbemerkt hätten geschehen können; außerdem hätte das Gerücht vom Leichenraub (Mt. 28, 13) nicht verbreitet werden können.

δ΄. Μὴ ταραττέτω δέ σε τὸ λέγεσθαι παρὰ τῷ Ματθαίῳ μετὰ τὸ ἐλθεῖν
60 τὰς δύο Μαρίας θεωρῆσαι τὸν τάφον, ὁ ἄγγελος γὰρ Κυρίου καταβὰς ἐξ
οὐρανοῦ ἀπεκύλισεν τὸν λίθον ἐκ τῆς θύρας. Οὐ γὰρ κατ' αὐτὴν τὴν ὥραν
προσήκει νοεῖν τὸν ἄγγελον ἀποκεκυλικέναι τὸν λίθον· πῶς γάρ; ὁπότε
προϋπῆρχεν παρὰ τῷ Ἰωάννῃ, παρ' ᾧ οὐχ ἡ Μαρία μόνη, ἀλλὰ καὶ δύο
μαθηταὶ ἐληλύθασιν εἰς τὸ μνημεῖον· διόπερ εἴποις ἂν τὸν παρὰ τῷ
65 Ματθαίῳ λόγον διηγηματικὸν εἶναι τῶν πρὸ τούτου γεγενημένων· ἦλθον
μὲν γὰρ κατὰ τοῦτον αἱ δύο Μαρίαι θεωρῆσαι τὸν τάφον, εὗρον δὲ αὐτὸν
ἀνεῳγμένον, ἐπειδήπερ πρὸ τούτου σεισμὸς ἐγεγόνει μέγας, καὶ ὁ ἄγγελος
ἀποκεκυλίκει τὸν λίθον, ὃς ἐπιστάς, αὖθις εὐαγγελίζεται τὰς γυναῖκας.
Αὕτη μὲν οὖν μία λύσις ἂν γένοιτο τῶν κατὰ τὸν τόπον ἀπορουμένων.
70 ε΄. Λυθείη δ' ἂν καὶ ἄλλως τὰ προκείμενα, εἰ ἑτέρας μὲν τὰς παρὰ τῷ
Ματθαίῳ Μαρίας ὑπολάβοις εἶναι, ἑτέραν δὲ τὴν παρὰ τῷ Ἰωάννῃ·
τέσσαρας γοῦν τὰς πάσας Μαρίας παρούσας τῷ πάθει τοῦ Σωτῆρος μετὰ
τῶν ἄλλων γυναικῶν εὑρίσκομεν πρῶτον μὲν οὖν τὴν Θεοτόκον τὴν αὐτοῦ
τοῦ Σωτῆρος μητέρα· δευτέραν δὲ τὴν ταύτης ἀδελφὴν Μαρίαν, τὴν τοῦ
75 Κλωπᾶ· εἶτα τρίτην Μαρίαν τὴν Μαγδαληνήν· καὶ τετάρτην τὴν Ἰακώβου
καὶ Ἰωσὴφ μητέρα· καὶ τῶν μὲν πρώτων τριῶν Μαριῶν ἐμνημόνευσεν
Ἰωάννης λέγων οὕτως· *Εἰστήκεισαν δὲ παρὰ τῷ σταυρῷ τοῦ Ἰησοῦ ἡ*
μήτηρ αὐτοῦ, καὶ ἡ ἀδελφὴ τῆς μητρὸς αὐτοῦ Μαρία ἡ τοῦ Κλωπᾶ, καὶ
Μαρία ἡ Μαγδαληνή. Τῆς δὲ τετάρτης Μαρίας τῆς μητρὸς Ἰακώβου καὶ
80 Ἰωσήφ, οἱ λοιποὶ τρεῖς ἐμνημόνευσαν εὐαγγελισταί, συμπαραλαβόντες τῇ
Μαγδαληνῇ καὶ αὐτήν· Ματθαῖος μὲν οὕτως εἰπών· *Ἦσαν δὲ ἐκεῖ γυναῖκες*
πολλαὶ ἀπὸ μακρόθεν θεωροῦσαι, αἵτινες ἠκολούθησαν αὐτῷ· ἐν αἷς ἦν
Μαρία ἡ Μαγδαληνή, καὶ Μαρία ἡ τοῦ Ἰακώβου καὶ Ἰωσήφ, αἱ ἐθεάσαντο
τὸν τόπον ποῦ τίθεται. Καὶ ὁ Λουκᾶς δὲ περὶ τῆς ἄλλης Μαρίας οὕτως
85 ἱστορεῖ· *Ἦσαν δὲ ἡ Μαγδαληνὴ Μαρία καὶ Ἰωάννα καὶ Μαρία ἡ Ἰακώβου*
καὶ αἱ λοιπαὶ σὺν αὐταῖς.
ς΄. Τούτων οὖν τῶν τεσσάρων Μαριῶν, εἰ τὰς δύο τὰς παρὰ τῷ Ματθαίῳ
ὀψὲ σαββάτων τῇ ἐπιφωσκούσῃ εἰς μίαν σαββάτων ἐλθούσας ἐπὶ τὸ
μνημεῖον, καὶ τὸν ἄγγελον θεασαμένας, ἑτέρας εἶναι ἐκλάβοις παρὰ τὴν
πρωῒ τῇ μιᾷ τῶν σαββάτων, ἔτι σκοτίας οὔσης ἀφικομένην μόνην κατὰ τὸν

23, 60 s.   Matth. 28, 1.
      77 ss. cf. Luc. 24, 1 ss.
      81 ss. cf. Marc. 16, 1 ss.
      85 s.   Matth. 28, 2.

4. Es darf dich nicht verwirren, daß es bei Matthäus heißt, nachdem die beiden Marien das Grab zu sehen gekommen waren: *Der Engel des Herrn kam vom Himmel herab und wälzte den Stein von der Tür weg.* Man soll nämlich nicht annehmen, daß der Engel zur gleichen Stunde den Stein weggewälzt habe. Wie denn könnte das bei Johannes Berichtete vorhergegangen sein, bei dem nicht nur Maria, sondern auch die zwei Jünger zum Grab kamen? Daher könntest du sagen, der Ausdruck bei Matthäus sei eine Darstellung dessen, was vorher geschehen war. Nach diesem (Evangelisten) kamen nämlich die beiden Marien, um das Grab zu sehen, fanden es aber schon geöffnet, da schon vorher ein großes Erdbeben geschehen war, und der Engel den Stein weggewälzt hatte, der Engel, der dann dastand und den Frauen die frohe Botschaft verkündete. Dies dürfte eine Lösung der Probleme dieser Textstelle sein.

5. Man könnte das vorliegende Problem aber auch anders lösen, wenn man annähme, daß die Marien bei Matthäus andere seien als die bei Johannes. Somit finden wir, daß insgesamt vier Marien zusammen mit den anderen Frauen beim Leiden des Herrn zugegen waren: zuerst die Gottesgebärerin[3], die Mutter des Heilands selbst; sodann deren Schwester Maria, die Frau des Klopas; als dritte Maria Magdalena, und als vierte die Mutter des Jakobus und Joseph. Die drei erstgenannten Marien erwähnt Johannes: *Es standen aber beim Kreuz Jesu seine Mutter und Maria die Schwester seiner Mutter, die Frau des Klopas, und Maria Magdalena.* Die vierte Maria, die Mutter des Jakobus und Joseph, erwähnen die drei anderen Evangelisten, indem sie diese mit Magdalena zusammennehmen. So sagt Matthäus: *Es waren dort viele Frauen, die von ferne zusahen; sie waren ihm nachgefolgt. Unter ihnen war Maria Magdalena, Maria, die Mutter des Jakobus und Joseph,* die den Ort sahen, wo man ihn hinlegte. Und Lukas berichtet über die andere Maria folgendes: *Es waren aber Maria Magdalena und Johanna und Maria, die Mutter des Jakobus, und die anderen Frauen mit ihnen.*

6. Wenn man also annimmt, daß von diesen vier Marien die beiden, welche bei Matthäus spät am Sabbat beim Anbruch des ersten Wochentages ans Grab kamen und den Engel sahen, andere seien als die Maria, welche nach Johannes am Morgen des ersten Wochentags noch bei

---

[3] Euseb verwendet diese Bezeichnung für Maria auch De uita Constantini III, 43 und Contra Marcellum II, 1. Zum nestorianischen Streit, in dem dieser Terminus zum Schibbolet wurde, vgl. A. v. Harnack, Lehrbuch der Dogmengeschichte II, 1909[4], 339ff.; W. Delius, Geschichte der Marienverehrung, 1963, 104ff.

90 Ἰωάννην, ἀγνοοῦσαν τὸ ἐπὶ τὴν ἀνάστασιν, καὶ διὰ τοῦτο κλαίουσαν, οὐδὲν
ἂν σκολιὸν ἀπαντήσεται, πάσης ἀπορίας καὶ ζητήσεως ἐκποδῶν ἀρθείσης·
καὶ ὀψὲ μὲν σαββάτων, κατὰ τὰ ἀποδεδομένα, πεπραγμένων τῶν ἐπὶ τῷ
Ματθαίῳ συγγεγραμμένων ἐπὶ παρουσίᾳ τῶν δύο Μαριῶν, πρώτας δὲ τῇ
μιᾷ τῶν σαββάτων ἑτέρας Μαρίας τὰς παρὰ τῷ Ἰωάννῃ τεθεαμένας,
95 ἀληθεύεσθαί τε κἀκεῖνα καὶ ταῦτα, μηδὲ ἀντιλογίαν περιέχειν τοὺς τόπους,
μήτε κατὰ τοὺς χρόνους, μήτε κατὰ τὰ πρόσωπα, μήτε κατὰ τοὺς λόγους.

ζ΄. Εἰ δὲ τὸ τῆς Μαγδαληνῆς προσκείμενον ἐν ἀμφοτέροις τοῖς εὐαγγελισταῖς ὄνομα τὴν διάνοιαν ταράττει, ἀλλ’ οὐ προσήκει τὴν θείαν συγχεῖν
Γραφὴν λέξεως μιᾶς ἢ ὀνόματος ἕνεκεν, ὃ πολλάκις συμβαίνει καὶ κατὰ
100 γραφικὸν προσκεῖσθαι σφάλμα· ἢ γὰρ δύο καὶ ταύτας ἀπὸ μιᾶς πόλεως ἢ
κώμης τῆς Μαγδαληνῆς ὁρμᾶσθαι ἡγητέον· ἢ ἐπὶ μιᾶς αὐτῶν προσκεῖσθαι
τὸ τῆς Μαγδαληνῆς ἐπώνυμον, ἅπαξ τοῦ γραφέως κατὰ τὴν ἀρχὴν σφαλέν-
τος, ὅτι ἐξ ἐκείνου τῶν μετ’ αὐτὸν πρώτῳ ἐπηκολουθηκότων σφάλματι·
τοῦτο δὲ καὶ ἐφ’ ἑτέρῳ συμβάν, σμικρὸν ὕστερον ἐπιδείξωμεν· ἀλλ’ ὥσπερ
105 ἐπὶ τοιούτων ὀρθῶς κατὰ τὴν ἀρχὴν ὑπηγόρευτο, κατὰ σφάλμα δὲ τῶν
μετὰ ταῦτα μὴ ἀκριβούντων τὴν μεταβολήν, συμβέβηκέ τινα ζητεῖσθαι,
οὕτω καὶ ἐπὶ τοῦ ἐπωνύμου τῆς Μαγδαληνῆς περιττῶς ἐπὶ μιᾶς Μαρίας
κειμένου εἴποις ἂν γεγονέναι· οὗ ὑφαιρεθέντος, περιγέγραπται πᾶσα
ζήτησις, μηδενὸς μηκέτι κατὰ τοὺς τόπους ἀπορουμένου· ἀλλὰ καὶ ὀψὲ
110 σαββάτων, τοῦτ’ ἔστι βαθείας νυκτός, τῶν παρὰ τῷ Ματθαίῳ πεπραγμένων ἑωραμένων ὑπὸ τῆς Μαγδαληνῆς καὶ τῆς ἄλλης Μαρίας· καὶ πρωΐας,
ἔτι σκοτίας οὔσης, ἑτέρας Μαρίας ἀφικομένης ἐπὶ τὸν αὐτὸν τόπον· καὶ
πρότερον μὲν ἀπορούσης ἐπὶ τὸ μὴ εὑρεῖν τὸ σῶμα τοῦ Σωτῆρος· ὕστερον
δὲ καὶ αὐτῆς αὐτοπτούσης αὐτόν· κάλλιον δὲ τὸ μὴ δὲ σφάλμα αἰτιάσασθαι
115 κατὰ τοὺς τόπους, δύο δὲ ἀληθῶς γεγονέναι τὰς Μαγδαληνὰς φάσκειν, ὡς
καὶ τέτταρας ἀπεδείξαμεν τὰς Μαρίας· ὧν οὐδὲν ἄτοπον ἀπὸ τῆς αὐτῆς
Μαγδαληνῆς δύο Μαρίας ὁρμᾶσθαι λέγειν, μηδέν τε λοιπὸν ἀπορεῖν, ἀλλ’
ἑτέραν μὲν εἶναι τὴν ὀψὲ σαββάτων παρὰ τῷ Ματθαίῳ Μαγδαληνήν,
ἑτέραν δὲ αὖθις καὶ αὐτὴν Μαγδαληνὴν τὴν παρὰ τῷ Ἰωάννῃ πρωΐας ἐπὶ τὸ

Dunkelheit allein ankam, noch nichts von der Auferstehung wußte und deshalb weinte, dann gibt es nichts Schwieriges mehr und jede Unklarheit und Frage ist aus dem Weg geschafft. Das, was sich nach Matthäus spät am Sabbat zutrug, spielte sich – wie oben angegeben – in Gegenwart zweier Marien ab; was sich früh am ersten Wochentag zutrug, wurde von anderen Marien nach Johannes gesehen. Somit sind beide Berichte wahr, und die Textstellen enthalten keinen Widerspruch, weder hinsichtlich der Zeitangaben noch hinsichtlich der Personen noch hinsichtlich des Wortlautes.

7. Wenn aber der Beiname Magdalena, der sich bei beiden Evangelisten findet, den Sinn stört, so darf man doch die Heilige Schrift nicht um einer Lesart oder um eines Namens willen über den Haufen werfen; dergleichen kommt oft auch infolge eines Schreibfehlers vor. Denn entweder muß man annehmen, daß diese beiden aus demselben Ort oder Dorf Magdala kommen, oder aber einer von den beiden wurde der Beiname Magdalena zugelegt, weil sich einmal in sehr früher Zeit ein Schreiber geirrt hatte und diesem ersten Irrtum alle späteren Abschreiber folgten; dies ist auch in einem anderen Fall passiert, wie wir gleich nachweisen werden[4]. In solchen Fällen, die ursprünglich richtig diktiert wurden, kam es dann zu Fragen aufgrund eines Irrtums von Späteren, die sich um die Veränderung nicht kümmerten, und man könnte sagen, genauso verhalte es sich mit dem Beinamen Magdalena, der überflüssigerweise einer der Marien beigelegt wurde. Wenn man diesen Beinamen wegstreicht, dann hat jegliches Fragen ein Ende, da niemand an diesen Textstellen mehr eine Schwierigkeit empfindet. Somit wurden also die bei Matthäus berichteten Vorgänge spät am Sabbat, d. h. in der tiefen Nacht, von Magdalena und der anderen Maria gesehen; am Morgen, noch bei Dunkelheit, kam eine andere Maria an denselben Ort; zuerst war sie ratlos, da sie den Leib des Herrn nicht fand; später aber sah sie ihn mit ihren eigenen Augen. Freilich ist es besser, wenn wir an diesen Textstellen keinen Irrtum rügen, sondern sagen, es seien tatsächlich zwei Frauen mit dem Namen Magdalena gewesen, wie wir ja schon gezeigt haben, daß es vier Marien gewesen sind. Und diese Annahme ist ja auch nichts Ungewöhnliches, daß zwei Marien vom gleichen Ort Magdala gekommen seien, und damit bleibt kein Problem mehr: Die eine ist die Magdalena, die bei Matthäus spät am Sabbat ans Grab geht, die andere Magdalena ist die, welche bei Johannes frühmorgens ans Grab geht; und diese ist

---

[4] In der Epitome ist diese Ausführung nicht erhalten; wir vermuten, daß sie einem Katenenfragment entspricht, das wir im folgenden wiedergeben.

120 μνημεῖον ἐλθοῦσαν· ταύτην δὲ εἶναι τὴν καὶ παρὰ τῷ Μάρκῳ δηλουμένην, κατά τινα τῶν ἀντιγράφων, ἀφ' ἧς ἐκβεβλήκει ἑπτὰ δαιμόνια· καὶ ταύτην εἰκὸς εἶναι τὴν ἀκούσασαν *Μή μου ἅπτου,* ἀλλ' οὐ τὴν παρὰ τῷ Ματθαίῳ· εἰ γὰρ καὶ τὰ μάλιστα κἀκείνη ἀπὸ τῆς Μαγδαληνῆς ὡρμᾶτο, ἀλλ' οὐ τὰ ὅμοια καὶ αὐτῆς ἡ θεία κατηγορεῖ Γραφή

24   ibidem (Fragmentum ex catena Corderii, MPG 22)

Εὐσέβιος ὁ Καισαρεύς, ὁ Παμφίλου προσαγορευόμενος, ἐν ταῖς πρὸς Μαρῖνον ἐπὶ τοῦ Σωτηρίου πάθους καὶ τῆς ἀναστάσεως Ζητήσεσι καὶ ἐπιλύσεσι, καὶ ταῦτα προὔθηκεν εἰς ἐξέτασιν, τὸ τὸν μὲν θεῖον εὐαγγε-λιστὴν Μάρκον εἰπεῖν ὥραν εἶναι τρίτην καθ' ἣν ἐσταυρώθη Χριστὸς ὁ
5 Θεὸς καὶ Σωτὴρ ἡμῶν· τὸν δὲ θεολογικώτατον Ἰωάννην κατὰ τὴν ἕκτην ὥραν γράψαι προκαθεσθῆναι τὸν Πιλᾶτον ἐπὶ τοῦ βήματος ἐν τῷ λι-θοστρώτῳ τῷ καλουμένῳ, καὶ ἀνακρίνειν τὸν Ἰησοῦν· καί φησι γραφικὸν εἶναι τοῦτο σφάλμα, παροραθὲν παρὰ τῶν ἐξ ἀρχῆς ἀπογραψαμένων τὰ Εὐαγγέλια· τοῦ μὲν γὰρ γάμμα στοιχείου τὴν τρίτην ὥραν σημαίνοντος,
10 τοῦ δὲ ἐπισήμου τὴν ἕκτην, καὶ πολλὴν ἐμφέρειαν ἐχόντων πρὸς ἀλλήλους τούτων τῶν χαρακτήρων, κατὰ πλάνην τὸ γάμμα στοιχεῖον τὸ τῆς τρίτης ὥρας δηλωτικόν, κυρτωθείσης τῆς ἀποτεταμμένης εἰς μῆκος εὐθείας, εἰς τὴν τοῦ ἐπισήμου μεταχωρῆσαι σημασίαν, τοῦ τῆς ἕκτης ὥρας δηλωτικοῦ· τῶν γὰρ τριῶν εὐαγγελιστῶν, τοῦ τε Ματθαίου καὶ Μάρκου, καὶ τοῦ
15 Λουκᾶ συμφώνως λεγόντων, ὡς ἀπὸ ἕκτης ὥρας σκότος ἐγένετο ἐφ' ὅλην τὴν γῆν ἕως ὥρας ἐνάτης, πρόδηλον ὡς ὁ Κύριος καὶ Θεὸς Ἰησοῦς πρὸ τῆς ἕκτης ὥρας, πρὸ τοῦ γενέσθαι τὸ σκότος, ἐσταύρωτο, δηλαδὴ κατὰ τὴν τρίτην ὥραν, ὡς ὁ Μάρκος ἱστόρησε· καὶ τοῦ Ἰωάννου τὸν ὅμοιον τρόπον

23, 120 s. Joh. 19, 25.
    122   Matth. 27, 55 s.
24, 4   cf. Marc. 15, 25.
    5 ss.   cf. Ioh. 19, 13 s.
    14 ss. cf. Matth. 27, 45; Marc. 15, 33; Luc. 23, 44.

es auch, welche nach einigen Abschriften bei Markus genannt wird, von der er sieben Dämonen ausgetrieben hatte; und natürlicherweise war sie es, die hörte: *Rühre mich nicht an,* nicht aber die bei Matthäus genannte; denn wenn diese auch sicherlich aus Magdala herkam, so macht ihr doch die Heilige Schrift nicht denselben Vorwurf[5].

24   Ebenda, Fragment aus der Corderius-Katene

Euseb von Caesarea, mit dem Beinamen Pamphilus, hat in den Fragen und Antworten an Marinus über das Leiden und die Auferstehung des Heilands auch folgendes Problem untersucht, daß nämlich der heilige Evangelist Markus sagt, es sei die dritte Stunde, zu der Christus, unser Gott und Heiland, gekreuzigt wurde, während der überragende Theologe Johannes[2] schreibt, Pilatus habe sich zur sechsten Stunde auf den Richtstuhl auf dem sogenannten Mosaikboden gesetzt und Jesus verurteilt. Und er (Euseb) sagt, es sei ein Schreibfehler, verursacht von sehr frühen Abschreibern der Evangelien. Der Buchstabe Gamma nämlich bezeichnet die dritte Stunde, das Episemon die sechste, und diese beiden Zeichen haben untereinander große Ähnlichkeit; irrtümlich wurde der Buchstabe Gamma, der die dritte Stunde angibt, in die Gestalt des Episemon gebracht, das die sechste Stunde angibt, und zwar dadurch, daß die waagrechte Linie gekrümmt wurde. Da nämlich die drei Evangelisten Matthäus, Markus und Lukas übereinstimmend sagen, daß von der sechsten bis zur neunten Stunde eine Finsternis über die ganze Erde gekommen sei, so ist von vorneherein klar, daß der Herr und Gott Jesus vor der sechsten Stunde, ehe die Finsternis entstand, gekreuzigt wurde, offenbar zur dritten Stunde, wie Markus berichtet, und auch Johannes hat gleichermaßen die dritte Stunde ange-

---

[5] Diese Lösung Eusebs haben Ambrosius, Lukas-Erklärung X, 147f., und Hieronymus, Brief 120, 4, übernommen.

[2] Die Bezeichnung «Theologe» wurde schon von Aristoteles für Dichter wie Hesiod und Orpheus verwendet; im kleinasiatischen Kaiserkult gab es in Genossenschaften organisierte «Theologen» (A. Deißmann, Licht vom Osten, 1923[4], 297). Schon Papias hat diesen Ehrentitel auf Johannes angewandt (vgl. E. Schwartz, Über den Tod, 53f.); ebenso von Origenes (Johannes-Kommentar Fragm. 1), der an einer nicht ganz sicher überlieferten Stelle (Johannes-Kommentar X, 8) Johannes im Vergleich mit den Synoptikern als θεολογικώτερον bezeichnet haben dürfte. Allerdings werden auch Mose, Paulus, die drei anderen Evangelisten und andere gelegentlich als «Theologen» = Gottesherolde bezeichnet (Stellen bei G. W. H. Lampe, 628).

τὴν ὥραν τρίτην εἶναι ἐπισημηναμένου, καὶ τῶν ἀπογραψαμένων τὸ γάμμα
²⁰ μεταθέντων εἰς τὸ ἐπίσημον.

25   *Ambrosiaster*, Liber quaestionum ueteris et noui testamenti (366/384),
       ed. A. Souter, CSEL 50, 1908
       Appendix quaestionum noui testamenti III

CUR FACTA ET DICTA DOMINICA QUATTUOR UOLUMINIBUS ET A QUATTUOR SCRIPTORIBUS SUNT IN SCRIPTURAM DIGESTA?

Congruum fuit annum domini acceptabilem, sicut dicit propheta,
⁵ a quattuor uoluminibus uelut quattuor uicibus contineri. sicut enim
annus quattuor temporibus euoluitur ita ut inuicem sui egeant, ita et
gesta et dicta domini quattuor libris definita sunt, ita ut alter alterius
indigeat; simul autem plenitudine perfecta sunt. ut autem a quattuor
scriptoribus ordinarentur, haec fuit causa, ut, quia temporum diuersa
¹⁰ sunt nomina, euangeliorum quoque essent diuersa uocabula. et si qua
uidentur in uerbis contraria, sensu tamen non discrepant per interpretationem aptam causae, sicut tempora, cum uideantur utique
diuersa nomine, aere et cursu siderum, in effectu tamen eorum quae
gignuntur non discrepant.

26   ibidem IV

QUONIAM CONSTAT QUATTUOR LIBROS RITE CONSCRIPTOS GESTORUM ET DICTORUM DOMINI, SCIENDUM QUIS EORUM ORDO SIT.

25, 4   cf. Is. 61, 2; Luc. 4, 19.

geben, während die Abschreiber das Gamma in ein Episemon veränderten[1].

Ambrosiaster

25 Fragen zum Alten und Neuen Testament[1]
Anhang: Fragen zum Neuen Testament, Nr. 3

Warum wurden die Taten und Worte des Herrn in vier Büchern und von vier Schriftstellern niedergeschrieben?

Es war angemessen, daß das angenehme Jahr des Herrn, wie der Prophet sagt, von vier Bänden gleichsam wie von vier Seiten eingegrenzt wird. Denn wie das Jahr sich über vier Jahreszeiten erstreckt, so daß doch jede die andere braucht, ebenso sind die Taten und Worte des Herrn in vier Büchern niedergelegt worden, doch so, daß das eine das andere braucht; in der Fülle aber sind sie vollkommen. Daß sie aber von vier Schriftstellern zusammengestellt wurden, hatte den Grund, daß, weil die Jahreszeiten verschiedene Namen haben, auch die Evangelien verschiedene Bezeichnungen tragen sollten. Und wenn einiges dem Wortlaut nach auch widersprüchlich erscheint, so unterscheiden sie sich doch nicht dem Sinngehalt nach, wenn eine der Sache angemessene Interpretation gegeben wird, wie die Jahreszeiten, obgleich sie dem Namen, der Luftbewegung und dem Laufe der Gestirne nach sich unterscheiden, dennoch in ihrer Wirkung auf das, was wächst, keinen Unterschied zeigen.

26 Ebenda Nr. 4

Da es feststeht, daß vier Bücher mit Taten und Worten des Herrn zu Recht geschrieben wurden, soll man ihre Reihenfolge kennen.

---

[1] Diese Lösung hat später auch Ammonius von Alexandrien vertreten (Frg. 596; Reuss, Johannes-Kommentare S. 343); vgl. dazu S. Bartina, Ignotum episemon gabex, VD 36, 1958, 16–37. Wenn man davon absieht, daß Euseb die dem Johannes eigentümliche Chronologie der gesamten Passion hätte bedenken müssen, kann man seine Erklärung als sehr scharfsinnig würdigen: eine Verschreibung von Γ zu ϛ ist nicht undenkbar.

[1] Diese unter dem Namen Augustins überlieferte Sammlung ist nach dem Aufweis von A. Souter, A Study of Ambrosiaster, 1905, 23–157, dem Ambrosiaster zuzuweisen. Zur Frage der verschiedenen Fassungen vgl. auch C. Martini, Ambrosiaster. De auctore, operibus, theologia, 1944. Nr. 25 und 26 dürften aus der früheren, 27 und 28 aus der späteren Fassung stammen.

Euangelium ordinatione colligitur magis quam tempore. Matthaeus
5 ergo primus ponendus est, quia ab ipsa promissione sumpsit initium,
id est ab Abraham, cui facta promissio est incarnationis domini nostri
Iesu Christi. post hunc Lucas, quia incarnationem hanc quo modo
facta est narrat. tertius Marcus, qui euangelium, quod praedicatum
est a Christo, testatur in lege promissum, quartus autem Iohannes,
10 quia hunc, qui promissus est Abrahae incarnandus et a Luca quem ad
modum incarnatus est dictum est et a Marco euangelium eius iuxta
Esaiae prophetiam praedicatum ostensum est, aperta uoce ostendit
deum dicens: *In principio erat uerbum et uerbum erat apud deum et*
deus erat uerbum.

27   ibidem LVI

QUARE IN MATTHAEO PATER IOSEF IACOB SCRIBITUR
ET IN LUCA HELI, UT AUT DUOS PATRES HABERE INPERITE
DESCRIPTUS SIT AUT CERTE, QUI UERE PATER EIUS SIT,
NESCIATUR?
5   1. Non est ambiguum patrem Iosef Iacob fuisse. ordo enim a Dauid
per Solomonem tramitem suum tenens recto cursu peruenit ad Iacob,
cuius filius est Iosef; Heli autem filius Matthiae, qui a Dauid per
Nathan, filium eiusdem Dauid, ordinem tenet usque ad tempus, quo
saluator aduenit. unde singuli euangelistae a Dauid singulorum fra-
10 trum generationum ordines prosecuti quasi furcam fecerunt, ut Ma-
thaeus a Dauid per Solomonem descenderet ad Iosef; Lucas uero ab
Heli, qui tempore fuit saluatoris, ascendit per traducem Nathan filii
Dauid et Heli et Iosef utriusque iunxit tribum ostendens unius generis
esse utrumque, ut, cum Heli sociat Iosef, non discrepare eos in
15 generatione, sed fratres ostendat, ac per hoc non solum Iosef filium

---

26, 5 s.   cf. Matth. 1, 1.
      6   cf. Gen. 12, 3; 18, 18.
      8 s.   cf. Marc. 1, 2.
      13 s.   Ioh. 1, 1.
27, 1   cf. Matth. 1, 16.
      2   cf. Luc. 3, 23 s.
      11   cf. Matth. 1, 6 ss.
      11 ss. cf. Luc. 3, 24 ss.

Das Evangelium wird mehr in sachlicher als in zeitlicher Ordnung zusammengestellt. Daher muß Matthäus als erster hingestellt werden, weil er bei der Verheißung selbst seinen Anfang nimmt, d. h. bei Abraham, dem die Verheißung der Menschwerdung unseres Herrn Jesu Christi gemacht wurde. Nach ihm kommt Lukas, weil er erzählt, wie diese Menschwerdung vor sich ging. Der dritte ist Markus[1]; er bezeugt, daß das Evangelium, das von Christus verkündigt wurde, im Gesetz verheißen ist. Der vierte aber ist Johannes, weil er den, dessen künftige Menschwerdung dem Abraham zugesagt wurde, und dessen tatsächliche Menschwerdung Lukas beschreibt und dessen Evangeliumsverkündigung als gemäß der Prophetie des Jesaja von Markus aufgezeigt wurde, ganz offen als Gott erweist, indem er sagt: *Am Anfang war das Wort und das Wort war bei Gott und Gott war das Wort.*

27   Ebenda Frage 56

Warum wird bei Matthäus Jakob als Vater Josephs angegeben, bei Lukas aber Heli, so daß er entweder fälschlich als Mensch mit zwei Vätern dargestellt wird oder aber unbekannt bleibt, wer wirklich sein Vater sei?

1. Es ist nicht zweifelhaft, daß Jakob der Vater Josephs war. Denn die Reihe, die von David über Salomo ihren Weg nimmt, läuft geradewegs auf Jakob zu, dessen Sohn Joseph ist; Heli aber ist Sohn des Matthias, der von David über Nathan, den Sohn desselben David, die Reihe hält bis zur Zeit der Ankunft des Heilands. Also sind die Evangelisten von David an der Reihe nach den einzelnen Brüdergenerationen nachgegangen und haben gleichsam eine Gabelung vorgenommen, so daß Matthäus von David über Salomo bis zu Joseph hinaufging, Lukas aber von Heli, dem Zeitgenossen des Heilands, abwärts führte über den Seitenzweig Nathan, eines Sohnes Davids, und er verband beider Stämme, des Heli und des Joseph, indem er zeigte, daß beide aus demselben Geschlecht seien, so daß er, indem er Heli mit Joseph verband, zeigte, daß sie keine unterschiedliche Abstammung hatten, sondern Brüder waren, und daß infolgedessen der Heiland nicht nur

---

[1] Diese Reihenfolge findet sich nur noch in einem griechischen Kanonsverzeichnis, das möglicherweise aus derselben Zeit stammt; vgl. E. v. Dobschütz, Eberhard Nestle's Einführung in das Griechische Neue Testament, 1923[4], 9. Allerdings hat schon Irenäus gelegentlich in dieser Anordnung zitiert (Adu. haereses III, 9, 1–11; 11.7; IV, 6, 1); vgl. J. Hoh, Die Lehre des hl. Irenäus über das Neue Testament, 1919, 16–18.

esse saluatorem, sed et Heli. ipsa enim ratione, qua Iosef filius dicitur
saluator, ipsa est et Heli filius et ceterorum omnium, qui de eadem
tribu sunt. hinc est quod dicit apostolus: *quorum patres et ex quibus*
Christus secundum carnem. diuino etenim nutu permotus Lucas est,
20 ut ab Heli per traducem Nathan ascenderet ad Dauid et per Tharam
patrem eius ascenderet ad Sem filium Noe et adhuc super diluuium
perueniret ad Seth filium Adae, qui redditus est pro Abel, et eadem
ratione faceret filium Adae saluatorem, qua dicebatur filius esse Iosef
et Heli, super Adam autem transcendens adsignaret ante omnem
25 carnem Christum filium esse dei.

2. Illud autem, quod quibusdam uidetur, quia Heli acceperit
uxorem Iacob, quo modo lex mandauit, ut, si quis mortuus fuisset
sine filiis, acciperet frater aut propinquus uxorem eius et resuscitaret
semen fratris sui, et ita factum, ut Heli generasset Iosef Iacob, cuius
30 uxorem acceperat, et per hoc iungi generationem, ut non inmerito
Iosef patrem habere Heli dicatur, hoc nec probabile est et ad nullam
rem proficit.

3. Illud autem, quod supra dictum est, et [per] generationem iungit
per duos fratres filios unius et Christum ostendit filium dei esse ante
35 omnem generationem. euangelista enim cum refert dicens: *et ipse Iesus*
erat incipiens fere annorum triginta, filius sicut putabatur Iosef, qui
fuit Heli, id est, Iesus filius aestimabatur Iosef et non solum Iosef erat
filius, sed et Heli. non quia Iosef filium dicit Heli, sed eodem genere,
quo Iosef uocabatur filius esse Iesus, ita erat etiam filius Heli, propter
40 quod fratrum filii erant Iosef et Heli, id est Solomonis et Nathan
filiorum Dauid, ut per Dauid ascendens ad Abraham et Noe et Seth
et ad ipsum Adam et super Adam doceat esse Christum filium dei.
cum enim dicit: *qui fuit filius Seth. qui fuit filius Adae, qui fuit filius*
dei, Christum utique ita dicit Adae filium, sicut dicebatur filius Iosef.
45 ait enim Maria ad Iesum: *fili, quid fecisti nobis? etenim ego et pater*
tuus maesti et tristes ambulantes quaerebamus te. super Adam autem

27, 18 s. Rom. 9, 5.
   27 ss. cf. Deut. 25, 5.
   35 ss. Luc. 3, 23 s.
   43 s. Luc. 3, 38.
   45 s. Luc. 2, 48.

27, 33   [per] *Souter.*

ein Sohn Josephs, sondern auch Helis war. Denn in derselben Weise, in der der Heiland Sohn Josephs genannt wird, ist er auch Sohn Helis und aller anderen, die aus demselben Stamme sind. Daher sagt der Apostel: *Ihrer sind die Väter und aus ihnen stammt Christus dem Fleische nach.* Auf göttlichen Wink hin ging Lukas von Heli über den Seitenzweig Nathan bis zu David hinab und über Tharam, dessen Vater, bis zu Sem, dem Sohn Noahs, und noch über die Sintflut hinaus zu Seth, dem Sohn Adams, der ihm anstelle des Abel gegeben wurde, et in derselben Weise machte er den Heiland zum Sohn Adams, in der er Sohn Josephs und Helis gennant wurde, und bezeichnete den Christus über Adam hinausgehend, vor allem Fleisch als Sohn Gottes.

2. Die Meinung, die manche akzeptieren, daß Heli die Frau Jakobs erhalten habe, entsprechend dem Gebot des Gesetzes, wenn einer ohne Söhne gestorben sei, solle sein Bruder oder Verwandter seine Frau erhalten und Nachkommen seines Bruders erwecken, und daß es so gekommen sei, daß Heli den Joseph für Jakob gezeugt habe, dessen Frau er erhalten habe, und daß dadurch die Geschlechterfolge verbunden sei, so daß Heli nicht zu Unrecht Joseph als Vater habe, diese Meinung ist weder wahrscheinlich noch nützt sie irgendetwas[1].

3. Das oben Ausgeführte jedoch verbindet die Sippe durch die zwei Brüder, die Söhne ein und desselben Mannes waren, und zeigt auf, daß Christus vor aller Zeugung der Sohn Gottes ist. Denn wenn der Evangelist sagt: *Und Jesus begann mit etwa 30 Jahren, wie man glaubte, ein Sohn Josephs, der Sohn Helis war,* so heißt das: Jesus wurde für einen Sohn Josephs gehalten, war aber nicht nur Sohn Josephs, sondern auch Helis. Nicht, daß er Joseph einen Sohn Helis nennt, sondern in derselben Weise, in der Jesus ein Sohn Josephs genannt wurde, war er auch Sohn Helis, da Joseph und Heli Söhne von Brüdern waren, nämlich Salomos und Nathans, der Söhne Davids, so daß er (sc. Lukas) über David zu Abraham, Noah, Seth und zu Adam selbst hinaufgeht und über Adam hinausgehend lehrt, daß Christus Sohn Gottes sei. Indem er nämlich sagt: *der ein Sohn des Seth war, der ein Sohn Adams war, der Gottes Sohn war,* nennt er gewiß Christus einen Sohn Adams, wie er auch Sohn Josephs genannt wurde. Maria sagt nämlich zu Jesus: *Sohn, was hast du uns angetan? Denn ich und dein Vater, wir sind betrübt und traurig umhergegangen und haben dich gesucht.* Über Adam hinausgehend aber verbindet er Christus mit Gott, dem Vater, so daß er vor jenen allen, deren Sohn er

---

[1] Polemik gegen Julius Afrikanus und seine Anhänger!

iungit Christum patri deo, ut qui horum, id est ab Adam usque ad
Iosef et Heli, filius dicebatur, ante istos omnes dei uerus filius intel-
legeretur, ad confusionem Fotini, qui Christum non nisi ex Maria nec
⁵⁰ ante fuisse contendit. quorum enim non erat, filius dicebatur et dei,
cuius uere filius erat, negabatur.

28   ibidem LXV

SI UNO ORE ET RATIONE EUANGELISTAE LOCUTI SUNT,
QUO MODO FACTUM EST UT TRIBUS DICENTIBUS, ID EST
MATTHAEO, LUCA ET IOHANNE, QUIA SEXTA HORA CRUCI
FIXUS EST DOMINUS, MARCUS E DIUERSO TERTIA HORA
⁵ CRUCI FIXUM DICAT SALUATOREM?

1. Obscuris uera inuoluere non est bonum. nam tres euangelistae
unum sensum habuerunt, Marcus autem rem, quae ab istis praetermissa fuerat, uoluit intimare sciens necessariam. nec enim falli posset,
qui auctorum exempla secutus ea quae scripsit magna deuotione et
¹⁰ industria didicit et nec sine sancto spiritu fuit. quid ergo ex hoc osten-
dere uoluit, debet absolui. contuendum itaque est, quia non a Pilato,
sed a Iudaeis saluator cruci fixus est. quantum autem ad leges Roma-
nas pertinuit, innocentem pronuntiauerunt saluatorem. ait enim Pilatus Iudaeis: *ego nullam inuenio causam in eo* et dicentibus eis: *cruci*
¹⁵ *fige eum*, respondit: *quid enim mali fecit?* denique persistens et uolens
educere eum de manibus eorum, calumniam passus est dicentibus eis:
*si hunc dimittis, non es amicus Caesaris. omnis enim qui se regem
facit, contradicit Caesari.* sic factum est ut traderet eum iudicio illorum. sententiam ergo non dedit Pilatus, sed Iudaei.
²⁰ 2. Denique praemoniti sunt, inquit, a principibus sacerdotum, ut
dicerent: *cruci figatur.* hanc sententiam tertia hora datam uult intellegi,
in qua assiduis uocibus perdurantes, interuallo tamen horarum fere
trium, quibus itum et reditum est ab Herode, cruci fixerunt saluatorem.

28, 3   cf. Matth. 27, 45; Luc. 23, 44; Ioh. 19, 14.
  4 s.   cf. Marc. 15, 25.
  14   Ioh. 18, 38; 19, 4.6.
  14 s.   Ioh. 19, 6; Matth. 27, 23; Marc. 15, 14; Luc. 23, 22.
  17 s.   Ioh. 19, 12.
  18 s.   Ioh. 19, 16.
  20 s.   cf. Matth. 27, 20; Marc. 15, 11.
  22 s.   cf. Luc. 23, 6–12.

genannt wird – nämlich von Adam bis zu Joseph und Heli – als der wahre Sohn Gottes erkannt werde, zur Beschämung des Photinus[2], der behauptet, Christus stamme lediglich von Maria ab, und habe nicht vorher existiert; er wurde also Sohn derer genannt, deren Sohn er nicht war, und als Sohn Gottes, der er wahrhaft war, geleugnet.

28   Ebenda Frage 65

Wenn die Evangelisten mit einem Mund und einem Sinn gesprochen haben, wie kam es dann, daß drei – nämlich Matthäus, Lukas und Johannes – sagen, der Herr sei zur sechsten Stunde gekreuzigt worden, während Markus im Gegensatz dazu sagt, der Heiland sei zur dritten Stunde gekreuzigt worden?

1. Wahres mit Dunklem zu verbinden ist nicht gut. Denn drei Evangelisten waren eines Sinnes. Markus aber wollte etwas mitteilen, das von den anderen ausgelassen worden war, das er aber für notwendig hielt. Irren könnte er sich nämlich nicht, da er nach dem Beispiel der Gewährsleute alles, was er schrieb, mit großer Ehrfurcht und mit Fleiß zur Kenntnis nahm und nicht ohne den heiligen Geist war. So muß also die Frage gelöst werden, was er denn dadurch zeigen wollte. Man muß darauf achten, daß der Heiland nicht von Pilatus. sondern von den Juden gekreuzigt wurde. Soweit es die römischen Gesetze betrifft, erklärten sie den Heiland für *unschuldig*. Denn Pilatus sagte zu den Juden: *Ich finde keine Schuld an ihm*, und als sie riefen: *Kreuzige ihn*, antwortete er: *Was hat er denn Böses getan?* Als er dabei blieb und ihn aus ihren Fängen herausholen wollte, wurde er schließlich von ihnen fälschlich angeklagt mit den Worten: *Wenn du diesen entläßt, bist du kein Freund des Caesar. Denn jeder, der sich zum König macht, widersteht dem Caesar.* So kam es, daß er ihn ihrem Urteil auslieferte. So fällte also nicht Pilatus das Urteil, sondern die Juden.

2. Schließlich wurden sie, so sagt er, von den Oberpriestern vorher instruiert, sie sollten rufen: *Er soll gekreuzigt werden!* Daß dieses Urteil zur dritten Stunde gefällt wurde, will er verständlich machen, als sie mit ihren ständigen Rufen ausharrten; aber erst nach einem Zeitraum von etwa drei Stunden, während derer man zu Herodes ging

---

[2] Photinus, Schüler des Marcell von Ankyra, war bis 351 Bischof von Sirmium. Er betonte die Einheit Gottes und hielt Jesus nur für einen (wunderbar geborenen?) Menschen, der zu göttlicher Würde gelangte. Vgl. A. v. Harnack, Lehrbuch der Dogmengeschichte II, 1909[4], 248A. 1; W. Schneemelcher, RGG[3], V, 362f.

omnis enim qui addicitur, ex eo iam mortuus conputatur, quo senten-
²⁵ tiam excipit. manifestauit igitur Marcus, quia non iudicis sententia
cruci fixus saluator est. difficile est enim innocentem probare eum, qui
sententia iudicis punitur. discordare ergo se passus in uerbo est, ut
doceret tertia hora coeptum esse, quod sexta hora impletum est, non
legibus, sed persistente maliuolentia Iudaeorum.

29   *Apollinaris Laodicenus*, Commentarius in Matthaeum (ante 390) fragmentum 46
     (ad Matth. 10, 9 s.) ed. J. Reuss, TU 61, 1957

’Ελευθέρους γὰρ πάντη καὶ ἀφρόντιδας ἀποδεῖξαι ⟨τοὺς⟩ τοῦ εὐαγγελίου
διακόνους βούλομαι μηδεμίᾳ σώματος ἕνεκα μερίμνη ταπεινουμένους. καὶ
ὁ μὲν Ματθαῖός φησιν καὶ ὁ Λουκᾶς μήτε ὑποδήματα μήτε ἱμάτιον μηδὲ
ῥαβδόν, ὃ δοκεῖ πάντων εὐτελέστατον εἶναι λαβεῖν, εἰς ὁδὸν ἔλησθε. Ὁ δὲ
⁵ Μᾶρκος ῥάβδον δοκεῖ ἐπιτρέπειν αὐτοῖς λαμβάνειν καὶ ὑποδεδέσθαι σανδάλια ἔν τισι τῶν ἀντιγράφων. Ἐν ἄλλοις γάρ φησιν, ὅτι παρήγγειλεν αὐτοῖς
ἵνα μηδὲν αἴρωσιν εἰς ὁδόν, μήτε ῥάβδον μήτε πήραν μήτε ἄρτον μήτε εἰς
τὴν ζώνην χαλκὸν μήτε ὑποδεδεμένους σανδάλια.

30   ibidem fragmentum 100 (ad Matth. 19, 28 s.)

Ἔστι δὲ νῦν ἡ τῶν πολλαπλασίων ἀπόλαυσις κατὰ τὴν κοινωνίαν, οὐ κατὰ
τὴν κτῆσιν· ὥσπερ δὲ προτέθεικεν ὁ σωτὴρ τὰ τῶν ἀδελφῶν ἅπαντα τοῖς

29, 3   Matth. 10, 9; Luc. 9, 3.
   5 s.   cf. Marc. 6, 8 s.
   6 s.   cf. Marc. 6, 8 s. *uar. lect.*

und wieder zurückkehrte, kreuzigten sie den Heiland[1]. Denn jeder, dem das Urteil gesprochen wird, wird von dem Augenblick an als Toter gerechnet, da er den Urteilsspruch entgegennimmt. Markus hat also offenbar gemacht, daß der Heiland nicht auf Grund richterlichen Urteils gekreuzigt wurde. Denn es wäre schwierig, einen als unschuldig zu erweisen, der auf Grund richterlichen Urteils bestraft wird. So hat er es hingenommen, dem Wortlaut nach (zu den anderen Evangelisten) in Widerspruch zu stehen, um zu zeigen, daß zur dritten Stunde begonnen wurde, was zur sechsten Stunde vollendet wurde, und zwar nicht auf Grund der Gesetze, sondern auf Grund der andauernden Böswilligkeit der Juden[2].

Apollinaris von Laodicea

29 Matthäus-Kommentar Fragment 46 (zu Matth. 10, 9f.)

Ich will die Diener des Evangeliums in jeder Hinsicht frei und unbesorgt machen und auch nicht gedrückt von irgendeiner Sorge um den Leib. Matthäus und Lukas sagen: *Nehmt unterwegs weder Sandalen noch ein Gewand noch einen Stab,* was doch von allen am leichtesten zu nehmen scheint. Markus dagegen scheint ihnen die Mitnahme eines Stabs und das Anziehen von Sandalen in einigen Abschriften zu erlauben[1]; denn in anderen Abschriften heißt es: *Er trug ihnen auf, nichts auf den Weg mitzunehmen, weder einen Stab noch einen Ranzen, noch Brot noch Geld in den Beutel, noch Sandalen anziehen[2].*

30 Ebenda Fragment 100 (zu Matth. 19, 28f.)

Der jetzige Genuß der vielfachen Güter geschieht in der Gemeinschaft, nicht im Eigenbesitz; wie der Herr angeordnet hat, daß das Besitztum der Brüder ganz für diejenigen da sein solle, welche für das

---

[1] Hier widerspricht der Ambrosiaster natürlich dem klaren Wortlaut des Markus.
[2] Diese Lösung kehrt wieder bei Augustin, De consensu euangelistarum III, 13, 42–49.
[1] Die Lesart, die auch die Mitnahme eines Stocks verbietet, ist ebenso wie das Verbot von Sandalen nur im Codex Koridethianus und in der Minuskel 565 zu finden (vgl. den kritischen Apparat der Ausgabe H. v. Sodens). Das ist zweifellos eine harmonisierende Angleichung an Luk. 9, 3.
[2] Die Kürze des Fragments läßt nicht erkennen, wie Apollinaris über das textkritische Problem urteilt. Immerhin sehen wir einen gründlichen Exegeten am Werk.

ὑπὲρ τοῦ εὐαγγελίου στρατευομένοις οὕτως καὶ οἰκίας πολλὰς καὶ ἀδελφοὺς
καὶ ἀδελφὰς καὶ μητέρας καὶ τέκνα καὶ ἀγροὺς ὕπαρξιν τοῖς τὰ ἴδια
5 καταλείπουσιν, ὅτι ἡ ἀγάπη πᾶσαν ἐπλήρωσεν οἰκειότητα καὶ πᾶσαν
χρείαν. Προστέθεικεν δὲ ὁ Λουκᾶς καὶ περὶ γυναικός· τοῦτο δὲ κατὰ τὸν
Παῦλον κελεύοντα τιμᾶν πρεσβυτέρας μὲν ὡς μητέρας, νεωτέρας δὲ ὡς
ἀδελφὰς ἐν πάσῃ ἁγνείᾳ.

31   ibidem fragmentum 106 (ad Matth. 21, 12 s.)

Περὶ τῶν χρόνων οὐ πάνυ τοῖς τρισὶν εὐαγγελισταῖς ἐμέλησεν ἐν τῇ
διηγήσει τῆς ἀνόδου εἰς τὴν Ἰερουσαλήμ· ὁ γὰρ Ἰωάννης ἀκριβέστερον
τοῦτο προϊστορήσας ἐν τῇ πρώτῃ ἀνόδῳ ταῦτα πεπρᾶχθαί φησιν καὶ ἐν
τρίτῳ πάσχα τὸ πάθος ἱστορεῖ. Τοῦ οὖν ἱστορῆσαι τὸ πρᾶγμα μόνον
5 ἐμέλησεν αὐτοῖς καὶ τὰς διαφόρους ἀνόδους μίαν πεποιήκασιν.

32   ibidem fragmentum 130 (ad Matth. 26, 17 s.)

Μᾶρκος δὲ καὶ ὁ Λουκᾶς οὐκ εἶπον αὐτὸν εἰρηκέναι, ὅτι ἔδομαι τὸ πάσχα
ὡς ἕτερός φησίν, ἀλλὰ ποῦ ἐστιν τὸ κατάλυμα, ὅπου τὸ πάσχα μετὰ τῶν
μαθητῶν μου φάγω. Δύναται δὲ ταῦτα τὴν παρασκευὴν τοῦ πάσχα δηλοῦν,
οὐ τὴν βρῶσιν· ὁ γὰρ Ἰωάννης δηλοῖ κατὰ τὴν τοῦ πάσχα ἡμέραν μήπω τὸ
5 πάσχα βρωθὲν ὑπὸ Ἰουδαίων, ἐπειδήπερ ὡς ἐλέγομεν ἐχρῆν κατὰ τὴν
αὐτὴν ἡμέραν καὶ ὥραν τό τε τυπικὸν πάσχα καὶ τὸ ἀληθὲς ἐπιτελεσθῆναι.
Οὐδέπω δὲ ἔμελλεν τῷ ἀνθρώπῳ δηλοῦν, ὅτι παρασκευάζεται μὲν τὸ
πάσχα, πρὸ δὲ τῆς γνώσεως αὐτοῦ ἔδει πάσχα, εἰ μή τι καὶ τοῦτο
ὑπεσήμηνεν εἰπὼν ὁ καιρός μου ἐγγύς ἐστιν. Δηλοῖ δὲ καὶ ἐν αὐτῷ ⟨τῷ⟩
10 δείπνῳ, ὅτι ὁ βέβρωκεν αὐτὸς τὸ δεῖπνον· λέγει γὰρ ὁ Λουκᾶς· ὅτε

30, 2 s.   cf. Marc. 10, 30.
     6   cf. Luc. 18, 29.
     7 s.   cf. 1. Tim. 5, 2.
31, 2 s.   cf. Ioh. 2, 13 ss.
     4   cf. Ioh. 18/19.
32, 1   cf. Marc. 14, 14; Luc. 22, 11.
     2 s.   Luc. 22, 11.
     3 s.   Ioh. 19, 14.
     4 s.   Ioh. 18, 28; 19, 14.
     9   Matth. 26, 18.
     10 ss.   Luc. 22, 14–16.

Evangelium im Einsatz stehen, so auch viele Häuser und Brüder und
Schwestern und Mütter und Kinder und Äcker als Besitz für die,
welche ihr Eigentum verlassen haben, denn die Liebe erfüllt jede Verwandtschaft und jeden Bedarf. Lukas hat aber auch die Ehefrau hinzugefügt; dies hat er im Sinne des Paulus getan[1], der befiehlt, man solle
die älteren Frauen wie Mütter, die jüngeren aber wie Schwestern in
aller Heiligkeit verehren.

31   Ebenda Fragment 106 (zu Matth. 21, 12f.)

Um die Chronologie haben sich die drei Evangelisten gar nicht gekümmert bei ihrem Bericht vom Aufstieg nach Jerusalem; denn Johannes hat dies genauer vorher schon berichtet und sagt, es sei beim ersten
Aufstieg geschehen und das Leiden erzählt er beim dritten Passa. Ihnen
lag also nur daran, den Vorfall zu berichten, und aus den verschiedenen Aufstiegen haben sie einen einzigen gemacht[1].

32   Ebenda Fragment 130 (zu Matth. 26, 17f.)

Markus und Lukas sagen nicht, er habe gesagt «Ich esse das Passa»
wie es ein anderer sagt, sondern: *Wo ist die Herberge, in der ich das
Passa mit meinen Jüngern essen kann.* Dies kann die Zurüstung zum
Passa andeuten, nicht aber das Essen (selbst); denn Johannes macht
klar, daß am Passatag nicht das Passa von den Juden gegessen wurde,
da ja – wie gesagt – an jenem Tag und zu jener Stunde das urbildliche
und wahrhaftige Passa erfüllt werden mußte. Er konnte jenem Menschen noch nicht klarmachen, daß zwar das Passa vorbereitet wird,
vor seiner Erkenntnis aber erst Passa sein mußte, es sei denn, er habe
es angedeutet mit den Worten: *Meine Stunde ist nahe.* Er zeigt dies
auch beim Mahl selbst an, daß das, was er aß, eine Mahlzeit war[1];
denn Lukas sagt: *Als die Stunde kam, legte er sich nieder, und die*

---

[1] Hier könnte die alte Theorie von der Verbindung des Lukas zu Paulus im
Hintergrund stehen.

[1] In dieser grundsätzlichen Bevorzugung der johanneischen Chronologie trifft sich
Apollinaris mit seinem antiochenischen Schulgenossen Theodor von Mopsuestia
(vgl. Nr. 36).

[1] Im folgenden Fragment (Nr. 131 Reuss) zieht Apollinaris auch Joh. 13 zur
Stützung seiner These heran, wo ja das Abschiedsmahl in der Tat kein Passa-
mahl ist.

ἐγένετο ὥρα, ἔπεσεν, καὶ οἱ ιβ' ἀπόστολοι σὺν αὐτῷ. καὶ εἶπεν πρὸς
αὐτούς· ἐπιθυμίᾳ ἐπεθύμησα τοῦτο τὸ πάσχα φαγεῖν μεθ' ὑμῶν πρὸ τοῦ με
παθεῖν· λέγω γὰρ ὑμῖν οὐ μὴ φάγω αὐτὸ ἕως οὗ πληρωθῇ ἐν τῇ βασιλείᾳ
τοῦ θεοῦ· οὐ γὰρ εἶπεν οὐκέτι μὴ φάγω αὐτὸ ἀλλ' οὐ μὴ φάγω δηλῶν μὲν
15 τὴν συμπάθειαν αὐτοῦ τὴν εἰς τοὺς μαθητάς, ὅτι ᾤκτιρεν αὐτοὺς μέλλοντας
τὴν ἑορτὴν ἀνεόρταστον ἕξειν τῇ ἀπολείψει αὐτοῦ· τοῦτο γὰρ τὸ ἐπεθύμησα μεθ' ὑπῶν φαγεῖν τὸ πάσχα πρὸ τοῦ με παθεῖν, ἐπιφέρων δέ, ὅτι λύπην
ἕξουσιν καὶ προτιμήσει τῆς ἐκείνων εὐθυμίας τὸ καὶ αὐτοῖς καὶ παντὶ
κόσμῳ συμφέρον τὸ μὴ φαγεῖν τὸ πάσχα, ἀλλ' αὐτὸν πάσχα γενέσθαι, οὗ ἡ
20 πλήρωσίς ἐστιν ἐν τῇ βασιλείᾳ τοῦ θεοῦ, ὅτε παντελῶς ὑπερβαίνει
θάνατον· τοῦτο γὰρ ἡ λέξις τοῦ πάσχα δηλοῖ ὑπέρβασιν σημαίνουσα.

33   Apollinaris Laodicenus, Commentarius in Iohannem (ante 390) fragmentum 132,
        ed J. Reuss, TU 89, 1966 (ad Ioh. 18, 1 ss.)

Προσεκτέον τὸν Ἰωάννην παριόντα τὴν ἱστορίαν τὴν περὶ τῆς ἀδημονίας
καὶ λύπης τοῦ κυρίου, ἣν οὐ παραλελοίπασιν οἱ ἄλλοι, ἀλλ', ὅπερ ἔφην, ἐπὶ
τὴν τῆς θεότητος δήλωσιν μᾶλλον ἢ τούτου ῥέπει γραφὴ ἅτε τῆς
ἀνθρωπότητος ἱκανῶς προεγνωσμένης, λέγει δὲ τὰ μὲν ἀνθρώπινα μᾶλλον
5 ἐξ ἐπιδρομῆς, σαφέστερον δὲ τὰ τῆς θεότητος τεκμήρια τῆς ἀνοίας ⟨ἕνεκα⟩.

34   ibidem fragmentum 135 (ad Ioh. 18, 28)

Σαφῶς παρὰ τοῖς ἄλλοις εὐαγγελισταῖς δεδηλωμένην τὴν τοῦ πάθους
ἡμέραν ἔοικε σαφῶς ὁ Ἰωάννης ἀποδεῖξαι βούλεσθαι· πρὸ γὰρ »τῆς
ἑορτῆς τοῦ πάσχα« τὸ δεῖπνον εἶναι τὸ πρὸ τῆς παραδόσεως ἱστόρηκεν, ἀφ'
οὗ καὶ ἀναστὰς παρεδόθη, καὶ μήπω τὸ πάσχα βεβρῶσθαι, ἡνίκα αὐτὸς
5 ἔπασχεν, ὥστε συνενεχθῆναι τὸν καιρὸν τῆς τοῦ προβάτου σφαγῆς καὶ τοῦ
θανάτου Χριστοῦ. Ἑσπερινὸς μὲν γὰρ ὁ καιρός, ἐν ᾧ τὸ πνεῦμα παρέδωκεν ὁ

---

         14   Luc. 22, 16.
        16 s.   Luc. 22, 15.
         20   Luc. 22, 16.
    33, 1 s.   cf. Matth. 26, 36–46; Marc. 14, 32–42; Luc. 22, 39–46.
    34, 2 s.   cf. Ioh. 13, 1.
          6   Ioh. 19, 30.

zwölf Apostel mit ihm. Und er sagte zu ihnen: Ich habe heftiges Ver-
langen gehabt, dieses Passa vor meinem Leiden mit euch zu essen;
denn ich sage euch: ich werde es nicht essen bis ich in der Gottesherr-
schaft vollendet werde. Er sagt nämlich nicht: «ich werde es nicht mehr
essen», sondern «ich werde es nicht essen» und zeigt damit sein Mit-
leiden mit den Jüngern; denn er bemitleidete sie, weil sie das Fest nicht
feiern würden auf Grund seines Todes. Dies meint das Wort: *Ich habe*
so sehr danach verlangt, dieses Passa mit euch zu essen vor meinem
Leiden, wobei er hinzufügt, sie würden traurig sein, aber er werde
ihrer Heiterkeit das vorziehen, was für sie selbst und die ganze Welt
nützlich sei, nämlich das Passa nicht zu essen, sondern er selbst werde
das Passa, dessen Vollendung in der Gottesherrschaft sein werde, wenn
er vollkommen den Tod überschreitet; denn dieses zeigt das Wort
Passa an, das ein Überschreiten bedeutet[2].

33 *Apollinaris von Laodicea,* Johannes-Kommentar Fragment 132 (zu Joh. 18, 1–4)

Es muß bemerkt werden, daß Johannes die Geschichte von der
Angst und Trauer des Herrn übergeht, die die anderen nicht ausgelassen haben; aber seine Schrift befaßt sich, wie ich schon sagte, mehr
mit der Offenbarung seiner Göttlichkeit, da ja die Menschlichkeit
schon hinreichend bekannt gemacht war; so erzählt er die menschlichen Dinge mehr im Vorbeigehen, genauer aber die Beweise für die
Göttlichkeit, um der Unwissenheit willen[1].

34 Ebenda Fragment 135 (zu Joh. 18, 28)

Den deutlich bei den anderen Evangelisten angegebenen Tag des
Leidens scheint auch Johannes deutlich aufzeigen zu wollen; denn er
erzählt, daß das Mahl vor dem Verrat vor dem Passatag stattgefunden
habe, das Mahl nach welchem er verraten wurde, und daß noch nicht
das Passa gegessen worden sei, als er litt, so daß der Zeitpunkt der
Schlachtung des Lammes und des Todes Christi zusammenfallen. Dies

---

[2] Diese Erklärung findet sich auch bei anderen Kirchenvätern, s. G. W. H. Lampe,
1438; andere Väter bringen Passa mit διάβασις = Durchgang in Verbindung
(ebd., S. 344).
[1] Apollinaris greift hier die redaktionsgeschichtliche Betrachtung auf, die uns
schon bei Origenes (vgl. Nr. 11) begegnet ist.

ἀληθινὸς ἀμνὸς ὥρᾳ τῆς ἡμέρας ἐνάτῃ, ἐσπερινὴ δὲ καὶ ἡ τοῦ προβάτου
σφαγὴ κατὰ τὸν νόμον, ὥστε καθ᾽ ἣν ἡμέραν τε καὶ ὥραν προετυποῦτο τὸ
πρᾶγμα κατ᾽ αὐτὴν ἐπιτελεῖσθαι. Καὶ οὐκ ἐδυνήθησαν ἀποφυγεῖν οἱ Ἰουδαῖ-
10 οι μὴ οὐχὶ κατὰ τὴν ἑορτὴν ἐπιτελέσαι τὸ πρᾶγμα, καίτοιγε φυλαττόμενοι
καὶ λέγοντες· *μὴ ἐν τῇ ἑορτῇ, ἵνα μὴ θόρυβος γένηται ἐν τῷ λαῷ.* Ἔστιν οὖν
ὑπολαβεῖν καὶ περὶ τῶν ἄλλων εὐαγγελιστῶν, ὅτι πρώτην τῶν ἀζύμων τὴν
πρὸ τῶν ἀζύμων καλοῦσιν, τοῦτ᾽ ἔστιν τὴν τρισκαιδεκάτην καὶ ὅτι προη-
τοιμάσθη μὲν κατ᾽ αὐτοὺς ἐν ταύτῃ τὸ πάσχα ὑπὸ τῶν μαθητῶν, τὸ δὲ
15 δεῖπνον οὐκ ἦν ἡ τοῦ πάσχα βρῶσις· οὕτω γὰρ εἰς ταὐτὰ συνδραμοῦνται
τῷ Ἰωάννῃ, συνδραμεῖται δὲ μάλιστα καὶ ἡ τοῦ Ματθαίου φωνή, ἣν
ἀπεμνημόνευσεν εἰπόντος τοῦ κυρίου· *οἴδατε ὅτι μετὰ δύο ἡμέρας τὸ
πάσχα γίνεται, καὶ ὁ υἱὸς τοῦ ἀνθρώπου παραδίδοται εἰς τὸ σταυρωθῆναι*
ὡς κατὰ ταύτην τὴν ἡμέραν καὶ τοῦ πάσχα τυθησομένου καὶ αὐτοῦ
20 σταυρωθησομένου.

---

35   *Epiphanius,* Panarion haereseon (374–377) 51, 4, 5 – 12, 6, ed. K. Holl, GCS 31,
     1922

Φάσκουσι γὰρ καθ᾽ ἑαυτῶν, οὐ γὰρ εἴποιμι κατὰ τῆς ἀληθείας, ὅτι οὐ
συμφωνεῖ τὰ αὐτοῦ βιβλία τοῖς λοιποῖς ἀποστόλοις. Καὶ δοκοῦσι λοιπὸν
ἐπιλαμβάνεσθαι τῆς ἁγίας καὶ ἐνθέου διδασκαλίας. Καὶ τί, φησίν, εἶπεν· ὅτι 6
ἐν ἀρχῇ ἦν ὁ Λόγος, καὶ ὁ Λόγος ἦν πρὸς τὸν θεόν, καὶ θεὸς ἦν ὁ Λόγος καὶ
5 *ὅτι ὁ Λόγος σὰρξ ἐγένετο καὶ κατεσκήνωσεν ἐν ἡμῖν καὶ εἴδομεν τὴν δόξαν*
αὐτοῦ, δόξαν ὡς μονογενοῦς παρὰ πατρός, πλήρης χάριτος καὶ ἀληθείας

34, 7   cf. Matth. 27, 46; Exod. 12, 1 ss.
  11   Matth. 26, 5.
  12 s.   cf. Matth. 26, 17; Marc. 14, 12; Luc. 22, 7.
  17 s.   Matth. 26, 2.
35, 4   Ioh. 1, 1.
  5 s.   Ioh. 1, 14.

ist die Abendstunde, in der das wahre Lamm den Geist aufgab, und zwar die neunte Stunde, am Abend findet aber auch die Schlachtung des Lammes nach dem Gesetz statt, so daß das Ereignis seine Vollendung findet an demselben Tag und zu derselben Stunde, wo es vorabgebildet worden war[1]. Und die Juden konnten dem nicht entgehen, daß das Ereignis am Fest vollendet wurde, obwohl sie sich davor hüteten und sagten: *Ja nicht am Fest, daß nicht ein Aufruhr im Volk entstehe.* Man muß also hinsichtlich der anderen Evangelisten annehmen, *daß sie als ersten Tag der ungesäuerten Brote* den Tag vor dem Fest der ungesäuerten Brote bezeichnen, d. h. den 13. (Nisan) und daß nach ihrer Darstellung an diesem Tag das Passa von den Jüngern vorbereitet wurde, das Mahl selbst aber noch nicht das Essen des Passa gewesen sei. Auf diese Weise gehen sie mit Johannes einig, insbesondere aber geht die Aussage des Matthäus mit ihm einig, die erwähnt, der Herr habe gesagt: *Ihr wißt, daß in zwei Tagen das Passa ist, und der Menschensohn wird zur Kreuzigung ausgeliefert*; danach sollte am gleichen Tag das Passa geschlachtet und er selbst gekreuzigt werden[2].

Epiphanius

35   Arzneikasten der Häresien 51, 4, 5 – 12, 6

4, 5. Sie[1] sagen aber gegen sich selbst – ich möchte nämlich nicht sagen: gegen die Wahrheit –, daß seine (des Johannes) Bücher nicht mit denen der übrigen Apostel übereinstimmen. Und damit scheinen sie bei der heiligen und göttlichen Lehre zu beharren. 6. Und was, so heißt es, sagt er? *Am Anfang war das Wort, und das Wort war bei Gott, und Gott war das Wort.* Und: *Das Wort ward Fleisch und zeltete unter uns, und wir sahen seine Herrlichkeit, eine Herrlichkeit, wie sie der einziggeborene Sohn vom Vater hat, voller Gnade und Wahrheit,*

---

[1] Die typologische Auslegung des Passa auf das Leiden Jesu findet sich bereits 1. Kor. 5, 6–8. Zur Typologie vgl. L. Goppelt, Typos, 1969[2]; dazu R. Bultmann, Ursprung und Sinn der Typologie als Hermeneutischer Methode, Exegetica, 1967, 369–380.

[2] Diese gequälte Harmonisierung steht im Widerspruch zu der im vorigen Fragment gezeigten Freiheit, die johanneische Chronologie der synoptischen vorzuziehen. Vgl. auch das Fragment 130 des Matthäus-Kommentars (Nr. 32).

[1] Epiphanius wendet sich gegen die Häresie der Aloger, die das Johannesevangelium und die Apokalypse verwerfen.

καὶ εὐθὺς Ἰωάννης μαρτυρεῖ καὶ κέκραγε λέγων ὅτι οὗτός ἐστιν ὃν εἶπον [7]
ὑμῖν καὶ ὅτι οὗτός ἐστιν ὁ ἀμνὸς τοῦ θεοῦ, ὁ αἴρων τὴν ἁμαρτίαν τοῦ
κόσμου· καὶ καθεξῆς φησι καὶ εἶπον αὐτῷ οἱ ἀκούσαντες, Ῥαββί, ποῦ
10 μένεις; ἅμα δὲ ἐν ταὐτῷ τῇ αὔριον, φησίν, ἠθέλησεν ἐξελθεῖν εἰς τὴν [8]
Γαλιλαίαν καὶ εὑρίσκει Φίλιππον καὶ λέγει αὐτῷ ὁ Ἰησοῦς, ἀκολούθει μοι·
καὶ μετὰ τοῦτο ὀλίγῳ πρόσθεν φησίν καὶ μετὰ τρεῖς ἡμέρας γάμος ἐγένετο [9]
ἐν Κανᾷ τῆς Γαλιλαίας, καὶ ἐκλήθη ὁ Ἰησοῦς καὶ οἱ μαθηταὶ αὐτοῦ εἰς τὸ
δεῖπνον τοῦ γάμου καὶ ἦν ἐκεῖ ἡ μήτηρ αὐτοῦ. Οἱ δὲ ἄλλοι εὐαγγελισταὶ
15 φάσκουσιν αὐτὸν ἐν τῇ ἐρήμῳ πεποιηκέναι τεσσαράκοντα ἡμέρας, πειραζό- [10]
μενον ὑπὸ τοῦ διαβόλου, καὶ τότε ὑποστρέψαντα παραλαβεῖν τοὺς μαθητάς.
Καὶ οὐκ οἴδασιν οἱ ἀπαρακολούθητοι ὅτι ἑκάστῳ εὐαγγελιστῇ μεμελέτηται [11]
συμφώνως μὲν τοῖς ἑτέροις λαλῆσαι τὰ ὑπ’ ἐκείνων εἰρημένα, ἅμα δὲ τὰ μὴ
ὑπ’ ἐκείνων ῥηθέντα, παραλειφθέντα δὲ οὕτως ἀποκαλύψαι· οὐ γὰρ ἦν
20 αὐτῶν τὸ θέλημα, ἀλλὰ ἐκ πνεύματος ἁγίου ἡ ἀκολουθία καὶ ἡ διδασκαλία.
Εἰ γὰρ τούτου βούλονται ἐπιλαμβάνεσθαι, μαθέτωσαν ὅτι οἱ ἄλλοι τρεῖς οὐκ [12]
ἀπὸ τῆς αὐτῆς ἐνήρξαντο ἀκολουθίας. Ματθαῖος γὰρ πρῶτος ἄρχεται
εὐαγγελίζεσθαι. Τούτῳ γὰρ ἦν ἐπιτετραμμένον τὸ εὐαγγέλιον κηρῦξαι ἀπ’
ἀρχῆς, ὡς καὶ ἐν ἄλλῃ αἱρέσει περὶ τούτου διὰ πλάτους εἰρήκαμεν· οὐδὲν δὲ
25 ἡμᾶς λυπήσει καὶ αὖθις περὶ τῶν αὐτῶν διαλαβεῖν, εἰς παράστασιν ἀληθείας καὶ ἔλεγχον τῶν πεπλανημένων.

    5. Οὗτος τοίνυν ὁ Ματθαῖος καταξιοῦται ⟨πρῶτος κηρῦξαι⟩ τὸ εὐαγγέ- [5,1]
λιον, ὡς ἔφην, καὶ δικαιότατα ἦν. Ἔδει γὰρ τὸν ἀπὸ πολλῶν ἁμαρτημάτων
ἐπιστρέψαντα καὶ ἀπὸ τοῦ τελωνείου ἀναστάντα καὶ ἀκολουθήσαντα τῷ
30 ἐλθόντι ἐπὶ σωτηρίᾳ τοῦ γένους τῶν ἀνθρώπων καὶ λέγοντι οὐκ ἦλθον
καλέσαι δικαίους, ἀλλὰ ἁμαρτωλοὺς εἰς μετάνοιαν, εἰς ὑπόδειγμα ἡμῖν τοῖς
μέλλουσι σῴζεσθαι ⟨ὁμοίως⟩ τῷ ἐν τῷ τελωνείῳ ἀναχθέντι καὶ ἀπὸ ἀδικίας
ἀναστρέψαντι, ⟨πρῶτον⟩ παρασχέσθαι τὸ κήρυγμα τῆς σωτηρίας, ἵνα ἀπ’
αὐτοῦ μάθωσιν οἱ ἄνθρωποι τὴν τῆς παρουσίας φιλανθρωπίαν. Μετὰ γὰρ [2]

---

7   Ioh. 1, 15.
8 s.   Ioh. 1, 29.
9 s.   Ioh. 1, 38.
10 s.   Ioh. 1, 43.
12 ss. Ioh. 2, 1 s.
15 s.   cf. Matth. 4, 1 ss; Mk. 1, 12 ss; Luc. 4, 1 ss.
29   cf. Matth. 9, 9 s.
30 s.   Luc. 5, 32; Matth. 9, 13 *uar. lect.*

35, 16   παραλαβεῖν *Holl*: καὶ παραλαβόντα *codd.*
18   ἅμα δὲ *Holl*: ἄλλα δὲ ⟨δὴ⟩ *codd.*
27   ⟨πρῶτος κηρῦξαι⟩ *Holl.*
30   τοῦ γένους *Holl*: τῷ γένει *codd.*
32   ⟨ὁμοίως⟩ *Holl.*
33   ⟨πρῶτον⟩ *Holl.*

und dann sofort: 7. *Johannes legt Zeugnis ab und ruft: Dieser ist es,
von dem ich euch gesagt habe,* und: *Dieser ist das Lamm Gottes, das
der Welt Sünde trägt.* Und unmittelbar darauf sagt er: *Und diejenigen,
welche ihn gehört hatten, sprachen: Rabbi, wo hast du deine Bleibe?*
8. Und gleich darauf: *Am nächsten Tag wollte er nach Galiläa weg-
gehen und findet Philippus. Und Jesus spricht zu ihm: Folge mir nach!*
9. Und nach einigen weiteren Sätzen sagt er: *Und nach drei Tagen war
eine Hochzeit im galiläischen Kana, und Jesus war zum Hochzeitsmahl
eingeladen und seine Jünger, und die Mutter Jesu war dort.* 10. Die
anderen Evangelisten aber berichten, daß er vierzig Tage in der Wüste
verbracht habe und vom Teufel versucht worden sei, und dann sei er
zurückgekehrt und habe die Jünger angenommen. 11. Diejenigen,
welche hier nicht folgen können, wissen nicht, daß jedem Evangelisten
daran gelegen war, übereinstimmend mit den anderen das von ihnen
Berichtete zu bringen, gleichzeitig aber das, was jene nicht berichtet,
sondern ausgelassen haben, kundzutun[2]; denn es ging nicht nach ihrem
Willen, sondern die Anordnung und die Lehre stammte vom heiligen
Geist. 12. Wenn sie bei diesem verharren wollen, dann sollen sie
lernen, daß die drei anderen auch nicht in der gleichen Reihenfolge
anfangen. Matthäus nämlich beginnt als erster das Evangelium zu verkündigen. Denn ihm war es aufgetragen, das Evangelium von Anfang
an zu verkündigen, wie wir anläßlich einer anderen Häresie[3] über ihn
ausführlich dargelegt haben; aber es bekümmert uns überhaupt nicht,
nochmals über dieselben Fragen zu handeln, um die Wahrheit zu
bekräftigen und die Verirrten zurechtzuweisen.

5, 1. Dieser Matthäus also wird als erster gewürdigt, das Evangelium zu verkündigen, wie ich schon sagte, und das war auch vollkommen richtig. Den es geziemte sich, daß der, der sich von vielen
Sünden bekehrte und vom Zoll aufstand und dem nachfolgte, der zum
Heil des Menschengeschlechts kam und sagt: *Ich bin nicht gekommen,
um Gerechte, sondern Sünder zur Buße zu rufen,* ein Vorbild für uns,
die wir ähnlich gerettet werden sollen wie der, der vom Zoll aufbrach
und sich von der Ungerechtigkeit abwandte, als erster die Heilsbot-
schaft darbiete, damit die Menschen von ihm die Menschenfreundlich-
keit der Gegenwart Gottes lernten. 2. Denn nach der Sündenvergebung

---

[2] Hier finden wir wieder die Ergänzungstheorie, die bei Euseb (Nr. 19) zum ersten
Mal sicher greifbar ist.
[3] Vgl. Panarion 29, 9, 4; 30, 3, 7.

35 τὴν ἄφεσιν τῶν ἁμαρτιῶν ἐδωρήσατο αὐτῷ καὶ ἀνάστασιν νεκρῶν καὶ
κάθαρσιν λέπρας καὶ ἰαμάτων δυνάμεις καὶ ἀπέλασιν δαιμονίων, ἵνα μὴ
μόνον ἀπὸ τοῦ λόγου πείσῃ τοὺς ἀκούοντας, ἀλλὰ καὶ ἀπ᾽ αὐτοῦ τοῦ ἔργου
⟨δύνηται⟩ κηρῦξαι εὐαγγέλια, τοῖς ἀπολλυμένοις ὅτι σωθήσονται διὰ
μετανοίας καὶ τοῖς πεπτωκόσιν ὅτι ἀναστήσονται καὶ τοῖς τεθνεῶσιν ὅτι
40 ζωογονηθήσονται. Καὶ αὐτὸς μὲν οὖν ὁ Ματθαῖος Ἑβραϊκοῖς γράμμασι ³
γράφει τὸ εὐαγγέλιον καὶ κηρύττει, καὶ ἄρχεται οὐκ ἀπ᾽ ἀρχῆς, ἀλλὰ
διηγεῖται μὲν τὴν γενεαλογίαν ἀπὸ τοῦ Ἀβραάμ· Ἀβραάμ, φησίν, ἐ-
γέννησε τὸν Ἰσαὰκ καὶ Ἰσαὰκ τὸν Ἰακὼβ καὶ τὰ ἑξῆς ἄχρι τοῦ Ἰωσὴφ καὶ
Μαρίας. Καὶ ἀπ᾽ ἀρχῆς τάττει λέγων βίβλος γενέσεως Ἰησοῦ Χριστοῦ υἱοῦ ⁴
45 Δαυίδ, εἶτά φησιν υἱοῦ Ἀβραάμ, εἶτα ἐλθὼν ἐπ᾽ αὐτὸ τὸ ζητούμενόν φησι
τοῦ δὲ Ἰησοῦ Χριστοῦ ἡ γέννησις οὕτως ἦν . . .

Ποῦ οὖν ἡ πραγματεία τοῦ Ζαχαρίου, ποῦ τὰ τῷ Λουκᾷ πεπραγματευμέ- ⁹
να; ποῦ ἡ ὀπτασία τοῦ ἀγγέλου; Ποῦ ἡ προφητεία Ἰωάννου τοῦ βαπτιστοῦ;
Ποῦ ἡ τοῦ Ζαχαρίου ἐπιτίμησις, τοῦ μὴ δύνασθαι αὐτὸν λαλεῖν ἄχρις οὗ
50 γένηται τὰ ὑπὸ τοῦ ἀγγέλου λελαλημένα; Ποῦ τὰ ὑπὸ τοῦ Γαβριὴλ τῇ
παρθένῳ λεχθέντα; Ποῦ ἡ παράστασις τῆς ἀσφαλείας, [τῆς] μετὰ συνέσεως ¹⁰
τῆς Μαρίας αὐτῷ τῷ ἀγγέλῳ ἀποκριθείσης, ὡς ἠρώτα λέγουσα πῶς ἔσται
τοῦτο, ἐπεὶ ἄνδρα οὐ γινώσκω; Καὶ ἡ μετὰ ἀκριβείας καθαρὰ ὑφήγησις, ὡς
εἶπεν αὐτῇ πνεῦμα κυρίου ἐπελεύσεται ἐπὶ σὲ καὶ δύναμις ὑψίστου ἐπισκιά-
55 σει σοι;

6. Τί οὖν ἐροῦμεν; Ἐπεὶ μὴ κατήγγειλεν ὁ Ματθαῖος τὰ ὑπὸ τοῦ Λουκᾶ ⁶,¹
ῥηθέντα, ἆρα ἀσύμφωνος εἴη ὁ ἅγιος Ματθαῖος πρὸς τὴν ἀλήθειαν; Ἢ οὐκ
ἀληθεύει ὁ ἅγιος Λουκᾶς, εἰπὼν ⟨οὐδὲν⟩ περὶ τῶν πρώτων τῷ Ματθαίῳ
πεπραγματευμένων; Οὐχὶ ἑκάστῳ ἐμέρισεν ὁ θεός, ἵνα οἱ τέσσαρες ²
60 εὐαγγελισταὶ ὀφείλοντες κηρῦξαι εὕρωσιν ἕκαστος τί ἐργάσωνται καὶ τὰ
μὲν συμφώνως καὶ ἴσως κηρύξωσιν, ἵνα δείξωσιν ὅτι ἐκ τῆς αὐτῆς πηγῆς

35, 35 s.   cf. Matth. 10, 8.
42 s.   Matth. 1, 2.
44 s.   Matth. 1, 1.
46   Matth. 1, 18.
47 s.   cf. Luc. 1, 5 ss.
48   cf. Luc. 1, 13 ss.
49 s.   cf. Luc. 1, 20.
52 s.   Luc. 1, 34.
54 s.   Luc. 1, 35.
59   cf. 1. Cor. 7, 17.

38   ⟨δύνηται⟩ *Holl.*
38   σωθήσονται *Holl*: εὑρεθήσονται *codd.*
51   [τῆς] *Holl.*
57   ἢ *Holl*: ἀλλὰ *codd.*
58   ⟨οὐδὲν⟩ *Holl.*

beschenkte er ihn mit der Vollmacht zur Auferweckung Toter und zur
Reinigung vom Aussatz und mit Heilkräften und mit der Macht der
Dämonenaustreibung, damit er seine Zuhörer nicht nur mit dem Wort
überzeuge, sondern damit er auch mit der Tat selbst das Evangelium
verkündigen könne, nämlich den Verlorenen, daß sie gerettet werden
würden auf Grund der Buße, den Gefallenen, daß sie aufstehen würden und den Toten, daß sie wieder leben würden. 3. Dieser Matthäus
nun schreibt und verkündet das Evangelium in hebräischer Sprache
und er beginnt nicht beim Anfang, sondern schreibt die Genealogie
von Abraham an: *Abraham, so sagt er, zeugte Isaak und Isaak Jakob*
und so weiter, bis zu Joseph und Maria. Und anfangs bestimmt er:
Buch der Abstammung Jesu Christi, des Sohnes Davids, und fügt hinzu: *des Sohnes Abrahams,* und dann erst kommt er zum eigentlichen
Problem; da heißt es: *Mit der Abstammung Jesu Christi verhielt es sich
folgendermaßen . . .*[4] 9. Wo also ist (bei Matthäus) die Darstellung des
Zacharias, wo sind die bei Lukas dargestellten Vorgänge? Wo ist die
Erscheinung des Engels? Wo die Ankündigung Johannes des Täufers?
Wo ist die Rüge des Zacharias, so daß er nicht sprechen konnte, bis
die von dem Engel angesagten Dinge geschahen? 10. Wo sind die
Worte Gabriels an die Jungfrau? Wo ist die Bekräftigung der Gewiß-
heit, da doch Maria, nachdem sie es verstanden hatte, dem Engel antwortete mit der Frage: *Wie soll das geschehen, da ich doch mit keinem
Mann Verkehr habe?,* und wo die klare, genaue Erläuterung, die er
ihr gab: *Der Geist des Herrn wird über dich kommen und die Kraft
des Höchsten wird dich überschatten?* 6, 1. Was sollen wir nun sagen?
Stimmt Matthäus etwa nicht mit der Wahrheit überein, weil er von
Lukas berichtete Vorgänge nicht vermeldet? Oder ist Lukas der Wahrheit nicht treu, weil er nichts von dem berichtet, was bei Matthäus
zunächst vorfällt? 2. Hat nicht Gott jedem etwas zugeteilt, damit die
vier Evangelisten, zur Verkündigung verpflichtet, ein bestimmtes Ar-
beitsgebiet fänden und gewisse Dinge übereinstimmend und gleich ver-

---

[4] Hier folgt ein Zitat von Mt 1, 18 – 2, 2.

ὥρμηνται, τὰ δὲ ἑκάστῳ παραλειφθέντα ἄλλος διηγήσηται, ὡς ἔλαβε παρὰ
τοῦ πνεύματος μέρος τῆς ἀναλογίας; Τί δὲ ποιήσωμεν; Ματθαίου μὲν
κηρύττοντος ἐν Βηθλεὲμ τὴν Μαριὰμ γεγεννηκέναι, κατά ‹τε› τὰς παρ' ³
⁶⁵ αὐτῷ γενεαλογίας ἀπὸ Ἀβραὰμ καὶ Δαυὶδ * τὴν ἔνσαρκον Χριστοῦ
θεοφάνειαν, ὡς οὐχ εὑρίσκεται ὁ ἅγιος Μάρκος ταῦτα λέγων, ἀλλὰ ἀπὸ τῆς ⁴
ἐν τῷ Ἰορδάνῃ πραγματείας ποιεῖται τὴν εἰσαγωγὴν τοῦ εὐαγγελίου καί
φησιν ἀρχὴ τοῦ εὐαγγελίου, ὡς γέγραπται ἐν Ἠσαΐᾳ τῷ προφήτῃ, φωνὴ
βοῶντος ἐν τῇ ἐρήμῳ, *. Οὕτω καὶ τὰ τῷ ἁγίῳ Ἰωάννῃ πεπραγματευμένα ⁵
⁷⁰ καὶ ἐν ἁγίῳ πνεύματι ἠσφαλισμένα τὴν φροντίδα ἔσχεν, οὐ περὶ τῶν ἤδη
κεκηρυγμένων πολλάκις μόνον λέγειν, ἀλλὰ περὶ τῶν ἀναγκαίως ὑπὸ τῶν
ἄλλων εἰς αὐτὸν κηρυγμάτων καταλειφθέντων.

Ἡ γὰρ πᾶσα τῶν εὐαγγελίων ὑπόθεσις τοιοῦτον εἶχε τὸν τρόπον. ⁶
Ματθαίου μὲν γὰρ κεκηρυχότος τὸν Χριστὸν γεννηθέντα καὶ ἐκ πνεύματος
⁷⁵ ἁγίου συλληφθέντα, ἐκ σπέρματός ‹τε› Δαυὶδ καὶ Ἀβραὰμ κατὰ σάρκα
οἰκονομηθέντα, πλάνη τις γεγένηται τοῖς μὴ νενοηκόσιν (οὐ τοῦ εὐαγγελίου ⁷
αἰτίου ὄντος αὐτοῖς εἰς τὸ πλανηθῆναι, ἀλλὰ τῆς αὐτῶν διανοίας πεπλανη-
μένης) τὰ εἰς παράστασιν τῆς περὶ τῶν αὐτῶν πληροφορίας ἀπὸ τοῦ
εὐαγγελίου καλῇ ὑπονοίᾳ ἐπινενοημένα. Ἔνθεν γὰρ οἱ περὶ Κήρινθον καὶ
⁸⁰ Ἐβίωνα ψιλὸν αὐτὸν ἄνθρωπον κατέσχον καὶ * Μήρινθον καὶ Κλεόβιον εἴτ'
οὖν Κλεόβουλον καὶ Κλαύδιον καὶ Δημᾶν καὶ Ἑρμογένην, τοὺς ἀγαπήσαν- ⁸
τας τὸν ἐνταῦθα αἰῶνα καὶ καταλείψαντας τὴν ὁδὸν τῆς ἀληθείας,
ἀντιλέγοντες γὰρ τοῖς τοῦ κυρίου μαθηταῖς κατ' ἐκεῖνο καιροῦ ἀπὸ τῆς
κατὰ τὸν Ἀβραὰμ καὶ Δαυὶδ γενεαλογίας τὴν αὐτῶν ἄνοιαν παριστᾶν

35, 62 s.   cf. Rom. 12, 6.
    64 s.   cf. Matth. 2, 1.
    66 s.   cf. Marc. 1, 4 ss.
    68 s.   Marc. 1, 1 s.
    81 s.   cf. Col. 4, 14; Philem. 24; 2. Tim. 4, 10; 2. Tim. 1, 15.

    64   ‹τε› *Holl.*
    65   *‹ὑποδεικνύντος› suppl. Holl.*
    69   *‹ἆρα ψεύδεται Μάρκος; μὴ γένοιτο ἀλλ'οὐ χρεία ἦν περὶ τῶν ἤδη
         κεκηρυγμένων αὖθις λέγειν› Holl.*
    75   ‹τε› *Holl.*
    76   τις *Holl:* τισὶ *codd.*
    80   *‹ἐπλάνησαν τοὺς περὶ› Holl.*

kündigten, um zu zeigen, daß sie alle aus der gleichen Quelle schöpfen, gewisse Dinge aber sollten einem anderen überlassen bleiben, die nur er berichtet, wie er es vom Geist nach dem Maß seines Anteils erhielt. 3. Was aber sollen wir tun? Wenn Matthäus verkündigt, Maria habe in Bethlehem geboren und er gemäß dem bei ihm niedergelegten Stammbaum von Abraham und David an die fleischliche Theophanie Christi aufzeigt, wieso wird dann Markus nicht mit demselben Bericht erfunden, sondern beginnt sein Evangelium mit den Geschehnissen am Jordan und schreibt: *Anfang des Evangeliums, wie geschrieben steht beim Propheten Jesaja: Stimme eines Predigers in der Wüste?* Lügt Markus etwa? Mitnichten! Sondern es war nicht nötig, noch einmal das bereits Verkündigte zu sagen[5]. 5. Ebenso trug auch Johannes bei dem von ihm Überlieferten und vom heiligen Geist Gesicherten Sorge, nicht nur das bereits Verkündigte noch öfter zu berichten, sondern die Begebenheiten, die von den anderen Verkündigungsschriften für ihn notwendigerweise übriggelassen worden waren.

6. Die ganze Sache mit den Evangelien verhielt sich folgendermaßen. Als Matthäus verkündigt hatte, daß Christus geboren und aus dem heiligen Geist empfangen worden und dazu bestimmt war, dem Fleisch nach von David und Abraham abzustammen, da enstandt eine Verirrung – wobei nicht das Evangelium schuld daran war, daß sie sich verirrten, sondern ihr eigener Sinn ging in die Irre – bei Leuten, die nicht bedacht haben, was vom Evangelium in guter Absicht zur Bekräftigung der Zuversicht in diesen Tagen bedacht worden ist. 7. Daher haben die Anhänger Kerinths[6] und Ebions[7] ihn für einen bloßen Menschen gehalten und sie täuschten die Anhänger Merinths[8] und des Kleobios[9], ob es sich nun um Kleobul oder Klaudius oder Demas oder Hermogenes handelt, Leute, die diese Welt lieben und den Weg der Wahrheit verlassen haben.

8. Sie widersprachen damals den Jüngern des Herrn und versuchten, ihre Torheit auf Grund des Stammbaums von Abraham und

---

[5] Um des Sinnzusammenhangs willen nehmen wir diese einleuchtende Ergänzung Holls in den Text auf.
[6] Kerinth war nach Irenäus, Adu. haereses I, 26, 1, einer der ersten christlichen Gnostiker. Die Aloger behaupteten, er habe das Johannesevangelium verfaßt (Panarion 51, 3, 6)!
[7] Ebion ist eine sekundäre Personifizierung, von dem Gruppennamen Ebioniten = die Armen abgeleitet.
[8] Über ihn hat Epiphanius schon Panarion 28, 8, 1 gehandelt: er ist möglicherweise mit Kerinth identisch.
[9] Kleobios wird schon von Hegesipp (bei Euseb, Kirchengeschichte IV, 22, 5) als einer der ersten sieben Sektengründer genannt.

85 ἐπειρῶντο, οὐ καλῶς μὲν οἰόμενοι, πλὴν ἐντεῦθεν τὴν πρόφασιν θηρώμενοι. 9
  Ἀντελέγοντο γὰρ πολλάκις ὑπὸ τοῦ ἁγίου Ἰωάννου καὶ τῶν ἀμφ' αὐτόν,
  Λευκίου καὶ ἄλλων πολλῶν, παρατρίψαντα δὲ ἑαυτῆς τὸ μέτωπον ἡ
  ἀναισχυντία τὰ ἑαυτῆς κακὰ ἐπισπᾶσθαι ἐφιλοτιμήσατο.
    Εὐθὺς δὲ μετὰ τὸν Ματθαῖον ἀκόλουθος γενόμενος ὁ Μάρκος τῷ ἁγίῳ 10
90 Πέτρῳ ἐν Ῥώμῃ ἐπιτρέπεται τὸ εὐαγγέλιον ἐκθέσθαι καὶ γράψας ἀποστέλ-
  λεται ὑπὸ τοῦ ἁγίου Πέτρου εἰς τὴν τῶν Αἰγυπτίων χώραν. Οὗτος δὲ εἷς
  ἐτύγχανεν ἐκ τῶν ἑβδομήκοντα δύο, τῶν διασκορπισθέντων ἐπὶ τῷ ῥήματι 11
  ᾧ εἶπεν ὁ κύριος *ἐὰν μή τις φάγῃ μου τὴν σάρκα καὶ πίῃ μου τὸ αἷμα, οὐκ
  ἔστι μου ἄξιος*, ὡς τοῖς τὰ εὐαγγέλια ἀναγνοῦσι σαφῆς ⟨εἴη⟩ ἡ παράστασις·
95 ὅμως διὰ Πέτρου ἐπανακάμψας εὐαγγελίζεσθαι καταξιοῦται, πνεύματι
  ἁγίῳ ἐμπεφορημένος. Ἄρχεται δὲ κηρύττειν ὅθεν τὸ πνεῦμα αὐτῷ παρεκε- 12
  λεύσατο, τὴν ἀρχὴν τάττων ἀπὸ πεντεκαιδεκάτου ἔτους Τιβερίου Καίσαρος, μετὰ ἔτη τριάκοντα τῆς τοῦ Ματθαίου πραγματείας. Δευτέρου δὲ 13
  γενομένου εὐαγγελιστοῦ καὶ μὴ περὶ τῆς ἄνωθεν καταγωγῆς τοῦ θεοῦ
100 Λόγου τηλαυγῶς σημήναντος, ἀλλὰ πάντῃ μὲν ἐμφαντικῶς, οὐ μὴν κατὰ
  ἀκριβολογίαν τοσαύτην, γέγονε τοῖς προειρημένοις ἠπατημένοις εἰς δεύτερον σκότωσις τῶν διανοημάτων τοῦ μὴ καταξιωθῆναι πρὸς φωτισμὸν τοῦ
  εὐαγγελίου· λεγόντων αὐτῶν ὅτι ἰδοὺ καὶ δεύτερον εὐαγγέλιον περὶ Χρι- 14
  στοῦ σημαῖνον καὶ οὐδαμοῦ ἄνωθεν λέγον τὴν γέννησιν ἀλλά, φησίν, ἐν τῷ
105 Ἰορδάνῃ κατῆλθεν τὸ πνεῦμα ἐπ' αὐτὸν καὶ * φωνή· *οὗτός ἐστιν ὁ υἱός μου
  ὁ ἀγαπητός, ἐφ' ὃν ηὐδόκησα.*
    7. Ἐπειδὴ δὲ ταῦτα οὕτως ἐν τοῖς τοιούτοις ἀνοήτοις ἐτελεῖτο, ἀναγκά- 7,1
  ζει τὸ ἅγιον πνεῦμα καὶ ἐπινύττει τὸν ἅγιον Λουκᾶν ὡς ἀπὸ βάθους
  κατωτάτου τὴν διάνοιαν τῶν ἠπατημένων ἀνενέγκαι καὶ τὰ ὑπὸ τῶν ἄλλων
110 καταλειφθέντα αὖθις ἐπιβάλλεσθαι. Ἵνα ⟨δὲ⟩ μή τις τῶν πεπλανημένων 2
  ἡγήσηται μυθωδῶς αὐτὸν ἐκφράσαι τὴν γέννησιν, ἐπὶ τὰ ἄνω ἀναφέρει τὸ
  ἔργον, διὰ δὲ τὴν ἀκρίβειαν λεπτομερῶς τὴν πᾶσαν πραγματείαν διέξεισι

35, 92   cf. Ioh. 6, 66.
  93   Ioh. 6, 53.
  97   cf. Luc. 3, 1.
  98   cf. Luc. 3, 23.
  101 s. cf. 2. Cor. 4, 4.
  105 s. cf. Marc. 1, 10 s. Matth. 3, 17.
  112 s. cf. Luc. 1, 2.

  94   ⟩εἴη⟨ *Holl.*
  104   λέγον *Holl.*: λέγων *uar.*
  105   *⟨ἐγένετο⟩ Holl.*
  110   ⟩δὲ⟨ *Holl.*

112

David an darzutun, freilich nicht in guter Absicht, sondern sie griffen dies nur als Vorwand auf. 9. Ihnen wurde oftmals vom heiligen Johannes und seinen Gefolgsleuten widersprochen, von Leucius[10] und vielen anderen, wobei die Unverschämtheit alle Scheu ablegte und sich dessen rühmte, daß ihre Schlechtigkeit hervorgezogen wurde.

10. Sogleich nach Matthäus erhält Markus vom heiligen Petrus, dessen Gefolgsmann in Rom er geworden war, die Erlaubnis, das Evangelium darzustellen und nach der Niederschrift wird er vom heiligen Petrus in das Land der Ägypter gesandt. 11. Dieser Markus gehörte zu den Zweiundsiebzig[11], die sich auf Grund des Wortes zerstreuten, das der Herr sagte: *Wenn einer nicht mein Fleisch ißt und mein Blut trinkt,* ist er meiner nicht würdig; jedem, der die Evangelien liest, dürfte diese Darlegung klar sein. Aber durch Petrus kam er wieder zurück und wurde gewürdigt, das Evangelium zu verkündigen, vom heiligen Geist getrieben. 12. Er beginnt zu verkündigen, wo der Geist ihm befahl, wobei er den Anfang im fünfzehnten Jahr des Kaisers Tiberius setzte, dreißig Jahre nach den Begebenheiten bei Matthäus. 13. Als aber der zweite Evangelist aufgetreten war und nicht klar genug über die Abkunft des Gott-Logos von oben berichtet hatte – er tat es zwar durchaus nachdrücklich, aber nicht mit so großer Genauigkeit –, da kam es bei den eben genannten verblendeten Leuten zu einer zweiten Verfinsterung der Gedanken, so daß sie einer Erleuchtung durch das Evangelium nicht gewürdigt wurden. 14. Sie sprachen nämlich: «Siehe da, ein zweites Evangelium, das über Christus berichtet und nirgends die Geburt von oben erwähnt, sondern es heißt da: Im Jordan kam der Geist auf ihn herab und eine Stimme erscholl: *Dieser ist mein geliebter Sohn, an dem ich Wohlgefallen habe.*

7, 1. Da sich dieses (sc. die Verfinsterung) an jenen unverständigen Leuten erfüllte, zwingt und treibt der heilige Geist den heiligen Lukas, den Sinn der Irregeleiteten gleichsam aus der tiefsten Tiefe emporzuheben und das von den anderen (Evangelisten) Ausgelassene darzulegen.

2. Damit aber keiner der Verirrten glaube, er habe die Geburt in mythischer Weise erzählt, führt er das Werk weiter hinauf und geht in großer Genauigkeit die ganze Geschichte im einzelnen durch und

---

[10] Leucius gilt in der Alten Kirche als Verfasser der (gnostischen) Johannesakten und anderer apokrypher Apostelakten; vgl. W. Schneemelcher-K. Schäferdiek, Hennecke-Schneemelcher II, 121ff.
[11] Dieselbe Behauptung findet sich auch im Adamantius-Dialog I, 5, wo Markus (nach Kol. 4, 10) als Mitarbeiter des Paulus genannt wird.

καὶ εἰς παράστασιν ἀληθείας ἐμμάρτυρας τοὺς ὑπηρέτας τοῦ λόγου γενομέ-³
νους παρεισάγει φάσκων ἐπειδήπερ πολλοὶ ἐπεχείρησαν, ἵνα τινὰς μὲν
115 ἐπιχειρητὰς δείξῃ, φημὶ δὲ τοὺς περὶ Κήρινθον καὶ Μήρινθον καὶ τοὺς
ἄλλους· εἶτα τί φησιν· ἔδοξε κἀμοὶ καθεξῆς παρηκολουθηκότι ἄνωθεν τοῖς ⁴
αὐτόπταις καὶ ὑπηρέταις τοῦ λόγου γενομένοις γράψαι σοι, κράτιστε
Θεόφιλε (εἴτ᾽ οὖν τινὶ Θεοφίλῳ τότε γράφων τοῦτο ἔλεγεν ἢ παντὶ
ἀνθρώπῳ θεὸν ἀγαπῶντι), ⟨ἵνα ἐπιγνῷς⟩ περὶ ὧν, φησί, κατηχήθης λόγων
120 τὴν ἀσφάλειαν· καὶ τὴν μὲν κατήχησιν προτεταγμένην ἔφασκεν, ὡς ἤδη ⁵
ὑπὸ ἄλλων μὲν κεκατηχῆσθαι, οὐκ ἀσφαλῶς δὲ παρ᾽ αὐτῶν μεμαθηκέναι
τὴν ἀκρίβειαν. Εἶτά φησιν ἐγένετο ἐν ἡμέραις ʿΗρώδου τοῦ βασιλέως ἐξ ⁶
ἐφημερίας ᾽Αβιὰ τοῦ ἀρχιερέως ἱερεύς τις ὀνόματι Ζαχαρίας καὶ γυνὴ
αὐτῷ ἐκ τῶν θυγατέρων ᾽Ααρών, ᾗ ὄνομα ᾽Ελισάβετ. καὶ ἄρχεται πρὸ τοῦ
125 Ματθαίου· ὁ μὲν γὰρ Ματθαῖος ἐσήμανε τριακονταετῆ χρόνον ἀπ᾽ ἀρχῆς, ὁ ⁷
δὲ Μάρκος τὰ μετὰ ⟨τὰ⟩ τριάκοντα ἔτη ἔταττεν, τὴν ἐν τῷ ᾽Ιορδάνῃ
γενομένην ἐν ἀληθείᾳ πραγματείαν, ὅμοια τῷ Ματθαίῳ καὶ τῷ Λουκᾷ. Ὁ δὲ ⁸
Ματθαῖος ἀπὸ τριακονταετοῦς χρόνου πρὸ τῆς ἐν τῷ ᾽Ιορδάνῃ καὶ τοῦ
βαπτίσματος πραγματείας τὸ διήγημα ἐποιεῖτο· Λουκᾶς δὲ πρὸ τοῦ
130 χρόνου τοῦ συλληφθῆναι τὸν σωτῆρα ἐν γαστρὶ ἀπὸ ἓξ μηνῶν τὸν χρόνον
ἐδήλου, καὶ ἐννέα μηνῶν πάλιν καὶ ὀλίγων ἡμερῶν τῆς συλλήψεως τοῦ
κυρίου, ὡς εἶναι τὸν πάντα χρόνον τριάκοντα ἓν ἔτος καὶ ἐπέκεινα.
Διηγεῖται δὲ καὶ τὴν τῶν ποιμένων διὰ [τὴν] τῶν εὐαγγελισαμένων ἀγγέλων ⁹
θεοπτίαν, καὶ ὡς ἐγεννήθη ἐν Βηθλεὲμ καὶ ἐσπαργανώθη ἐν φάτνῃ καὶ τῇ
135 ὀγδόῃ περιετμήθη, καὶ ὡς ἐν τεσσαράκοντα ἡμέραις κατὰ τὸν νόμον
προσφορὰν ὑπὲρ αὐτοῦ ἐπετέλουν καὶ ὡς ὁ Συμεὼν ⟨αὐτὸν⟩ ἐν ἀγκάλαις
ἐδέχετο καὶ ὡς ῎Αννα ἀνθωμολογεῖτο θυγάτηρ Φανουήλ, καὶ ὡς ἐν Ναζαρὲτ ἀπῄει καὶ ὡς κατ᾽ ἔτος ἀνῄει εἰς ῾Ιερουσαλὴμ ἅμα τοῖς γονεῦσι τελοῦσιν
ὑπὲρ αὐτοῦ τὰ κατὰ τὸν νόμον, ὧν οὐδὲν τῷ Ματθαίῳ ἐπείργασται οὐδὲ τῷ
140 Μάρκῳ ἀλλὰ μὴν οὐδὲ τῷ ᾽Ιωάννῃ.

35, 114   cf. Luc. 1, 1.
    116 ss. Luc. 1, 3 s.
    122 ss. Luc. 1, 5.
    129 ss. cf. Luc. 1, 26.
    133 s. cf. Luc. 2, 8.
    134 s. cf. Luc. 2, 4.7.21.
    135 s. cf. Luc. 2, 22 ss.
    136 s. cf. Luc. 2, 25 ss.
    137   cf. Luc. 2, 36.
    137 s. cf. Luc. 2, 39.
    138   cf. Luc. 2, 41.

    119   ⟨ἵνα ἐπιγνῷς⟩ Holl.
    126   ⟨τὰ⟩ Holl.
    133   [τὴν] Holl.
    136   ⟨αὐτὸν⟩ Holl.

führt zum Beweis der Wahrheit diejenigen als Zeugen an, welche Diener des Wortes geworden sind: *Nachdem es viele versucht haben* – dies sagt er um zu zeigen, daß gewisse Leute nur Versuche gemacht haben, ich meine die Anhänger des Kerinth und Merinth und die anderen. 4. Was sagt er weiter? *Da beschloß auch ich, der ich den Augenzeugen und Dienern des Wortes genau und von Anfang an nachgegangen bin, für dich zu schreiben, hochmögender Theophilus*[12] (mag er dies nun zu dem Theophilus sagen, dem er damals schrieb, oder zu jedem Menschen, der Gott liebt[13]), *damit du die Gewißheit der Lehren, in denen du unterwiesen wurdest, erkennst.*

5. Die Unterweisung nennt er also eine vorhergehende, da sie schon von anderen gegeben wurde, aber von ihnen habe er die genaue Wahrheit nicht sicher erfahren. 6. Darauf sagt er: *In den Tagen des Königs Herodes lebte ein Priester aus der Priesterklasse des Hochpriesters Abia mit Namen Zacharias, und seine Frau stammte von Aaron ab und hieß Elisabeth.* 7. Und er beginnt früher als Matthäus; denn Matthäus gibt eine Zeit von dreißig Jahren vom Anfang an, Markus aber stellt dar, was nach diesen dreißig Jahren war, nämlich die in Wahrheit geschehene Begebenheit am Jordan, ähnlich wie bei Matthäus und Lukas. 8. Matthäus berichtet von den dreißig Jahren vor den Begebenheiten am Jordan und bei der Taufe; Lukas aber gibt die Zeit von sechs Monaten vor der Empfängnis des Heilands, und die neun Monate und einige Tage der Empfängnis des Herrn, so daß die ganze Zeit einunddreißig Jahre und einiges darüber hinaus beträgt ...[14].

[12] Man beachte die Ungenauigkeit, mit der selbst dieses für den Zusammenhang wichtige Wort zitiert wird!
[13] Diese Verallgemeinerung findet sich schon bei Origenes, Lukas-Homilien I, ebenso auch bei Hieronymus, Markus-Erklärung.
[14] Epiphanius führt im folgenden die Perikopen der lukanischen Vorgeschichte auf, die sich weder bei Matthäus noch bei Markus noch bei Johannes finden.

8. Ὅθεν καί τινες ἄλλοι ἐξ Ἑλλήνων φιλοσόφων, φημὶ δὲ Πορφύριος καὶ [8,1] Κέλσος καὶ Φιλοσαββάτιος, ὁ ἐκ τῶν Ἰουδαίων ὁρμώμενος δεινὸς καὶ ἀπατεὼν ὄφις, [εἰς] τὴν κατὰ τῆς εὐαγγελικῆς πραγματείας διεξιόντες ἀνατροπὴν τῶν ἁγίων εὐαγγελιστῶν κατηγοροῦσι, ψυχικοὶ καὶ σαρκικοὶ
145 ὑπάρχοντες, κατὰ σάρκα δὲ στρατευόμενοι καὶ θεῷ εὐαρεστῆσαι ἀδυνάτως ἔχοντες καὶ τὰ διὰ τοῦ πνεύματος ⟨εἰρημένα⟩ μὴ νενοηκότες. Ἕκαστος γὰρ [8] ⟨αὐτῶν⟩ προσκόπτων τοῖς λόγοις τῆς ἀληθείας διὰ τὴν ἐν αὐτῷ τύφλωσιν τῆς ἀγνωσίας, εἰς τοῦτο ἐμπίπτοντες ἔλεγον· πῶς δύναται ἡ αὐτὴ ἡμέρα [εἶναι] τῆς ἐν Βηθλεὲμ γεννήσεως αὐτὴ καὶ περιτομὴν ἔχειν ὀκταήμερον καὶ
150 διὰ τεσσαράκοντα ἡμερῶν τὴν ἐν Ἱεροσολύμοις ἄνοδον καὶ τὰ ἀπὸ Συμεῶνος καὶ Ἄννας εἰς αὐτὸν τετελεσμένα, ὁπότε ἐν τῇ νυκτὶ ᾖ ἐγεννήθη πέφηνεν [9] αὐτῷ, φησίν, ἄγγελος, μετὰ τὴν τῶν μάγων ἔλευσιν τῶν ἐλθόντων προσκυνῆσαι αὐτῷ καὶ ἀνοιξάντων τὰς πήρας καὶ προσενεγκάντων, ὥς φησιν ὤφθη αὐτῷ ἄγγελος λέγων· ἀναστὰς λάβε τὴν γυναῖκά σου καὶ τὸ παιδίον,
155 καὶ πορεύου εἰς Αἴγυπτον, ὅτι ζητεῖ Ἡρῴδης τὴν ψυχὴν τοῦ παιδίου. Εἰ [10] τοίνυν ἐν αὐτῇ τῇ νυκτὶ ᾖ γεγέννηται παρελήφθη εἰς Αἴγυπτον καὶ ἐκεῖ ἦν, ἕως ὅτου ἀπέθανεν Ἡρῴδης, πόθεν δύναται ἐπιμεῖναι [καὶ] ὀκταήμερον καὶ περιτμηθῆναι; Ἢ πῶς μετὰ τεσσαράκοντα ⁎ εὑρίσκεται Λουκᾶς ψευδόμενος, ὥς φασι βλασφημοῦντες κατὰ τῆς ἑαυτῶν κεφαλῆς, ὅτι φησίν »ἐν τῇ
160 τεσσαρακοστῇ ἡμέρᾳ ἀνήνεγκαν αὐτὸν εἰς Ἱερουσαλὴμ κἀκεῖθεν ⟨ὑπέστρεψαν⟩ εἰς Ναζαρέτ«;

Καὶ οὐκ οἴδασιν οἱ ἀγνωσίᾳ κατεχόμενοι τοῦ ἁγίου πνεύματος τὴν [9,1] δύναμιν· ἑκάστῳ γὰρ τῶν εὐαγγελιστῶν ἐδωρήσατο ἑκάστου χρόνου καὶ καιροῦ διηγεῖσθαι τὰ ἐν ἀληθείᾳ πληρωθέντα. Καὶ ὁ μὲν Ματθαῖος διη-
165 γησάμενος μόνον ὅτι ἐγεννήθη ἐν πνεύματι ἁγίῳ καὶ ὅτι συνελήφθη ἄνευ

35, 145   cf. 2. Cor. 10, 3.
     145 s.   cf. Hebr. 11, 5 s.
     151 s.   cf. Matth. 2, 11.
     154 s.   Matth. 2, 13.
     156 s.   cf. Matth. 2, 19.
     159 ss. cf. Luc. 2, 21.39.

     143   [εἰς] *Holl.*
     146   ⟨εἰρημένα⟩ *Holl.*
     147   ⟨αὐτῶν⟩ *Holl.*
     149   [εἶναι] *Holl.*
     158   ⁎⟨ἡμέρας ἀνενεχθέντα αὐτὸν εἰς Ἱερουσαλὴμ διηγούμενος οὐχ⟩ *Holl.*
     160 s.   ⟨ὑπέστρεψαν⟩ *Holl.*

8, 1. Daher bringen einige andere griechische Philosophen, nämlich Porphyrius[15], Celsus[16] und Philosabbatius[17], die von den Juden herkommende gefährliche und betrügerische Schlange, eine detaillierte Widerlegung der evangelischen Geschichte und klagen die heiligen Evangelisten an, sie, diese irdischen, fleischlichen Menschen, die auf fleischliche Weise kämpfen und Gott unmöglich gefallen können und das vom Geist Gesagte nicht verstehen. Denn jeder von ihnen nimmt Anstoß an den Worten der Wahrheit auf Grund seiner Verblendung in Unwissenheit, und sie gehen zum Angriff über und sagten: Wie kann derselbe Tag der Geburt in Bethlehem auch die Beschneidung am achten Tag enthalten und den vierzigtägigen Aufstieg nach Jerusalem und das, was Simeon und Hanna an ihm getan haben, da ja in der Nacht, in der er geboren wurde, ihm ein Engel erschien, wie es heißt, nach dem Auftreten der Magier, die gekommen waren, um ihn anzubeten, und die ihre Reisesäcke öffneten und Gaben darbrachten, da es ja heißt: *Es erschien ihm ein Engel, der sagte: Steh auf und nimm deine Frau und das Kind, und zieh nach Ägypten, denn Herodes trachtet dem Kind nach dem Leben.* Wenn er also in derselben Nacht, in der er geboren wurde, nach Ägypten mitgenommen wurde und dort war, bis Herodes starb, wie kann er dann noch acht Tage bleiben und beschnitten werden? Und wie wird Lukas nicht als Lügner erfunden, wenn er erzählt, er sei nach vierzig Tagen nach Jerusalem hinaufgebracht worden? So sagen diejenigen, welche gegen sich selbst lästern, da es doch heißt: *Am vierzigsten Tag brachten sie ihn nach Jerusalem hinauf, und von dort kehrten sie nach Nazareth zurück.*

9, 1. Und diese Leute, die sich in Unwissenheit befinden, kennen die Kraft des heiligen Geistes nicht; denn er hat jedem der Evangelisten zu jedem Zeitpunkt geschenkt, das zu erzählen, was sich in Wahrheit zugetragen hat. Und so hat Matthäus, der allein berichtet, daß er vom heiligen Geist gezeugt und ohne männlichen Samen empfangen wurde,

---

[15] Dieser neuplatonische Philosoph hat eine minutiöse Kritik am Neuen Testament geübt. Die Fragmente seines Werkes hat A. v. Harnack gesammelt (Porphyrius «Gegen die Christen». 15 Bücher, Zeugnisse, Fragmente und Referate, 1916); vgl. auch H. Merkel, Die Widersprüche, 13–18.

[16] Seine Kritik am Christentum erfolgte vom Standpunkt des mittleren Platonismus aus. Die große Widerlegungsschrift des Origenes, Contra Celsum, ist unsere einzige Quelle. Vgl. die Rekonstruktion von R. Bader, Der Ἀληθὴς Λόγος des Kelsos, 1940; zur Evangelienkritik des Celsus vgl. H. Merkel, Die Widersprüche, 9–13.

[17] «Den sonst unbekannten Φιλοσαββάτιος hat Epiphanius wohl der christlichen Streitschrift gegen Porphyrius entnommen, die er im Folgenden benützt» (K. Holl, Anm. z. St.).

σπέρματος ἀνδρός, οὐδὲν περὶ περιτομῆς εἶπεν οὐδὲ περὶ τῶν δύο ἐτῶν τι
τῶν εἰς αὐτὸν μετὰ τὴν γέννησιν γεγενημένων, ἀλλὰ διηγεῖται τὴν ἔλευσιν ²
τῶν μάγων, ὡς ἐπιμαρτυρεῖ ἡμῖν ὁ ἀληθὴς τοῦ θεοῦ λόγος, ἐρωτῶντος τοῦ
Ἡρώδου παρὰ τῶν μάγων τὸν χρόνον καὶ ἠκριβωκότος τοῦ φαινομένου
170 ἀστέρος, καὶ τῶν μάγων τὴν ἀπόκρισιν, ὅτι ἀπὸ δύο ἐτῶν καὶ κατωτέρω·
ὡς μὴ εἶναι τὸν χρόνον τοῦτον τὸν τῷ Λουκᾷ πεπραγματευμένον. Ἀλλ᾽ ὁ ³
μὲν Λουκᾶς τὰ πρὸ ⟨τῶν⟩ δύο ἐτῶν διηγεῖται, Ματθαῖος δὲ εἰπὼν τὴν
γέννησιν ἀπεπήδησεν εἰς τὸν διετῆ χρόνον καὶ ἐδήλωσε τὰ γενόμενα μετὰ
⟨τὰ⟩ δύο ἔτη. Διὸ καὶ ὁ Ἡρώδης διανοηθεὶς τοῦτο μετὰ τὸ ἀπονεῦσαι τοὺς ⁴
175 μάγους δι᾽ ἑτέρας ὁδοῦ ᾠήθη ἐν τῷ πλήθει τῶν παίδων καὶ αὐτὸν ⟨τὸν⟩
γεννηθέντα εὑρεθήσεσθαι καὶ σὺν αὐτοῖς ἀποκτέννυσθαι. Ἐκέλευσε γὰρ τοὺς
ἐν τοῖς ὁρίοις Βηθλεὲμ παῖδας ἀποκτανθῆναι, τοὺς ἀπὸ δύο ἐτῶν καὶ ⁵
κατωτέρω, ἕως αὐτῆς τῆς ἡμέρας ἧς οἱ μάγοι παρ᾽ αὐτῷ ἐγένοντο. Ἔνθεν
οὖν τίνι οὐ φανεῖται ὅτι ὅτε ἦλθον οἱ μάγοι δύο ἦν ἐτῶν ὁ παῖς γεγεννημέ-
180 νος; Καὶ γὰρ καὶ αὐτὴ ἡ πραγματεία τὴν πᾶσαν ἀκρίβειαν σαφηνίζει. Ὁ μὲν ⁶
γὰρ Λουκᾶς λέγει ἐσπαργανῶσθαι τὸν παῖδα εὐθὺς γεγεννημένον καὶ
κεῖσθαι ἐν φάτνῃ καὶ ἐν σπηλαίῳ διὰ τὸ μὴ εἶναι τόπον ἐν τῷ καταλύματι.
Ἀπογραφὴ γὰρ τότε ἦν καὶ οἱ διασκορπισθέντες ἀπὸ τοῦ χρόνου τῶν ⁷
πολέμων τῶν ἐπὶ τοῖς Μακκαβαίοις γεγονότων ἐπὶ τὰ πανταχοῦ γῆς
185 διεσκορπίσθησαν καὶ ὀλίγοι παντελῶς ἔμειναν ἐν Βηθλεὲμ κατοικοῦντες·
διὸ ἔν τινι τῶν ἀντιγράφων τῶν εὐαγγελιστῶν καλεῖται πόλις τοῦ Δαυίδ, ἐν
ἄλλῳ δὲ κώμην αὐτὴν φάσκει διὰ τὸ εἰς ὀλίγην γῆν αὐτὴν ἡκέναι. Ὅτε ⁸
δὲ γέγονε τὸ κέλευσμα Αὐγούστου τοῦ βασιλέως καὶ ἀνάγκην ἔσχον οἱ
διεσκορπισμένοι κατὰ τὰ αὐτῶν γένη ἐλθεῖν εἰς τὸν τόπον ἵνα ἀπογραφῶ-
190 σιν, ἐπιρρέοντα τὰ πλήθη ἐνέπλησε τὸν τόπον καὶ οὐκ ἦν τόπος ἐν τῷ
καταλύματι διὰ τὴν συνέχειαν. Λοιπὸν δὲ μετὰ τὴν ἀπογραφὴν ἀπῆλθεν ⁹
ἕκαστος ὅποι γῆς τὴν καταμονὴν τῆς κατοικήσεως εἶχε· διὸ καὶ πλάτος
ἐτύγχανεν ἐν τῇ γῇ. Ἐρχόμενοι δὲ ὡς εἰπεῖν μνήμης ἕνεκα τῶν ἐκεῖ ¹⁰
γεγενημένων, ⟨τοῦ⟩ πρώτου ἐνιαυτοῦ τελεσθέντος καὶ τοῦ δευτέρου
195 πληρωθέντος ἦλθον οἱ γονεῖς ἐκεῖσε ἀπὸ τῆς Ναζαρὲτ ὡς εἰς τὴν πανήγυριν
ταύτην. Διὸ καὶ ἡ ἔλευσις τῶν μάγων γεγένηται κατὰ τὴν τοιαύτην ¹¹

35, 169   cf. Matth. 2, 7.
174 s.   cf. Matth. 2, 12.16.
176 ss. cf. Matth. 2, 16.
181 s.   cf. Luc. 2, 7.
186 s.   cf. Luc. 2, 4; Ioh. 7, 42.
188   cf. Luc. 2, 1.

166   περὶ *Holl*: πρὸ *codd.*
172   ⟨τῶν⟩ *Holl.*
174   ⟨τὰ⟩ *Holl.*
175   ⟨τὸν⟩ *Holl.*
194   ⟨τοῦ⟩ *Holl.*

nichts über die Beschneidung gesagt und auch nichts von den zwei Jahren, die sich nach seiner Geburt abspielten, sondern er berichtet nur die Ankunft der Magier, wie uns das wahrhaftige Wort Gottes bezeugt, und als Herodes von den Magiern die Zeit erfragte und sich genau nach dem ihnen erschienenen Stern erkundigte, da berichtet er auch die Antwort der Magier, nämlich zwei Jahre und darunter; daher ist diese Zeit nicht dieselbe, von welcher bei Lukas berichtet wird. 3. Sondern Lukas erzählt die Begebenheiten vor Ablauf jener zwei Jahre, Matthäus aber erzählt die Geburt und überspringt dann den Zeitraum von zwei Jahren und stellt die Geschehnisse nach diesen zwei Jahren dar[18]. Deshalb hat Herodes nach dem Weggang der Magier auf einem anderen Weg dieses bedacht und geglaubt, in der Menge der Kinder werde auch der Neugeborene gefunden und mit ihnen zusammen getötet werden. 5. Denn er ließ die Kinder in der Gegend von Bethlehem töten, die zweijährig und jünger waren, bis zu dem Tag, an dem die Magier zu ihm gekommen waren. Wer also sieht nicht, daß das Kind schon zwei Jahre auf der Welt war, als die Magier kamen? 6. Und auch der Bericht selbst macht die ganze Wahrheit deutlich. Denn Lukas sagt, das eben geborene Kind sei in Windeln gewickelt worden und in eine Krippe gelegt worden, und zwar in einer Höhle[19], da in der Herberge kein Raum mehr war. 7. Damals wurde nämlich ein Zensus durchgeführt und die seit der Zeit der Makkabäerkriege Zerstreuten waren über das ganze Land zerstreut und nur ganz wenige waren in Bethlehem ansässig geblieben; daher wird es in einer der Schriften der Evangelisten Stadt Davids genannt, in einer anderen aber ein Dorf, da es nur noch eine kleine Fläche besaß. 8. Als aber der Befehl des Königs Augustus erging und die Zerstreuten gezwungenermaßen entsprechend ihren Stämmen an den Ort kommen mußten, um geschätzt zu werden, da kam eine große Menge und erfüllte den Ort, so daß in der Herberge kein Raum mehr war, da sie am Ort blieben. 9. Später aber, nach der Zensusaktion, ging jeder wieder dahin, wo er seinen bleibenden Wohnsitz hatte; daher gab es am Ort wieder Platz. 10. Als nun die Eltern am Ende des ersten und des zweiten Jahres sozusagen zur Erinnerung an die dortigen Begebenheiten von Nazareth wieder dorthin kamen, da kamen sie wie zu diesem Festtag. 11. Daher

---

[18] Im folgenden entwickelt Epiphanius dieselbe Harmonisierung, die wir bereits aus Euseb (Nr. 21) kennen.

[19] Schon bei Justin (Dialogus cum Tryphone Iudaeo 78, und Apologie I, 34, und im Proteuangelium Iacobi (Kap. 18; 19; 21) ist von der Geburt Jesu in einer Höhle die Rede; weiteres bei W. Bauer, Das Leben Jesu im Zeitalter der neutestamentlichen Apokryphen, 1909, 61ff.

συγκυρίαν οὐκέτι ἴσως πη ἐν τῇ καταλύσει τότε τῆς Μαρίας καὶ Ἰωσὴφ διὰ τὴν τῆς ἀπογραφῆς παρουσίαν τῇ ὑπὸ τοῦ Λουκᾶ εἰρημένῃ. Οὐ γὰρ ηὗρον τὴν Μαριὰμ ἐν τῷ σπηλαίῳ, ὅπου ἐγέννησεν· ἀλλὰ ὡς ἔχει τὸ εὐαγγέλιον,
200 ὅτι ὡδήγει αὐτούς, φησίν, ὁ ἀστὴρ ἄχρι τοῦ τόπου οὗ ἦν ἐκεῖ τὸ παιδίον. [12] Καὶ εἰσελθόντες εἰς τὸν οἶκον ηὗρον τὸ βρέφος μετὰ Μαρίας, οὐκέτι ἐν φάτνῃ οὐκέτι ἐν σπηλαίῳ, ἀλλὰ ἐν οἴκῳ· ἵνα γνωσθῇ τῆς ἀληθείας ἡ ἀκρίβεια καὶ τοῦ χρόνου τῶν δύο ἐτῶν τὸ διάστημα, τουτέστιν ἐξότου ἐγεννήθη ἕως ὅτε παρεγένοντο οἱ μάγοι. Καὶ κατ᾽ ἐκείνην τὴν νύκτα μετὰ [13]
205 δύο ἔτη τῆς γεννήσεως ὤφθη ὁ ἄγγελος καὶ εἶπε παραλαβεῖν τὴν μητέρα καὶ τὸ παιδίον εἰς γῆν Αἰγύπτου. Διὸ οὐκέτι Ἰωσὴφ ἀνακάμπτει εἰς Ναζαρέτ, ἀλλὰ ἀποδιδράσκει ἅμα τῷ παιδὶ καὶ τῇ μητρὶ αὐτοῦ εἰς Αἴγυπτον καὶ ἄλλα δύο ἔτη ποιεῖ ἐκεῖσε· καὶ οὕτως πάλιν ὁ ἄγγελος μετὰ τὴν τοῦ Ἡρώδου τελευτὴν ⁕ ἐπιστρέφει ἐπὶ τὴν Ἰουδαίαν.
210 Ἔφασκον δὲ ὅτι ἰδοὺ τρίτον εὐαγγέλιον τὸ κατὰ Λουκᾶν. Τοῦτο γὰρ[11],[6] ἐπετράπη τῷ Λουκᾷ, ὄντι καὶ αὐτῷ ἀπὸ τῶν ἑβδομήκοντα δύο τῶν διασκορπισθέντων ἐπὶ τῷ τοῦ σωτῆρος λόγῳ, διὰ δὲ Παύλου τοῦ ἁγίου πάλιν ἐπανακάμψαντι πρὸς τὸν κύριον ἐπιτραπέντι τε αὐτοῦ κηρῦξαι τὸ εὐαγγέλιον. Καὶ κηρύττει πρῶτον ἐν Δαλματίᾳ καὶ Γαλλίᾳ καὶ ἐν Ἰταλίᾳ [7]
215 καὶ Μακεδονίᾳ. Ἀρχὴ δὲ ἐν τῇ Γαλλίᾳ, ὡς καὶ περί τινων τῶν αὐτοῦ ἀκολούθων λέγει ἐν ταῖς αὐτοῦ ἐπιστολαῖς ὁ αὐτὸς Παῦλος· *Κρήσκης,* *φησιν, ἐν τῇ Γαλλίᾳ·* οὐ γὰρ ἐν τῇ Γαλατίᾳ, ὥς τινες πλανηθέντες νομίζουσιν, ἀλλὰ ἐν τῇ Γαλλίᾳ.

12. Πλὴν ἐπὶ τὸ προκείμενον ἐλεύσομαι. Ἀνενέγκαντος γὰρ τοῦ Λουκᾶ[12],[1]
220 τὰς γενεαλογίας ἀπὸ τῶν κάτω ἐπὶ τὰ ἄνω καὶ φθάσαντος τὴν ἔμφασιν ποιήσασθαι τῆς ἄνωθεν τοῦ θεοῦ Λόγου παρουσίας ὁμοῦ τε συναφθέντος τῇ ἐνσάρκῳ αὐτοῦ οἰκονομίᾳ, ἵνα ἀποτρέψηται ἀπὸ τῶν πεπλανημένων τὴν πλάνην, οὐκ ἐνόησαν. Διὸ ὕστερον ἀναγκάζει τὸ ἅγιον πνεῦμα τὸν Ἰωάννην, [2]

35, 200 ss. cf. Matth. 2, 9.11.
      205 s. cf. Matth. 2, 13.
      208 s. cf. Matth. 2, 19.
      214 s. cf. 2. Tim. 4, 10.
      216 s. 2. Tim. 4, 10 *uar. lect.*
      217   2. Tim. 4, 10.

197   πη *Holl:* τῇ *codd.*
209   ⁕⟨φαίνεται καὶ⟩ *Holl.*

erfolgte auch die Ankunft der Magier auf Grund eines ähnlichen Zu-
falls wohl nicht mehr an derselben Unterkunft, die Lukas angibt, als
Maria und Joseph wegen des Zensus dort waren. Denn sie fanden
Maria nicht in der Höhle, wo sie geboren hatte; sondern es heißt im
Evangelium, daß der Stern sie bis zu dem Ort, an dem das Kind war,
führte. *Und als sie in das Haus hineingingen, fanden sie das Kind mit
Maria,* nicht mehr in einer Krippe, nicht mehr in einer Höhle, sondern
in einem Haus, damit man den zeitlichen Unterschied von zwei Jahren
erkenne, d. h. von der Zeit, zu der er geboren wurde, bis zur Ankunft
der Magier.

13. Und in derselben Nacht, zwei Jahre nach der Geburt, erschien
der Engel und sagte, er solle die Mutter und das Kind mit sich nach
Ägypten nehmen. Daher kehrt Joseph nicht mehr nach Nazareth zurück, sondern flieht zusammen mit dem Kind und seiner Mutter nach
Ägypten und verbringt dort weitere zwei Jahre. Und so erscheint aber-
mals der Engel nach dem Tod des Herodes, und er kehrt nach Judäa
zurück. . . .[20].

11, 6. Siehe, ich handelte jetzt über das dritte Evangelium nach
Lukas. Denn dies wurde dem Lukas aufgetragen, der auch zu den
Zweiundsiebzig gehörte, die sich auf Grund des Wortes des Herrn
zerstreuten, der durch den heiligen Paulus aber wieder zum Herrn
zurückgeholt wurde und dem aufgetragen wurde, sein Evangelium zu
verkündigen. Und er verkündigt zuerst in Dalmatien, Gallien, Italien
und Mazedonien. Der Anfang aber war in Gallien, wie auch der heilige
Paulus über einige seiner Gefolgsleute spricht; da sagt er: *Kreszenz
nach Gallien,* und nicht *nach Galatien,* wie einige irrtümlich meinen,
sondern *nach Gallien*[21].

12, 1. Jedoch – ich will zum Thema kommen. Als nämlich Lukas
die Genealogien von unten nach oben gehoben und sich beeilt hatte,
die Geburt des Gott-Logos von oben zu betonen und zugleich mit
seiner fleischlichen Heilsgegenwart zu verbinden, damit von den Verirrten der Irrtum abgewandt werde, verstanden sie es nicht. 2. Daher

---

[20] In Kap. 10 resümiert Epiphanius die Chronologie der Kindheitsgeschichte und
führt Luk. 2, 41ff. als Beweis gegen die Auffassung Kerinths und Ebions an,
Jesus sei als erwachsener Mann auf die Welt gekommen. Sodann geht er zum
Problem des luk. Stammbaumes über: Joseph war bereits achtzig Jahre alt und
nur Ziehvater Jesu. Kap. 11 deutet die Tatsache, daß der luk. Stammbaum bis
auf Adam, den Sohn Gottes, zurückgeht: Jesus war einerseits Sohn Gottes,
andererseits aber auch leiblicher Nachkomme Adams.
[21] Textkritisch verdient zweifellos die von Epiphanius abgelehnte Lesart den Vor-
rang; vgl. B. M. Metzger, A Textual Commentary to the Greek New Testament,
1971, 649.

παραιτούμενον εὐαγγελίσασθαι δι᾽ εὐλάβειαν καὶ ταπεινοφροσύνην, ἐπὶ τῇ
225 γηραλέᾳ αὐτοῦ ἡλικίᾳ, μετὰ ἔτη ἐνενήκοντα τῆς αὐτοῦ ζωῆς, μετὰ τὴν ἀπὸ
τῆς Πάτμου ἐπάνοδον τὴν ἐπὶ Κλαυδίου γενομένην Καίσαρος καὶ μετὰ
ἱκανὰ ἔτη τοῦ διατρῖψαι αὐτὸν ἐπὶ τῆς ᾽Ασίας, [ἀναγκάζεται] ἐκθέσθαι τὸ
εὐαγγέλιον. Καὶ οὐκ ἦν αὐτῷ χρεία περὶ τῆς ἐνσάρκου παρουσίας λεπτολο- 3
γεῖν· ἤδη γὰρ ἠσφάλιστο. ᾽Αλλὰ ὡς κατόπιν τινῶν βαίνων καὶ ὁρῶν αὐτοὺς
230 ἐπὶ τὰ ἔμπροσθεν ὄντας καὶ ἐπὶ τὰ ταχύτατα ἑαυτοὺς ἐκδεδωκότας καὶ
πλάνα καὶ ἀκανθώδη, ἀνακαλέσασθαι αὐτοὺς εἰς εὐθεῖαν ὁδὸν προενοεῖτο
καὶ ἀσφαλιζόμενος ἐπικηρυκεύσασθαι αὐτοῖς καὶ εἰπεῖν· τί πλανᾶσθε; Ποῖ
τρέπεσθε; Ποῖ πλανᾶσθε, Κήρινθε καὶ ᾽Εβίων καὶ οἱ ἄλλοι; Οὐκ ἔστιν οὕτως 4
ὡς νομίζετε. Ναί, ἐγεννήθη ὁ Χριστὸς κατὰ σάρκα δῆλον· ἰδοὺ γὰρ αὐτὸς
235 ὁμολογῶ ὅτι ὁ Λόγος σὰρξ ἐγένετο. ᾽Αλλὰ μὴ ἐξότε ἐγένετο σάρξ, νομίσητε
τὸν αὐτὸν εἶναι· οὐκ ἔστι γὰρ ἀπὸ χρόνων Μαρίας μόνον, ὡς ἕκαστος ἡμῶν
ἀφ᾽ ὅτου γεννᾶται ὑπάρχει, πρὶν δὲ τοῦ γεννηθῆναι οὐκ ἔστιν. ῾Ο δὲ ἅγιος θεὸς
Λόγος, ὁ υἱὸς τοῦ θεοῦ, ὁ κύριος ἡμῶν ᾽Ιησοῦς Χριστός, οὐκ ἔστιν ἀπὸ 5
χρόνων Μαρίας μόνον οὔτε ἀπὸ χρόνων ᾽Ιωσὴφ μόνον, οὔτε ῾Ηλὶ οὔτε Λευὶ
240 οὔτε Ζοροβάβελ οὔτε Σαλαθιὴλ οὔτε Νάθαν οὔτε Δαυὶδ οὔτε ἀπὸ ᾽Ιακὼβ
οὔτε ἀπὸ ᾽Ισαὰκ οὔτε ἀπὸ χρόνων τοῦ ᾽Αβραὰμ οὔτε Νῶε οὔτε ᾽Αδὰμ οὔτε
ἀπὸ τῆς πέμπτης ἡμέρας οὔτε ἀπὸ τῆς τετάρτης ἡμέρας οὔτε ἀπὸ τῆς
τρίτης οὔτε ἀπὸ τῆς δευτέρας οὔτε ἐξότε ὁ οὐρανὸς καὶ ἡ γῆ γεγένηται οὔτε
ἐξότε ὁ κόσμος, ἀλλὰ *ἐν ἀρχῇ ἦν ὁ Λόγος καὶ ὁ Λόγος ἦν πρὸς τὸν θεὸν καὶ* 6
245 *θεὸς ἦν ὁ Λόγος. Πάντα δι᾽ αὐτοῦ ἐγένετο, καὶ χωρὶς αὐτοῦ ἐγένετο οὐδὲ ἓν*
ὃ γέγονε καὶ τὰ ἑξῆς.

35, 235　　cf. Ioh. 1, 14.
　　239 ss. cf. Luc. 3, 24 ss.
　　244 ss. Ioh. 1, 1.3.

35, 227　　[ἀναγκάζεται] *Holl.*
　　231　　πλάνα *Holl*: πλάνη aut πλάνας *codd.*
　　231　　προενοεῖτο *Holl*: προνοοῦντας *codd.*
　　232　　ἀσφαλιζόμενος *Holl*: ἀσφαλιζομένου *codd.*
　　237　　ἔστιν *Holl*: εἶναι *codd.*

nötigt der heilige Geist schließlich Johannes, der es auf Grund seiner Frömmigkeit und Demut abgelehnt hatte, ein Evangelium zu schreiben, im Greisenalter, nach neunzig Lebensjahren, nach seiner Rückkehr von der Insel Patmos unter Kaiser Klaudius, und nachdem er schon einige Jahre in Asien verbracht hatte, das Evangelium abzufassen. 3. Für ihn war es nicht nötig über das fleischliche Leben genau zu berichten; denn dieses war schon gesichert. Sondern wie einer, der hinter anderen hergeht und sieht, daß sie ihm vorangehen und über rauhe, irrige und dornige Wege schreiten, und sie auf einen geraden Weg zurückrufen und auf sicherem Gelände mit ihnen verhandeln möchte, ruft er: Warum geht ihr in die Irre? Wohin wendet ihr euch? Wohin irrt ihr, Kerinth, Ebion und die anderen? Es ist nicht so, wie ihr glaubt! Ja, es ist klar, daß Christus dem Fleisch nach geboren ist; siehe, auch ich selbst bekenne: *Das Wort wurde Fleisch.* Aber glaubt doch nicht, daß er erst von da an existierte, als er Fleisch wurde! Er existiert nicht erst von der Zeit Marias ab, wie jeder von uns erst vom Zeitpunkt seiner Geburt ab und nicht vorher existiert. Der heilige Gott-Logos aber, der Sohn Gottes, unser Herr Jesus Christus, existiert nicht erst von der Zeit Marias oder Josephs oder Elis oder Levis oder Serubabels oder Schealtiels oder Nathans oder Davids oder Jakobs oder Isaaks oder von den Zeiten Abrahams oder Noahs oder Adams ab, auch nicht vom fünften oder vierten oder dritten oder zweiten Tag, seit die Erde entstand, noch seit der Kosmos existiert 6. sondern: *Im Anfang war das Wort, und das Wort war bei Gott, und Gott war das Wort. Alles ist durch dieses entstanden, und ohne dieses ist nichts von dem, was besteht, entstanden* und so weiter[22].

---

[22] Es folgt eine sehr umständliche und oft nicht ganz klare Harmonisierung von Joh. 1, 19ff. mit Mk. 1, 14ff. parr. Vgl. dazu H. Merkel, Die Widersprüche, 176–179.

36   *Theodorus Mopsuestenus,* Commentarius in euangelium Iohannis apostoli
(ca. 400), argumentum libri, ed. J.-M. Vosté, CSCO 116, 1940

(p. 2, 31) Iohannes euangelista unus ex Duodecim erat, et quidem
omnium discipulorum iunior. Probus erat ac remotus a quouis studio
naturalis astutiae; ideo magna fiducia erga Dominum nostrum ute-
batur, qui etiam Iohannem ceteris magis diligebat, prout expresse
5 declaratur; quamuis frequenter inueniamus beatum Simonem fuisse
primum. Sed circa hoc unusquisque, prout uult, sentiat; non est enim,
opinione mea, res humana a nobis diiudicanda. (p. 3) Verumtamen
dicitur Dominus Iohannem magis ceteris dilexisse.

Post Domini in caelum ascensionem, longo tempore discipuli Hiero-
10 solymis commorati sunt, uicinas ciuitates obeuntes, et cum iis, qui ex
Iudaeis crediderant, circa uerbum praedicationis colloquentes, donec
magnus ille Paulus electus est et manifeste segregatus ad praedicandum
gentibus. Temporis autem progressu, diuina gratia suos praedicatores
parte exigua terrae concludi minime permittens, diuersis eos muniis
15 ad remota loca emisit. Simonis (magi) siquidem professio beato Petro
Romam proficiscendi occasionem dedit; aliis uero alio ad diuersa loca:
non enim ista recensendi modo tempus est. Sic porro beatus Iohannes
Ephesum uenit incoluitque, uniuersam exinde Asiam peragrans, mag-
namque eius incolis praedicatione sua utilitatem afferens.

20   Tempore ergo illo editi sunt libri ceterorum Euangelistarum, Matthaei et Marci, necnon et Lucae; quippe qui et ipsi composuerint
euangelia. Diffusum mox erat euangelium per uniuersum orbem,
omnesque fideles magno amore studebant lectione addiscere quae et
qualis fuisset Domini conuersatio in terra. Talia similiaque inueniuntur
25 apud tres illos euangelistas descripta, hac sola differentia inter eos
deprehensa. Dum unus credidit scribendum esse de natiuitate Domini
nostri in carne, et de iis quae hac occasione euenerunt; alius e contra

36, 4   cf. Ioh. 13, 23; 19, 26; 20, 2; 21, 7.20.
  5   cf. Matth. 10, 2; 16, 17–19.
26 s.   cf. Matth. 1, 1 ss.
27 s.   cf. Marc. 1, 2 ss.

Theodor von Mopsuestia

36   Kommentar zum Evangelium des Apostels Johannes, Prolog

(p. 2, 31) Der Evangelist Johannes war einer von den Zwölfen, und zwar war er jünger als alle Jünger. Er war bewährt und jedes Streben nach natürlicher Klugheit war ihm fremd; so hatte er großes Vertrauen zu unserem Herrn, der seinerseits Johannes mehr liebte als die übrigen, wie ausdrücklich erklärt wird, wenngleich wir öfters finden, daß der selige Petrus der erste gewesen sei. Aber darüber mag jeder denken, wie er will; denn dies ist meiner Meinung nach keine menschliche Angelegenheit, die von uns zu entscheiden wäre. (p. 3) Aber dennoch heißt es, daß der Herr Johannes mehr geliebt habe als die übrigen.

Nach der Himmelfahrt des Herrn weilten die Jünger lange in Jerusalem, besuchten die nahegelegenen Orte und sprachen mit denen, die aus den Juden zum Glauben gekommen waren, über das Wort der Verkündigung, bis der bedeutende Paulus erwählt und offenkundig zur Verkündigung an die Heiden ausgesondert wurde. Mit fortschreitender Zeit aber ließ es die göttliche Gnade nicht zu, daß ihre Verkündiger auf einen kleinen Landstrich beschränkt waren, und sandte sie mit unterschiedlichen Aufgaben in entfernte Gegenden. Das Auftreten des Magiers Simon gab dem seligen Petrus die Gelegenheit, nach Rom zu reisen; andere erhielten auf andere Weise Veranlassung zur Reise in verschiedene Gegenden; doch jetzt ist nicht die Zeit, diese Begebenheiten durchzugehen. So kam ferner der selige Johannes nach Ephesus und wohnte dort, durchwanderte schließlich ganz Kleinasien und brachte den Einwohnern durch seine Predigt großen Nutzen[1]. Zu jener Zeit also wurden die Bücher der übrigen Evangelisten herausgegeben, des Matthäus, Markus und auch des Lukas; denn auch diese Jünger haben Evangelien verfaßt[2]. Bald war das Evangelium über den ganzen Erdkreis verbreitet, und alle Gläubigen bemühten sich mit großer Liebe durch die Lektüre mehr zu lernen, wie und welcher Art der Wandel des Herrn auf Erden gewesen wäre. Dergleichen findet man bei jenen drei Evangelisten aufgezeichnet; nur dieser eine Unterschied ist zwischen ihnen feststellbar. Während der eine glaubte, er solle über die Geburt unseres Herrn im Fleisch und die sich dabei ergebenden Begleitumstände schreiben, hat der zweite im Gegensatz

---

[1] Zur Tradition vom kleinasiatischen Aufenthalt des Johannes vgl. J. Regul, Evangelienprologe, 104–143.

[2] Die Differenzierung zwischen Aposteln und Apostelschülern ist für Theodor nicht mehr prinzipiell wichtig.

statim a Iohannis baptismo exorsus est. Beatus Lucas uero incepit ab
iis quae in natiuitate Iohannis contigerunt, indeque transiens ad nati-
30 uitatem Domini nostri, uenit et ipse ad Iohannis baptismum.

Verum cum fideles Asiani beatum Iohannem ad euangelium scribendum, et auctoritate ac fide ceteris praepollere existimarent, – ut qui
ab initio cum Domino conuersatus, maiore etiam ob dilectionem suam
gratia donatus fuerat, – libros euangeliorum ei obtulerunt, ut eius circa
35 quae in eisdem scripta sunt iudicium explorarent. Ipse autem scriptores
uti ueritati consonos multum laudauit; nonnulla tamen dixit ab eis
praetermissa, et quidem miracula omnino narranda, doctrinam uero
quasi ex toto apud illos deesse. Addebat insuper cum de Christi in
carne aduentu disseruissent, diuinitatem quoque eius (p. 4) silentio
40 non esse praetereundam, ne temporis successu homines iis dumtaxat
sermonibus assueti, id tantum Dominum nostrum fuisse crederent,
quod ex uerbis istis apparebat. Rogatus est itaque ab uniuersis fratri-
bus ut, quae maxime necessaria iudicaret et ab aliis praetermissa
cerneret, diligenter scripto mandaret. Ipse autem sine mora statim opus
45 aggressus est; turpe enim censuit ut propter neglegentiam unius dam-
num graue paterentur multi.

Propter hunc igitur finem intendit Iohannes euangelium scribere;
quare statim a principio cum doctrina de diuinitate exorsus est, hinc
euangelicam institutionem necessario auspicandam ratus. Deinde ad
50 incarnationis opus transiens, etiam ipse ad Iohannis baptismum accessit, quia perspectum habebat eorum, quae in aduentu Christi in carne

---

36, 28 ss. cf. Luc. 1, 5 ss.
    48   cf. Ioh. 1, 1.
    50   cf. Ioh. 1, 14.
    50   cf. Ioh. 1, 19.

dazu sofort bei der Taufe des Johannes begonnen. Der selige Lukas schließlich begann bei den Ereignissen bei der Geburt des Johannes und ging von da zur Geburt unseres Herrn über und kam dann auch zur Taufe des Johannes[3].

Da aber die gläubigen Kleinasiaten den seligen Johannes sowohl auf Grund seines Ansehens als auch seines Glaubens zur Abfassung eines Evangeliums für geeigneter hielten als die übrigen, da er doch von Anfang an Umgang mit dem Herrn gehabt hatte, ihm auch größere Gnade wegen seiner Liebe geschenkt worden war, brachten sie ihm die Evangelienbücher, um sein Urteil über deren Inhalt zu erkunden[4]. Der aber lobte die Verfasser sehr, da sie mit der Wahrheit übereinstimmten; einiges freilich sei von ihnen ausgelassen worden, vor allem Wunder blieben noch zu berichten, und der Lehrgehalt fehle schließlich bei ihnen ganz[5]. Er fügte hinzu, da jene über das Kommen Christi im Fleisch gehandelt hätten, dürfe auch seine Gottheit (p. 4) nicht stillschweigend übergangen werden, damit die Menschen nicht im Laufe der Zeit sich nur an diese Darstellungen gewöhnten und glaubten, unser Herr sei nur das gewesen, was aus jenen Worten hervorgeht. Daher wurde er von allen Brüdern gebeten[6], was er für das Notwendigste halte und von den anderen übergangen sehe, sorgfältig schriftlich niederzulegen. Er aber machte sich ohne Verzögerung ans Werk; denn er hielt es für schändlich, daß die Menge infolge der Nachlässigkeit eines einzigen Mannes schweren Schaden erleiden sollte.

Mit diesem Ziel beabsichtigte Johannes sein Evangelium zu schreiben; daher begann er gleich mit der Lehre von der Gottheit, da er glaubte, die Evangeliumsunterweisung müsse notwendigerweise von da ihren Ausgang nehmen. Sodann ging er zum Werk der Inkarnation über und dabei kam auch er zur Taufe des Johannes, weil er erkannt hatte, daß nichts anderes als dieses der wahrhaftige Anfang all dessen war, was bei der Gegenwart Christi im Fleisch getan oder gesagt

---

[3] Hier ist wieder die Frage nach den «Anfängen», die schon bei Irenäus (Nr. 3) und im Muratorianum (Nr. 4) eine Rolle gespielt hatte.

[4] Schon bei Euseb (Kirchengeschichte III, 24, 7; Nr. 19) wird Johannes als «Gutachter» der Synoptiker betrachtet, während das Muratorische Fragment (Nr. 4) noch die Autorität aller Apostel für das Johannesevangelium in Anspruch nehmen mußte.

[5] Die seit Clemens (Nr. 6) und Euseb (Nr. 19) bekannte Ergänzungshypothese dürfte nirgends in der Alten Kirche mit derartiger kritischer Schärfe gegen die Synoptiker ausgesprochen worden sein.

[6] Dieser Zug, den schon das Muratorianum (Nr. 4) und Clemens (Nr. 6) bringen, hat sich mit auffälliger Beharrlichkeit durchgehalten: Johannes schrieb nicht freiwillig.

gesta aut dicta sunt, non aliud praeter hoc uerissimum esse principium.
Verumtamen et ipse ad hoc perueniens, existimavit sibi scribenda esse
quae ab aliis omissa fuerunt. Hoc fuit eius propositum inde ab initio;
55 et tale est argumentum libri scribendi. Itaque refert uerba quae
dixerunt Iudaei Iohanni missis nuntiis ad interrogandum eum, ac
responsa quae dedit ipse interrogantibus se. At insuper magnam curam
adhibuit, ut ordinate texeret narrationem suam, indicando scilicet
quaenam prima die facta sint euenerintque atque ubinam, sicut
60 quando dixit: *haec in Bethania facta sunt trans Iordanem.* Deinde
quae euenerint secunda die narrat, scilicet de discipulis qui secuti sunt
eum. Uno uerbo, si quis diligenter examinet, inueniet eum illa tantum
una cum aliis circa Iohannem Baptistam recoluisse, quae series facto-
rum exigebat, et quorum omissio ipsi inconueniens uidebatur.
65   Ordinate prosequitur narrando quae ab illis praetermissa sunt,
solusque memorat Christi praesentiam in conuiuio nuptiali; atque
expresse dicit hoc fuisse initium miraculorum. Sermones quos ipse
refert, fere omnes ab aliis fuerunt omissi, idemque contingit et quoad
miracula. Si autem alicubi signum memorat ab illis iam relatum,
70 absque dubio propter peculiarem (p. 5) utilitatem de eo mentionem facit. Verbi gratia, refert miraculum panum, quo nempe quinque panibus
quinque millia hominum, exceptis mulieribus puerisque, saturauit
Dominus. quod et alii tradiderunt. Ipse uero necessario hoc narrauit
propter sermonem ei conexum, in quo etiam uerba fecit de mysterio
75 (eucharistiae). Occasio enim horum uerborum erat miraculum patra-
tum; neque poterat euangelista eorum mentionem facere, nisi eorum-
dem occasione narrata. Uno uerbo non incongrue loqueretur, qui beati
Iohannis euangelium uocaret complementum omnium illorum quae
desiderabantur et quae ab aliis fuerant omissa. Sic ergo scribit euange-

---

36, 55 ss.   cf. Ioh. 1, 19–27.
60   Ioh. 1, 28.
61 s.   cf. Ioh. 1, 35 ss.
66   cf. Ioh. 2, 1 ss.
67   cf. Ioh. 2, 11.
71 ss.   cf. Ioh. 6, 1 ss.

wurde. Als nun aber auch er an diesen Punkt kam, glaubte er, er solle das schreiben, was die anderen ausgelassen hatten. Dies war von Anfang an sein Vorsatz; und dies ist der Anlaß der Evangelienschreibung. Und so berichtet er die Worte, welche die Juden zu Johannes sagten, als sie Boten gesandt hatten, um ihn zu befragen, und die Antworten, die jener seinen Befragern gab. Aber darüber hinaus wandte er große Mühe an, um seine Erzählung in der richtigen Reihenfolge anzuordnen, indem er angab, was am ersten Tag geschah und sich zutrug und wo; so sagt er beispielsweise: *Dies geschah in Bethanien jenseits des Jordans.* Darauf berichtet er, was sich am zweiten Tag zutrug, nämlich von den Jüngern, die ihm nachfolgten. Mit einem Wort: Wer es genau nachprüft, wird finden, daß er nur jene Begebenheiten im Zusammenhang mit Johannes dem Täufer zusammen mit den anderen in Erinnerung gebracht hat, welche die Reihenfolge der Ereignisse notwendig machte, und deren Auslassung ihm störend erschien.

Der Reihe nach bringt er in seiner Darstellung, was von jenen ausgelassen worden ist, und er allein erwähnt die Anwesenheit Christi beim Hochzeitsmahl, und er sagt ausdrücklich, daß dies der Anfang der Wundertaten gewesen sei. Die Reden, die er aufzeichnet, wurden fast alle von den anderen ausgelassen; und dasselbe trifft für die Wunder zu. Wenn er aber irgendwo ein Zeichen erwähnt, das von jenen schon berichtet worden war, so erwähnt er es ohne Zweifel wegen seines besonderen (p. 5) Nutzens. Zum Beispiel berichtet er das Brotwunder, bei dem der Herr mit fünf Broten fünftausend Menschen – Frauen und Kinder nicht mitgerechnet – sättigte. Dies haben auch andere überliefert. Er (Johannes) hat dies notwendigerweise auch berichtet wegen der Rede, die mit dem Wunder verbunden ist, in der er sich auch über das Sakrament der Eucharistie äußert. Der Anlaß nämlich für diese Worte war das vollbrachte Wunder; der Evangelist konnte sie nicht bringen, ohne ihren Anlaß zu berichten[7]. Mit einem Wort würde derjenige sich nicht unangemessen ausdrücken, welcher das Evangelium des seligen Johannes eine Ergänzungsschrift all dessen, was vermißt wurde und von den anderen ausgelassen worden war, nennt. So also schrieb er sein Evangelium, wie jene (sc. die Klein-

---

[7] Dieselbe Erklärung gibt Theodor auch für die Tatsache, daß Johannes die Tempelreinigung berichtet: «Die anderen sagten nämlich nur, daß Jesus jene (Händler) ausgetrieben habe. Er aber fügte außer den Worten, die die Pharisäer gegen ihn richteten, auch die Antwort hinzu, die ihnen von Jesus entgegnet wurde. Und er spielte nicht nur auf das Geschehen der Auferstehung an, sondern auch auf die Zeit, in der sie stattfinden würde . . .» (zu Joh. 2, 22; Vosté p. 44).

⁸⁰lium suum prout uoluerunt illi (Asiani) dicere, recolendo scilicet quae alii omiserant nec in libris suis consignauerant.

Propter eamdem rationem multum etiam attendit ad ordinem rerum gestarum, quia hoc nulli illorum curae fuit. Quare autem ita egerint, modo non est tempus disserendi. Plura enim retulerunt quae nonnisi ⁸⁵postea euenerunt; ac uice uersa postea narrarunt, quae prius facta sunt. Atque hoc obseruare poterit, quicumque attente eorum libros perlegerit; ne uerba singulorum recitantes sermonem protrahamus descripto fine eorum. Beatus Iohannes uero huic multum studuit, ponens primo quae contigerunt initio, ac deinde quae postea facta sunt cum ⁹⁰ceteris quae reuera ita euenerunt. Et quamius in medio reliquerit plura, utpote ab aliis iam dicta, atque a facto praecedenti transeat ad sequens quod non statim euenit sed multo post; attamen ordinem gestorum non inuertit, quia non ponit initio quae postea contigerunt, neque post alia remouet quae statim a principio facta sunt. Ita in ⁹⁵historia Iohannis Baptistae, prout diximus, agit; nam ordinem seriemque euentuum ibi seruauit. Atque in ceteris inueniet quilibet idem seruatum. Propterea tam frequenter in hoc libro occurrunt uerba: *Post haec . . .*, in capite narrationum; uerbi gratia: *Post haec erat dies festus Iudaeorum*; uel adhuc: *Post haec abiit Iesus trans mare*, et cetera; ¹⁰⁰omissis illis, prout diximus, quae in interuallo euenerunt, aut quia iam ab aliis narrata, aut quia superflua erant, ita ut concise loquatur de necessariis.

(p. 6) Explicatio, quam adiuuante Deo scripturi sumus, accuratam dictorum intellegentiam conferet iis qui assidue accedunt ad hunc ¹⁰⁵librum legendum.

Videtur ergo mihi Iohannes propter magnam suam dilectionem erga Christum tam cito recoluisse quae omissa fuerant. Itaque uerba de Christi diuinitate dicta, sufficienter demonstrant eius magnitudinem.

36, 98   Ioh. 5, 1.
      99   Ioh. 6, 1.

asiaten) es gewünscht hatten, indem er nachtrug, was die anderen ausgelassen und in ihren Schriften nicht niedergelegt hatten.

Aus eben diesem Grund war er auch sehr auf die Reihenfolge der Begebenheiten bedacht; denn darum hatte sich keiner von jenen (früheren Evangelisten) gekümmert. Warum sie so verfuhren, kann jetzt nicht besprochen werden. Sie berichteten nämlich vieles, was sich erst später zutrug; und umgekehrt erzählen sie Dinge später, die früher geschahen[8]. Aber dies kann jeder beobachten, der ihre Schriften aufmerksam durchliest; wir wollen jetzt nicht ihren vollen Wortlaut wiedergeben und unsere Darstellung in die Länge ziehen. Der selige Johannes aber hat großen Wert hierauf gelegt, indem er an den Anfang stellte, was zuerst geschah, und sodann die Begebenheiten aufzeichnete, die danach geschahen, zusammen mit dem, was sich sonst noch wirklich ereignete. Und wenn er auch zwischendurch vieles ausgelassen hat, da es ja schon von den anderen gebracht worden war, und von einem Geschehnis zu einem nächsten übergeht, das sich nicht gleich, sondern viel später ereignete, so hat er dennoch die Reihenfolge der Gegebenheiten nicht umgekehrt, weil er das, was sich später zutrug, nicht an den Anfang stellte, aber auch das, was sich gleich anfangs ereignete, nicht hinter andere Vorgänge zurückstellt. So geht er bei der Geschichte Johannes' des Täufers vor, wie wir schon gesagt haben; denn hier hat er die richtige Reihenfolge der Ereignisse bewahrt. Und ebenso wird man sie bei den übrigen Vorgängen bewahrt finden. Deshalb begegnet in dieser Schrift so oft die Wendung «danach» am Anfang von Erzählungen; zum Beispiel: *Danach war ein Festtag der Juden*, oder: *Danach ging Jesus ans jenseitige Ufer des Meeres*, usw.; dabei wurde, wie gesagt, das ausgelassen, was sich in der Zwischenzeit abspielte, sei es, weil es schon von den anderen berichtet worden war, oder weil es überflüssig war, so daß er nur unzusammenhängend über das Notwendige redet. (p. 6) Die Erklärung, die wir mit Gottes Hilfe jetzt schreiben, wird denjenigen, welche sich beständig mit der Lektüre dieses Buches abgeben, ein klares Verständnis des Wortlauts bieten[9].

Johannes, so scheint mir, hat sich auf Grund seiner großen Liebe zu Christus so schnell daran gemacht, das nachzutragen, was ausgelassen worden war. Daher beweisen die Worte über die Gottheit Christi hinreichend dessen Größe. Die niedrigen Worte aber, die mit seiner Er-

---

[8] Dieser Grundsatz spielt in Augustins De consensu euangelistarum eine große Rolle.
[9] Nach Theodor ist also Johannes lediglich an einer historisch richtigen Darstellung interessiert; von einer Inspiration des Evangelisten ist hier und im ganzen Kommentar nicht die Rede.

Verba autem humilia, haud congruentia celsitudini eius, confusionem
110 maiorem incutiunt Iudaeis propter ipsorum saeuitiam aduersus illum;
ita ut nullum excusationis praetextum haberent, qui crucifigendo eum
putabant nomine Patris ultionem ei esse infligendam; nam omnia dicta
sua et facta ad Patrem referebat, expresse testimonium de hoc per-
hibendo dicens: non esse sua, quae loquitur ipse ac facit. Quod mani-
115 festo ex uerbis Domini apparebit attente ea, quae sunt dicta,
examinanti.

Nam statim ab initio, postquam de diuinitate locutus est, dicit
Iohannem (Baptistam) etiam propterea uenisse ut testimonium per-
hiberet de eius magnitudine. Atque uolens manifestare tale esse suum
120 propositum in hoc libro, scilicet ut redarguat illos qui non crediderunt
nec receperunt eum, dicit: *Non erat ille lux, sed ut testimonium per-
hiberet de lumine.* Hoc est uerbum uituperantis illos qui putabant
oboedire Iohanni, at non recipiebant eum de quo Iohannes testimonium perhibebat. Deinde ad augendam accusationem dicit: *Ad*
125 *propria uenit, et sui non receperunt eum*; ac paulo post: *Iohannes*
testimonium perhibuit et clamauit ac dixit. Quando addit, Iudaeos
misisse a Ierusalem ad eum uiros notos inter illos, ut peterent ac scirent
quis esset, an scilicet eum tamquam Messiam deberent agnoscere,
expresse respondebat se non esse Christum, sed propterea uenisse ut
130 eum manifestaret qui uenturus est, secundum uerbum prophetae. Hoc
confirmat sequentibus uerbis et aliis multis, praecipue uero iis quae
refert Dominum nostrum dixisse ad Iudaeos.

Si quis ergo attente uerba Domini nostri consideret, multa inueniet
ex eis diuersum sensum accipere: quaedam (p. 7) magnitudinem eius
135 manifestant, alia debilia sunt atque euidenter post accuratum examen ei
conuenire nequeunt. Excipiuntur tamen illa quae ipse euangelista
initio libri a semetipso dixit de diuinitate Unigeniti, quae non tamquam verba Domini nostri refert sed tamquam sua propria; haec enim
sunt supra omnem deminutionem. Conueniunt autem magnitudini
140 Unigeniti (uerba Christi), quando docebat fideles et non cum inimicis
loquebatur.

36, 114   cf. Ioh. 5, 19 ss.; 8, 26; 14, 10.
118 s. cf. Ioh. 1, 7.
121 s. Ioh. 1, 8.
124 s. Ioh. 1, 11.
125 s. Ioh. 1, 15.
126 ss. cf. Ioh. 1, 19 ss.
136 s. cf. Ioh. 1, 1–18.

habenheit nicht zusammenstimmen, stoßen die Juden auf Grund ihres Hasses gegen ihn in noch größere Verwirrung, so daß sie keinen entschuldigenden Vorwand mehr hätten, da sie glaubten, durch seine Kreuzigung müßten sie ihn im Namen des Vaters bestrafen; denn alle seine Worte und Taten bezieht er auf den Vater, was er ausdrücklich mit den Worten bezeugt, es sei nicht das Seine, was er spreche und tue. Und dies wird offenkundig aus den Worten des Herrn für jeden, der die Reden aufmerksam untersucht. Denn gleich am Anfang, nachdem er von der Gottheit gesprochen hatte, sagt er, Johannes der Täufer sei dazu gekommen, um Zeugnis von seiner Größe abzulegen. Und in der Absicht, dies als Zweck seines Buches anzugeben, nämlich diejenigen zu widerlegen, welche nicht glaubten und ihn nicht aufnahmen, sagt er: *Jener war nicht das Licht, sondern sollte Zeugnis für das Licht ablegen.* So spricht einer, der diejenigen tadelt, welche dem Johannes vermeintlich gehorchten, aber dennoch den nicht annahmen, für den Johannes Zeugnis ablegte. Weiter sagt er, um die Anschuldigung zu vergrößern: *Er kam in sein Eigentum, und die Seinen nahmen ihn nicht auf*; und wenig später: *Johannes legte Zeugnis ab und rief und sprach.* Wenn er fortfährt, die Juden hätten angesehene Leute aus Jerusalem zu ihm geschickt, um ihn um Auskunft zu bitten, wer er sei, oder ob sie etwa ihn als Messias anerkennen sollten, da antwortete er ausdrücklich, er sei nicht der Christus, sondern er sei dazu gekommen, daß er den offenbar mache, der da kommen solle, gemäß dem Wort des Propheten. Dies bekräftigt er durch die folgenden und viele andere Worte, insbesondere durch diejenigen, welche der Herr nach seinem Bericht zu den Juden gesagt hat.

Wenn jemand also die Worte unseres Herrn aufmerksam betrachtet, wird er bei ihnen vieles finden, was einen unterschiedlichen Sinn annimmt: gewisse (Worte) (p. 7) offenbaren seine Herrlichkeit, andere sind schwächlich und können ihm nach genauer Prüfung nicht entsprechen. Ausgenommen bleibt das, was der Evangelist selbst am Anfang seines Buches von sich aus über die Gottheit des Eingeborenen sagt; das berichtet er ja nicht als Worte unseres Herrn, sondern als seine eigenen Worte; diese nämlich sind über jede Verkleinerung erhaben. (Die Worte Christi) sind aber der Herrlichkeit des Eingeborenen angemessen, wenn er die Gläubigen lehrte und nicht mit seinen Gegnern sprach[10].

---

[10] Von dieser antijüdischen Grundtendenz des Johannes her versucht Theodor das Johannesevangelium zu deuten; vgl. K. Schäferdiek, Studia Patristica X, 1970, 242–246.

37   ibidem VII (p. 238, 34 – 239, 17) (ad Ioh. 19, 14)

Pro illis qui putant euangelistarum uerba sibi contradicere, aliis
dicentibus hora tertia, aliis hora sexta, oportet circa hoc necessario
aliquid dicamus. Pariter atque Iohannes, dixerunt Matthaeus et Lucas
ab hora sexta tenebras fuisse. Statim enim atque exiuit Pilatus ac sedit
5 pro tribunali, tradidit Iesum crucifigendum; et postquam cruci affixus
est, inceperunt tenebrae esse, prout dixerunt euangelistae. – Quod
autem Marcus dixerit horam fuisse tertiam, non est mirum propter,
multas rationes. Primo, quia his euentibus non fuit praesens; deinde,
quia non fuit discipulus Domini nostri, sed a Petro, uel ab aliquo alio
10 apostolo didicit; tertio, quia de momentis et horis omnes homines
diuerse opinantur, nec ullum detrimentum aduenit narratis factis ex
dubio circa horas. Insuper oportet praecipue notemus, Marcum non
de facto aliquo determinato et noto dicere horam fuisse tertiam. Sed
simplici modo ac generatim narrans quae euenerunt, recte dixit ea
15 locum habuisse hora tertia, ita designans totum interuallum temporis
quo haec euenerunt; deinde addidit: *crucifixerunt eum.* Ergo hoc: *erat
hora tertia,* refertur ad narrationem omnium eorum quae interim
euenerunt; illud autem: *crucifixerunt eum* deinde additur ordinate
quoad praecedentia.

38   ibidem VII (p. 244, 13 – 245, 7) (ad Ioh. 20, 1)

Quid intendant dicere qui uolunt increpare uerba eorum utpote
discrepantia, nescio ego. Si enim omnium eorum circa resurrectionem
non fuisset eadem mens; aut quoad diem quo euenit, si non scripsissent
eumdem fuisse; aut quoad mulieres, si non omnes unanimes dixissent
5 illas primum uenisse ad sepulcrum, mortui honorandi causa, toleranda
forsitan foret illorum increpatio uana et inepta. Si uero in omnibus

---

37, 3 s.   cf. Matth. 27, 45; Luc. 23, 44.
    7   cf. Marc. 15, 25.
   16   Marc. 15, 25.
   16 s.   Marc. 15, 25.
   18   Marc. 15, 25.

37 Ebenda VII (zu Joh. 19, 14)

Im Hinblick auf diejenigen, welche glauben, daß die Worte der Evangelisten einander widersprechen, da die einen die dritte Stunde nennen, andere aber die sechste, müssen wir notwendigerweise etwas darüber sagen. Ebenso wie Johannes sagen auch Matthäus und Lukas, daß von der sechsten Stunde an eine Finsternis gewesen sei. Sobald nämlich Pilatus hinausging und sich auf den Richtstuhl setzte, übergab er Jesus zur Kreuzigung; und nachdem er gekreuzigt worden war, begann die Finsternis, wie die Evangelisten sagen. Daß aber Markus sagt, es sei die dritte Stunde gewesen, ist aus vielen Gründen nicht verwunderlich. Erstens war er bei diesen Ereignissen nicht zugegen; sodann war er kein Jünger unseres Herrn, sondern hat es von Petrus oder einem anderen Apostel erfahren; drittens haben alle Menschen hinsichtlich kleiner Zeitabschnitte und Zeitangaben verschiedene Auffassungen, und es entsteht aus einem Zweifel an der Zeit keinerlei Schaden für die erzählten Begebenheiten. Darüber hinaus müssen wir vor allem festhalten, daß Markus nicht im Hinblick auf eine bestimmte und bekannte Begebenheit sagt, es sei die dritte Stunde gewesen. Sondern er erzählt einfach und allgemein, was sich ereignet hatte, und sagt zu Recht, daß sich dies zur dritten Stunde abgespielt habe, womit er den ganzen Zeitraum, an dem sich diese Begebenheiten zutrugen, anzeigte; darauf sagte er: *Sie kreuzigten ihn.* Also bezieht sich die Aussage: *Es war die dritte Stunde* auf die Erzählung alles dessen, das sich inzwischen ereignet hatte; die Aussage: *Sie kreuzigten ihn* wird dann im Hinblick auf das Nachfolgende richtig angereiht[1].

38 Ebenda (zu Joh. 20, 1)

Ich weiß gar nicht, was diejenigen beabsichtigen, welche ihre Worte[1] als widersprüchlich tadeln wollen. Diese ihre nichtige und törichte Schelte wäre vielleicht noch erträglich, wenn sie nicht alle im Hinblick auf die Auferstehung eines Sinnes gewesen wären, oder wenn sie im Hinblick auf den Tag des Ereignisses nicht denselben angegeben hätten; oder wenn sie hinsichtlich der Frauen nicht alle einmütig berichtet hätten, daß diese zuerst zum Grab gekommen seien, um den Toten zu

---

[1] Diese erstaunlich modern anmutende Erklärung eines Widerspruchs, der anderen Kirchenvätern zu kritischen oder antijüdischen Überlegungen Anlaß gab (vgl. Nr. 24 und 65), ist durchaus charakteristisch für Theodor.

[1] Theodor hat im Vorhergehenden Joh. 20, 1, Matth. 28, 1; Luk. 24, 12 und Mark. 16, 2–4 angegeben.

illis perfectum consensum produnt, dum omnes resurrectionem prae-
dicant, et eumdem diem indicant, dicuntque mulieres primum uenisse
ad sepulcrum, quid uolunt ergo de momentis discutere, nescio ego;
10 cum, meo iudicio, non aliud requiratur ad confirmandam ueritatem
eorum quae dicta sunt, quam ut in uerbis ad haec necessariis magnum
prodiderint consensum; in minutis uero, et in illis quae prout homines
parui penderunt, inueniuntur haud concordare uerba eorum, quoad
momenta scilicet et horas est discrepantia et dissensio eorum. Si enim
15 decipere uoluissent, eadem foret eis sententia in omnibus uerbis; nihil
impediebat eos qui decipere uellent, quominus inter se conuenirent, ut
perfectam concordiam seruarent in narratione sua. Sed quia facta
uolebant narrare et unusquisque eorum seorsim scribebat historiam
suam, necessario exinde in minutis discrimen habebatur. Multa enim
20 habentur propter quae hoc eis accideret; primo quidem, quia non
omnes fuerunt e discipulis qui cum Domino nostro uersati sunt; Lucas
enim et Marcus non erant de numero eorum qui eum semper comitati
sunt; secundo, neque alii adfuerunt iis quae in fine acciderunt, cum in
tumultu horum euentuum fugerint. Ego igitur etiam in illis quae
25 calumniatoribus uidentur dissonantia, inuenio, post accuratum examen, perfectum consensum, quem et pandere uolo debita attentione
examinando uerba illa, etiam si (primo) auditu uideantur discrepantia.

39   *Iohannes Chrysostomus,* Homiliae in Matthaeum (390) I, MPG 57

   2. ... Καὶ τί δήποτε τοσούτων ὄντων τῶν μαθητῶν, δύο γράφουσιν ἐκ
τῶν ἀποστόλων μόνοι, καὶ δύο ἐκ τῶν τούτοις ἀκολούθων; Ὁ μὲν γὰρ
Παύλου, ὁ δὲ Πέτρου μαθητὴς ὤν, μετὰ Ἰωάννου καὶ Ματθαίου τὰ

ehren. Wenn sie aber in all diesen Angaben völlige Übereinstimmung kundtun, da sie alle die Auferstehung verkündigen und denselben Tag angeben und auch berichten, daß die Frauen zuerst zum Grab kamen, dann weiß ich nicht, warum sie wegen Kleinigkeiten noch viel Aufhebens machen; denn nach meinem Urteil bedarf es zur Bekräftigung der Wahrheit des Gesagten nur dessen, daß sie in den dafür nötigen Aussagen weitgehend übereinstimmen. In Kleinigkeiten freilich, und zwar in Dingen, die die Menschen für unwichtig halten, findet man, daß ihre Worte nicht übereinstimmen, insofern als zwischen ihnen ein Unterschied und Widerspruch bezüglich kleiner Zeitangaben und Stunden besteht. Wenn sie nämlich hätten täuschen wollen, dann hätten sie wörtlich gleiche Aussagen geboten; denn nichts hätte sie, wenn sie Betrugsabsicht gehabt hätten, daran hindern können, eine Absprache zu treffen, so daß sie in ihrer Erzählung vollkommen Einmütigkeit zeigten[2]. Da sie aber Ereignisse berichten wollten und jeder von ihnen seine Darstellung gesondert schrieb, stellte sich in Kleinigkeiten notwendigerweise ein Unterschied ein. Es gibt viele Gründe, um derentwillen ihnen dies zustieß: erstens, weil nicht alle zu den Jüngern gehörten, die mit unserem Herrn Umgang hatten; Lukas und Markus gehörten nicht zur Zahl derer, die ihn immer begleitet hatten; zweitens waren auch die anderen nicht bei den Ereignissen am Ende dabei, da sie im Tumult jener Ereignisse geflohen waren. Somit finde ich sogar in den Punkten, die den Verleumdern widersprüchlich erscheinen, nach genauer Prüfung eine vollkommene Übereinstimmung, die ich auch ausführlich darlegen will, wobei ich mit gebührender Aufmerksamkeit jene Worte prüfen will, auch wenn sie beim ersten Hören widersprüchlich erscheinen ...

Johannes Chrysostomus

39   Matthäus-Homilien I, 2–4

2 (...) Wie aber kommt es, daß, obwohl es doch so viele Jünger gab, nur zwei von den Aposteln und nur zwei von deren Gefolgsleuten schrieben? Der eine ein Schüler des Paulus, der andere des Petrus, schrieben sie zusammen mit Johannes und Matthäus Evangelien. Das

---

[2] Diesen geschickten apologetischen Schachzug hat Theodor auch schon hinsichtlich der Widersprüche in den Darstellungen des Prozesses gegen Jesus angewandt (zu Joh. 18, 28; p. 235; vgl. auch p. 252); er kehrt wieder bei Johannes Chrysostomus, Matthäus-Homilien I.

εὐαγγέλια ἔγραψαν. Ὅτι οὐδὲν πρὸς φιλοτιμίαν ἐποίουν, ἀλλὰ πάντα πρὸς
5 χρείαν. Τί οὖν; Οὐκ ἦρκει εἷς εὐαγγελιστὴς πάντα εἰπεῖν; Ἦρκει μέν·
ἀλλὰ κἂν τέσσαρες ὦσιν οἱ γράφοντες, μήτε κατὰ τοὺς αὐτοὺς καιρούς,
μήτε ἐν τοῖς αὐτοῖς τόποις, μήτε συνελθόντες καὶ διαλεχθέντες ἀλλήλοις,
εἶτα ὥσπερ ἀφ' ἑνὸς στόματος πάντα φθέγγωνται μεγίστη τῆς ἀληθείας
ἀπόδειξις τοῦτο γίνεται.
10 Καὶ μὴν τοὐναντίον συνέβη, φησί· πολλαχοῦ γὰρ διαφωνοῦντες ἐλέγχον-
ται. Αὐτὸ μὲν οὖν τοῦτο μέγιστον δεῖγμα τῆς ἀληθείας ἐστίν. Εἰ γὰρ πάντα
συνεφώνησαν μετὰ ἀκριβείας, καὶ μέχρι καιροῦ, καὶ μέχρι τόπου, καὶ μέχρι
ῥημάτων αὐτῶν, οὐδεὶς ἂν ἐπίστευσε τῶν ἐχθρῶν, ὅτι μὴ συνελθόντες ἀπὸ
συνθήκης τινὸς ἀνθρωπίνης ἔγραψαν ἅπερ ἔγραψαν· οὐ γὰρ εἶναι τῆς
15 ἁπλότητος τὴν τοσαύτην συμφωνίαν. Νυνὶ δὲ καὶ ἡ δοκοῦσα ἐν μικροῖς
εἶναι διαφωνία πάσης ἀπαλλάττει αὐτοὺς ὑποψίας, καὶ λαμπρῶς ὑπὲρ τοῦ
τρόπου τῶν γραψάντων ἀπολογεῖται. Εἰ δέ τι περὶ καιρῶν ἢ τόπων
διαφόρως ἀπήγγειλαν, τοῦτο οὐδὲν βλάπτει τῶν εἰρημένων τὴν ἀλήθειαν.
Καὶ ταῦτα δέ, ὡς ἂν ὁ Θεὸς παρέχῃ, πειρασόμεθα προϊόντες ἀποδεῖξαι,
20 ἐκεῖνο μετὰ τῶν εἰρημένων ἀξιοῦντες ὑμᾶς παρατηρεῖν, ὅτι ἐν τοῖς κεφαλαί-
οις καὶ συνέχουσιν ἡμῶν τὴν ζωὴν καὶ τὸ κήρυγμα συγκροτοῦσιν, οὐδαμοῦ
τις αὐτῶν οὐδὲ μικρὸν διαφωνήσας εὑρίσκεται. Τίνα δὲ ταῦτά ἐστιν; Οἷον,
ὅτι ὁ Θεὸς ἄνθρωπος ἐγένετο, ὅτι θαύματα ἐποίησεν, ὅτι ἐσταυρώθη, ὅτι
ἐτάφη, ὅτι ἀνέστη, ὅτι ἀνῆλθεν, ὅτι μέλλει κρίνειν, ὅτι ἔδωκε σωτηριώδεις
25 ἐντολάς, ὅτι οὐκ ἐναντίον τῇ Παλαιᾷ νόμον εἰσήνεγκεν, ὅτι Υἱός, ὅτι
Μονογενής, ὅτι γνήσιος, ὅτι τῆς αὐτῆς οὐσίας τῷ Πατρί, καὶ ὅσα τοιαῦτα·
περὶ γὰρ ταῦτα πολλὴν εὑρήσομεν οὖσαν αὐτοῖς συμφωνίαν. Εἰ δὲ ἐν τοῖς
θαύμασι μὴ πάντες πάντα εἶπον, ἀλλ' ὁ μὲν ταῦτα, ὁ δὲ ἐκεῖνα, τοῦτό σε μὴ
θορυβείτω· εἴτε γὰρ εἷς πάντα εἶπε, περισσὸς ἦν ὁ τῶν λοιπῶν ἀριθμός·
30 εἴτε πάντες ἐξηλλαγμένα καὶ καινὰ πρὸς ἀλλήλους ἔγραψαν, οὐκ ἂν ἐφάνη
τῆς συμφωνίας ἡ ἀπόδειξις. Διὰ τοῦτο καὶ κοινῇ πολλὰ διελέχθησαν, καὶ
ἕκαστος αὐτῶν ἰδιόν τι λαβὼν εἶπεν, ἵνα μήτε περισσὸς εἶναι δόξῃ καὶ
προσερρῖφθαι ἁπλῶς, καὶ τῆς ἀληθείας τῶν λεγομένων ἀκριβῆ παράσχηται
τὴν βάσανον ἡμῖν.

war deshalb so, weil sie nichts aus Ehrsucht taten, sondern nur was nützlich war. Wie denn? Hätte es nicht genügt, wenn ein einziger Evangelist alles berichtet hätte? Ja, es hätte genügt; aber auch wenn es vier sind, die geschrieben haben, so schrieben sie weder zur gleichen Zeit noch am gleichen Ort, und sie kamen auch nicht zusammen, um sich untereinander abzusprechen; daher ist es der beste Beweis für die Wahrheit, wenn sie wie aus einem Mund sprechen. Aber, so heißt es, gerade das Gegenteil trifft doch zu; denn oftmals wird aufgedeckt, daß sie einander widersprechen. Aber auch dies ist ein sehr großer Erweis der Wahrheit. Denn wenn sie ganz genau übereinstimmen würden, und zwar bis in die Orts- und Zeitangaben und in den Wortlaut hinein, dann würde kein Gegner glauben, daß sie das, was sie schrieben, nicht nach menschlicher Absprache geschrieben haben; denn eine so weitgehende Übereinstimmung sei kein Zeichen von Ehrlichkeit. So aber befreit sie mehr der scheinbare Widerspruch in geringfügigen Punkten von jedem Mißtrauen, und legt zugleich ein glänzendes Zeugnis für den Charakter der Verfasser ab. Wenn sie aber im Hinblick auf Zeit- oder Ortsangaben widersprüchlich berichtet haben, dann beeinträchtigt dies die Wahrheit ihrer Ausführungen überhaupt nicht. Im weiteren Verlauf werden wir, soweit Gott uns dazu Hilfe schenkt, versuchen, dies zu beweisen; wir bitten euch aber, zusammen mit dem bereits Dargelegten dies zu beachten, daß in den Hauptfragen, an denen unser Leben hängt und die den Hauptbestand der Verkündigung bilden, niemals einer von ihnen auch nur in geringfügigem Widerspruch zu den anderen erfunden wird. Worum handelt es sich da? Etwa darum, daß Gott Mensch wurde, daß er Wunder tat, daß er gekreuzigt wurde, daß er begraben wurde, daß er auferstand, daß er zum Himmel auffuhr, daß er Gericht halten wird, daß er heilsame Gebote gab, daß er ein nicht im Widerspruch zum Alten Testament stehendes Gesetz einführte, daß er der Sohn, der Einziggeborene, der Wahre ist, daß er eines Wesens mit dem Vater ist und derartiges mehr. Über diese Fragen werden wir bei ihnen nämlich volle Übereinstimmung finden. Wenn aber bei den Wundern nicht jeder alle berichtet, sondern der eine diese, der andere jene, so darf dich das nicht verwirren; denn hätte einer alle berichtet, dann wären die anderen (Evangelisten) überflüssig; wenn aber alle verschiedene und bei den anderen nicht zu findende (Wunder) berichtet hätten, dann wäre der Aufweis ihrer Übereinstimmung nicht in Erscheinung getreten. Deshalb haben sie vieles gemeinsam dargelegt, aber jeder von ihnen hat auch etwas Eigenes berichtet, damit er nicht überflüssig und einfach als Anhängsel erscheine und uns einen gründlichen Beweis für die Wahrheit des Gesagten liefere.

139

35   3. Ὁ μὲν οὖν Λουκᾶς καὶ τὴν αἰτίαν φησὶ, δι' ἣν ἐπὶ τὸ γράφειν ἔρχεται·
"Ἵνα ἔχῃς γὰρ, φησὶ, περὶ ὧν κατηχήθης λόγων τὴν ἀσφάλειαν· τουτέστιν,
"Ἵνα συνεχῶς ὑπομιμνησκόμενος τὴν ἀσφάλειαν ἔχῃς, καὶ ἐν ἀσφαλείᾳ
μένῃς. Ὁ δὲ Ἰωάννης αὐτὸς μὲν ἐσίγησε τὴν αἰτίαν· ὡς γὰρ λόγος φησὶν
ἄνωθεν καὶ ἐκ πατέρων εἰς ἡμᾶς καταβάς, οὐδὲ αὐτὸς ἁπλῶς ἐπὶ τὸ γράφειν
40   ἦλθεν· ἀλλ' ἐπειδὴ τοῖς τρισὶν ἡ σπουδὴ γέγονε τῷ τῆς οἰκονομίας
ἐνδιατρῖψαι λόγῳ, καὶ τὰ τῆς θεότητος ἐκινδύνευεν ἀποσιωπᾶσθαι δόγμα-
τα, τοῦ Χριστοῦ κινήσαντος αὐτὸν λοιπόν, οὕτως ἦλθεν ἐπὶ τὴν εὐαγγε-
λικὴν συγγραφήν. Καὶ τοῦτο δῆλον καὶ ἐξ αὐτῆς τῆς ἱστορίας, καὶ τῶν τοῦ
εὐαγγελίου προοιμίων. Οὐδὲ γὰρ ὁμοίως τοῖς λοιποῖς κάτωθεν ἄρχεται, ἀλλ'
45   ἄνωθεν, πρὸς ὅπερ ἠπείγετο, καὶ διὰ τοῦτο τὸ πᾶν βιβλίον συνέθηκεν. Οὐκ
ἐν τοῖς προοιμίοις δὲ μόνον, ἀλλὰ καὶ διὰ παντὸς τοῦ εὐαγγελίου τῶν
ἄλλων ἐστὶν ὑψηλότερος. Λέγεται δὲ καὶ Ματθαῖος, τῶν ἐξ Ἰουδαίων
πιστευσάντων προσελθόντων αὐτῷ καὶ παρακαλεσάντων, ἅπερ εἶπε διὰ
ῥημάτων, ταῦτα ἀφεῖναι διὰ γραμμάτων αὐτοῖς, καὶ τῇ τῶν Ἑβραίων
50   φωνῇ συνθεῖναι τὸ εὐαγγέλιον· καὶ Μάρκος δὲ ἐν Αἰγύπτῳ, τῶν μαθητῶν
παρακαλεσάντων, αὐτὸ τοῦτο ποιῆσαι. Διὰ δὴ τοῦτο ὁ μὲν Ματθαῖος, ἅτε
Ἑβραίοις γράφων, οὐδὲν πλέον ἐζήτησε δεῖξαι, ἢ ὅτι ἀπὸ Ἀβραὰμ καὶ
Δαυῒδ ἦν. Ὁ δὲ Λουκᾶς, ἅτε κοινῇ πᾶσι διαλεγόμενος, καὶ ἀνωτέρω τὸν
λόγον ἀνάγει, μέχρι τοῦ Ἀδὰμ προϊών. Καὶ ὁ μὲν ἀπὸ τῆς γενέσεως
55   ἄρχεται· οὐδὲν γὰρ οὕτως ἀνέπαυε τὸν Ἰουδαῖον, ὡς τὸ μαθεῖν αὐτὸν, ὅτι
τοῦ Ἀβραὰμ καὶ τοῦ Δαυῒδ ἔγγονος ἦν ὁ Χριστός· ὁ δὲ οὐχ οὕτως, ἀλλ'
ἑτέρων πλειόνων μέμνηται πραγμάτων, καὶ τότε ἐπὶ τὴν γενεαλογίαν
πρόεισι. Τὴν δὲ συμφωνίαν αὐτῶν καὶ ἀπὸ τῆς οἰκουμένης παραστήσομεν
τῆς δεξαμένης τὰ εἰρημένα, καὶ ἀπ' αὐτῶν τῶν τῆς ἀληθείας ἐχθρῶν. Καὶ
60   γὰρ πολλαὶ μετ' ἐκείνους αἱρέσεις ἐπέχθησαν, ἐναντία δοξάζουσαι τοῖς
εἰρημένοις· καὶ αἱ μὲν πάντα κατεδέξαντο τὰ λεχθέντα, αἱ δὲ μέρη τῶν
εἰρημένων ἀποκόψασαι τῶν λοιπῶν, οὕτω παρ' ἑαυταῖς ἔχουσιν. Εἰ δὲ
μάχη τις ἦν ἐν τοῖς εἰρημένοις, οὔτ' ἂν αἱ τἀναντία λέγουσαι ἅπαντα ἂν
ἐδέξαντο, ἀλλὰ μέρος τὸ δοκοῦν αὐταῖς συνᾴδειν· οὔτ' ἂν αἱ μέρος
65   ἀπολαβοῦσαι διηλέγχθησαν ἀπὸ τοῦ μέρους, ὡς μηδὲ τὰ κόμματα αὐτὰ

39, 36   Luc. 1, 4.
52 s.   cf. Matth. 1, 1 ss.
54   cf. Luc. 3, 38.

3. Lukas gibt auch an, welcher Grund ihn zum Schreiben veranlaßt: *Damit du,* so sagt er, *Gewißheit erhältst über die Lehren, in denen du unterwiesen wurdest*; d. h. damit du beständig daran erinnert würdest und so Gewißheit erhieltest und in dieser Gewißheit bleiben mögest. Johannes selbst hat den Grund nicht angegeben; aber nach der aus alter Zeit und von unseren Vätern herkommenden Überlieferung hat auch er sich nicht einfach ans Schreiben gemacht, sondern auf Grund der Tatsache, daß das Bemühen der drei (früheren Evangelisten) sich mehr auf die Darstellung des irdischen Wirkens richtete, und Gefahr bestand, daß die Lehren von der Gottheit verschwiegen werden würden, machte er sich an die Abfassung der Evangelienschrift, wobei ihn übrigens Christus auch selbst veranlaßte. Dies wird sowohl aus der Darstellung selbst deutlich als auch aus dem Proömium des Evangeliums; denn er beginnt nicht wie die anderen mit Irdischem, sondern mit Himmlischem, worauf sich sein Sinn besonders richtete, und deshalb hat er das ganze Buch geschrieben. Und nicht nur im Proömium, sondern im ganzen Evangelium steht er auf höherer Warte als die anderen. Ferner heißt es von Matthäus, es seien gläubig gewordene Juden an ihn herangetreten und hätten ihn gebeten, ihnen seine mündliche Verkündigung auch schriftlich zu hinterlassen, und er habe das Evangelium in hebräischer Sprache geschrieben. Dasselbe habe Markus in Ägypten auf Bitten seiner Schüler hin getan. Daher hat Matthäus – er schrieb ja für Hebräer – nur dies eine zu beweisen gesucht, daß er (sc. Jesus Christus) von Abraham und David abstamme. Lukas aber, der allgemein alle Menschen ansprechen wollte, ging noch höher hinauf, und zwar bis Adam. Darum beginnt auch der erstere mit der Abstammung (Jesu); denn nichts beruhigte die Juden so sehr, als zu erfahren, daß Christus ein Nachkomme Abrahams und Davids war. Der letztere aber ging nicht so vor, sondern erwähnt viele andere Begebenheiten und kommt dann erst auf den Stammbaum zu sprechen. Ihre Übereinstimmung aber werden wir mit Hilfe des ganzen Erdkreises, der diese Berichte angenommen hat, und auch mit Hilfe der Feinde der Wahrheit beweisen. Denn nach jenen (Evangelisten) entstanden viele Häresien, die das Gegenteil von dem annahmen, was bisher gesagt worden war. Die einen nahmen alles an, was vorlag, die anderen trennten Teile vom Rest der Darlegungen ab und verwenden diese bei sich. Wenn aber zwischen diesen Darstellungen ein Widerspruch bestünde, dann hätten (die Häretiker), die ihnen widersprechen, nicht alles übernommen, sondern nur den Teil, der für sie günstig ist. Aber auch diejenigen, welche nur einen Teil übernahmen, hätten von diesem Teil aus nicht widerlegt werden können, da ja diese feh-

λανθάνειν, ἀλλὰ βοᾶν τὴν πρὸς τὸ ὅλον σῶμα συγγένειαν. Καὶ καθάπερ ἂν
ἀπὸ πλευρᾶς λάβῃς τι μέρος, καὶ ἐν τῷ μέρει τὰ πάντα εὑρήσεις, ἀφ' ὧν τὸ
ὅλον ζῷον συνέστηκε, καὶ νεῦρα, καὶ φλέβας, καὶ ὀστᾶ, καὶ ἀρτηρίας, καὶ
αἷμα, καὶ ὁλοκλήρου, ὡς ἂν εἴποι τις, τοῦ φυράματος δεῖγμα· οὕτω καὶ ἐπὶ
70 τῶν Γραφῶν ἔστιν ἰδεῖν ἑκάστῳ τῶν εἰρημένων μέρει τὴν τοῦ παντὸς
συγγένειαν διαφαινομένην. Εἰ δὲ διεφώνουν, οὔτ' ἂν τοῦτο ἐδείχθη, καὶ
αὐτὸ πάλαι ἂν διελύθη τὸ δόγμα· *Πᾶσα γὰρ βασιλεία, φησὶν, ἐφ' ἑαυτῆς*
μερισθεῖσα οὐ σταθήσεται. Νῦν δὲ κἂν τούτῳ τοῦ Πνεύματος ἡ ἰσχὺς
λάμπει, πείσασα τοὺς ἀνθρώπους, περὶ τὰ ἀναγκαιότερα καὶ κατεπείγοντα
75 γενομένους, μηδὲν ἀπὸ τῶν μικρῶν τούτων παραβλάπτεσθαι.

4. Ἔνθα μὲν οὖν ἕκαστος διατρίβων ἔγραψεν, οὐ σφόδρα ἡμῖν δεῖ
ἰσχυρίσασθαι· ὅτι δὲ οὐ κατ' ἀλλήλων ἔστησαν, τοῦτο διὰ πάσης τῆς
πραγματείας πειρασόμεθα ἀποδεῖξαι. Σὺ δὲ ταὐτὸν ποιεῖς, διαφωνίαν
αἰτιώμενος, ὥσπερ ἂν εἰ καὶ ῥήματα τὰ αὐτὰ ἐκέλευες εἰπεῖν, καὶ τρόπους
80 λέξεων. Καὶ οὔπω λέγω ὅτι καὶ οἱ μέγα ἐπὶ ῥητορικῇ καὶ φιλοσοφίᾳ
κομπάζοντες, πολλοὶ πολλὰ βιβλία γράψαντες περὶ τῶν αὐτῶν πραγμάτων,
οὐ μόνον ἁπλῶς διεφώνησαν, ἀλλὰ καὶ ἐναντίως ἀλλήλοις εἶπον. Καὶ γὰρ
ἕτερόν ἐστι διαφόρως εἰπεῖν, καὶ μαχομένους εἰπεῖν. Οὐδὲν τούτων λέγω.
μή μοι γένοιτο ἐκ τῆς ἐκείνων παρανοίας συνθεῖναι τὴν ἀπολογίαν· οὐδὲ
85 γὰρ ἀπὸ τοῦ ψεύδους τὴν ἀλήθειαν συστήσασθαι βούλομαι. Ἀλλ' ἐκεῖνο
ἡδέως ἂν ἐροίμην, Πῶς ἐπιστεύθη τὰ διαφωνοῦντα; πῶς ἐκράτησε; πῶς
ἐναντία λέγοντες ἐθαυμάζοντο, ἐπιστεύοντο, ἀνεκηρύττοντο πανταχοῦ τῆς
οἰκουμένης; Καίτοι πολλοὶ οἱ μάρτυρες τῶν λεγομένων ἦσαν, πολλοὶ δὲ καὶ
οἱ ἐχθροὶ καὶ πολέμιοι. Οὐ γὰρ ἐν γωνίᾳ μιᾷ γράψαντες αὐτὰ κατώρυξαν,
90 ἀλλὰ πανταχοῦ γῆς καὶ θαλάττης ἥπλωσαν ὑπὸ ταῖς πάντων ἀκοαῖς· καὶ
ἐχθρῶν παρόντων ταῦτα ἀνεγινώσκετο, καθάπερ καὶ νῦν, καὶ οὐδένα οὐδὲν
τῶν εἰρημένων ἐσκανδάλισε. Καὶ μάλα εἰκότως· θεία γὰρ δύναμις ἦν ἡ
πάντα ἐπιοῦσα καὶ κατορθοῦσα παρὰ πᾶσιν.

39, 72 s.   Matth. 12, 25; Marc. 3, 24.
    89   cf. Act. 26, 26.

lenden Stücke nicht verborgen bleiben konnten, sondern ihre Zugehörigkeit zum ganzen Leib laut kundgaben. Wenn man ein Stück aus
dem Körper herausschneidet, wird man auch in dem Teil alles finden,
woraus das ganze Lebewesen besteht, Nerven, Gefäße, Knochen,
Arterien, Blut, gewissermaßen ein Muster des ganzen Gebildes. Ebenso
verhält es sich mit der Schrift: Man kann an jedem Teil die Zusam-
mengehörigkeit mit dem Ganzen durchscheinen sehen. Wenn sie aber
Widersprüche enthielt, dann würde dies nicht deutlich werden, und
schon längst wäre das Dogma aufgelöst worden. *Kein Reich, das mit
sich selbst entzweit ist, hat Bestand,* so heißt es. So aber erstrahlt auch
dadurch die Kraft des heiligen Geistes, daß sie die Menschen dazu
bringt, sich mit dem Notwendigeren und Notwendigsten zu befassen
und an derartigen Kleinigkeiten keinen Schaden zu nehmen.

4. Auf die Frage, wo sich ein jeder aufhielt, als er (sein Evangelium)
schrieb, müssen wir kein großes Gewicht legen; daß sie sich aber nicht
im Widerspruch zueinander befinden, werden wir im ganzen Verlauf
unserer Darstellung zu beweisen versuchen. Du aber, der du sie des
Widerspruchs anklagst, verlangst, daß sie gewissermaßen selbst die
gleichen Worte und Redewendungen benützen. Ich will gar nicht
davon sprechen, daß auch viele Männer, die auf ihre Rhetorik und
Philosophie mächtig stolz waren, dicke Bücher über einen und denselben Gegenstand geschrieben haben, und dabei nicht nur Unter-
schiedliches, sondern sogar einander Widersprechendes sagten. Denn
es ist nicht dasselbe, ob man eine unterschiedliche oder eine widersprüchliche Darstellung gibt. Darüber rede ich aber nicht; denn ich
will meine Verteidigung nicht auf Grund der Dummheit jener Leute
unternehmen; auch will ich nicht mit Hilfe der Lüge die Wahrheit
beweisen. Aber folgende Frage möchte ich gerne stellen: Wie hätte
Widersprüchliches Glauben finden können? Wie hätte es sich durch-
setzen können? Wie hätten Leute, die einander widersprachen, in der
ganzen Welt Bewunderung und Glauben finden, und bekannt gemacht
werden können? Wenn auch die Zeugen für das, was sie sagten zahlreich waren, so waren doch auch die Feinde und Gegner zahlreich.
Denn sie schrieben nicht in irgendeinem Winkel und vergruben es
dann, sondern sie verbreiteten es über Land und Meer, so daß es allen
zu Gehör kam. Selbst in Anwesenheit ihrer Feinde wurde es verlesen,
wie es auch heute noch geschieht, und niemand hat an irgendetwas
Anstoß genommen. Und das ist ganz natürlich; denn es war die Kraft
Gottes, die überall Eingang fand und in allem wirkte.

143

40 *Ambrosius,* Expositio euangelii secundum Lucam (377/389), ed. M. Adriaen, CCL 14, 1957
Prologus 1–4, 7–8

1. Scripturi in euangelii librum, quem Lucas sanctus pleniore quodam modo rerum dominicarum distinctione digessit, stilum ipsum prius exponendum putamus; est enim historicus. Nam licet scriptura diuina mundanae euacuet sapientiae disciplinam, quod maiore fucata
5 uerborum ambitu quam rerum ratione subnixa sit, tamen si quis in scripturis diuinis etiam illa quae miranda illi putant quaerit, inueniet.
2. Tria sunt enim quae philosophi mundi istius praecellentissima putauerunt, triplicem scilicet esse sapientiam, quod aut naturalis sit aut moralis aut rationalis. Haec tria iam et in ueteri testamento potui-
10 mus aduertere. Quid enim aliud significant tres illi putei, quorum unus est uisionis, alius abundantiae, tertius iuramenti, nisi triplicem istam in patriarchis fuisse uirtutem? Rationalis puteus uisionis eo quod ratio uisum mentis acuat et animi purget optutum, ethicus puteus abundantiae eo quod cedentibus allophylis, quorum specie uitia corporis
15 figurantur, uiuae Isaac liquorem mentis inuenit – purum enim profluunt boni mores et bonitas ipsa popularis abundat aliis sibi restrictior – tertius puteus iuramenti, hoc est sapientiae naturalis, quae ea quae supra naturam uel naturae sunt conprehendat; quod enim adfirmat et

40, 4   cf. 1. Cor. 1, 17 ss.
   10 ss. cf. Gen. 26, 22–24.33.
   13 s. cf. Gen. 26, 22.

Ambrosius

40   Kommentar zum Lukasevangelium
Prolog 1–4; 7–8

1. Wenn wir jetzt beginnen, über das Evangelienbuch zu schreiben, welches der heilige Lukas gleichsam in größerem Rahmen über die Geschichte des Herrn verfaßte, so glauben wir, zuerst die Darstellungsweise selbst erläutern zu sollen; denn sie ist die des Historikers. Mag auch die Heilige Schrift das Gebiet der weltlichen Weisheit für wertlos erklären, da sie sich mehr mit eitlen Worten herausputzt als daß sie sich auf sachliche Überlegung stützte, so wird doch derjenige, welcher auch in den Heiligen Schriften das sucht, was jene für bewundernswert halten, es finden[1]. 2. Dreierlei nämlich halten die Philosophen dieser Welt für das Erhabenste; denn die Weisheit habe drei Bereiche, entweder die Natur oder die Ethik oder die Vernunft[2]. Diese Dreiheit konnten wir ja schon im Alten Testament feststellen. Denn was bedeuten jene drei Brunnen – der eine ist der Brunnen der Schauung, der zweite der des Überflusses, der dritte der des Schwurs – anderes, als daß jener dreifache Vorzug auch schon den Patriarchen innewohnte[3]? Das Vernünftige stellt der Brunnen der Schauung dar, insofern die Vernunft die Schau des Geistes schärft und den Blick der Seele reinigt, die Ethik stellt der Brunnen des Überflusses dar, insofern Isaak erst nach dem Weggang der Fremdstämmigen, durch welche die fleischlichen Laster repräsentiert werden, das Wasser des lebendigen Geistes fand – Reines nämlich fließt aus den guten Sitten, und die Güte, von sich aus auf den Mitmenschen bezogen, ist überreich für andere, gegen sich selbst sehr eingeschränkt. Der dritte Brunnen des Schwurs bedeutet die Naturphilosophie, die sowohl das Übernatürliche als auch das Natürliche umgreift. Denn was sie bekräftigt und sozusagen bei Gott als Zeugen schwört, das umfaßt auch das Göttliche, wenn der

---

[1] Ambrosius hat mehr als andere Kirchenväter seine philosophische Bildung auch als Christ ausgewertet; vgl. P. Courcelle, Recherches sur Saint Ambroise, 1973, 15 s. (mit reichen Literaturhinweisen).

[2] Diese Dreiteilung der Philosophie nennt bereits Cicero, Academicorum reliquiae I, 5, 19: Fuit ergo iam accepta a Platone philosophandi ratio triplex, una de uita et moribus, altera de natura et rebus occultis, tertia de disserendo et quid uerum quid falsum quid rectum in oratione prauumue quid consentiens quid repugnet iudicando. – Die Bedeutung dieser Ausführungen liegt vor allem darin, daß dies der erste und u. W. einzige Versuch ist, die Pluralität der Evangelien in «wissenschaftlicher» Weise zu erhellen. Allerdings ist es Ambrosius nicht gelungen, diesen Ansatz für die Exegese fruchtbar zu machen.

[3] Ambrosius hat dies in seiner Schrift De Isaac vel anima 20ff. ausführlicher dargestellt

quasi deo teste iuratur etiam diuina conplectitur, cum dominus naturae
20 fidei testis adhibetur. Quid etiam tres libri Salomonis, unus de Prouerbiis, alius Ecclesiastes, tertius de Canticis canticorum, nisi trinae
huius ostendunt nobis sapientiae sanctum Salomonem fuisse sollertem?
Qui de rationabilibus et ethicis in Prouerbiis scripsit, de naturalibus
in Ecclesiaste, quia *uanitas uanitantium et omnia uanitas* quae in hoc
25 mundo sunt constituta; *uanitati* enim *creatura subiecta est,* de mirabilibus autem et rationabilibus in Canticis canticorum, eo quod cum
animae nostrae amor uerbi caelestis infunditur et rationi mens sancta
quadam societate conectitur, admiranda mysteria reuelantur. 3. Euangelistis quoque quam putas defuisse sapientiam, quorum alii cum
30 uariis generibus sint referti, singuli tamen diuerso genere praestant?
Est enim uere sapientia naturalis in libro euangelii, qui scribitur secundum Iohannem. Nemo enim, audeo dicere, tanta sublimitate sapientiae
maiestatem dei uidit et nobis proprio sermone reserauit. Transcendit
nubes, transcendit uirtutes caelorum, transcendit angelos et uerbum
35 in principio repperit et uerbum aput deum uidit. Quis autem moralius
secundum hominem singula persecutus quam sanctus Matthaeus edidit
nobis praecepta uiuendi? Quid rationabilius illo admirabili copulatu
quam quod sanctus Marcus in principio statim locandum putauit:
ecce, mitto angelum meum et *uox clamantis in deserto,* ut et admira-
40 tionem moueret et doceret humilitate hominem atque abstinentia et
fide placere debere, sicut ille sanctus Iohannes Baptista his ad in-
mortalitatem gradibus ascendit, uestimento cibo nuntio?
   4. At uero sanctus Lucas uelut quendam historicum ordinem tenuit
et plura nobis gestorum domini miracula reuelauit, ita tamen ut omnis
45 sapientiae uirtutes euangelii istius conplecteretur historia. Quid enim
praecellentius ad sapientiam naturalem quam quod spiritum sanctum

---

40, 24   Eccl. 1, 2.
    25   Rom. 8, 20.
    34   cf. Luc. 21, 26.
    34 s. cf. Ioh. 1, 1.
    39   Marc. 1, 2.
    39   Marc. 1, 3.
    42   cf. Marc. 1, 6 s.
    46 s. cf. Luc. 1, 35.

40, 25   mirabilibus: moralibus *uar.*

Herr der Natur als Zeuge für die Glaubwürdigkeit beigezogen wird. Denn was zeigen uns die drei Bücher Salomos – das erste sind die Sprüche, das zweite der Prediger, das dritte das Hohelied, wenn nicht dies, daß der heilige Salomo in dieser dreifachen Weisheit bewandert war[4]? Er schrieb über Vernunftwahrheiten und Ethik in den Sprüchen, über Naturphilosophie im Prediger, denn *Nichtigkeit der Nichtigkeiten und alles ist* Nichtigkeit, was in dieser Welt existiert; denn *der Nichtigkeit ist die Schöpfung unterworfen*; über Wunderbares und Vernunftwahrheiten aber im Hohenlied, weil dann, wenn unserer Seele die Liebe zum himmlischen Wort eingegossen wird und ein heiliger Sinn sich mit der Vernunft gleichsam in einem Bund vereinigt, wunderbare Geheimnisse offenbar werden. 3. Welche Weisheit geht wohl deiner Meinung nach den Evangelisten ab? Sie sind zwar mit allen Arten (von Weisheit) reich ausgerüstet, jeder einzelne jedoch zeichnet sich in einer bestimmten Art besonders aus. In der Tat enthält das nach Johannes benannte Evangelium Naturphilosophie. Denn ich wage die Behauptung, niemand habe mit so erhabener Weisheit die Herrlichkeit Gottes geschaut und uns in der eigenen Sprache erschlossen. Er erhob sich über die Wolken, er erhob sich über die Himmelskräfte, er erhob sich über die Engel und fand das Wort am Anfang und sah das Wort bei Gott.

Wer hätte mit tieferer ethischer Einsicht die einzelnen den Menschen betreffenden Lebensregeln erforscht und uns niedergeschrieben als der heilige Matthäus? Was wäre vernunftgemäßer auf Grund der wunderbaren Zusammenfügung als die Aussage, die der heilige Markus gleich an den Anfang stellen zu müssen glaubte: *Siehe, ich sende meinen Engel* und *Stimme eines Rufers in der Wüste?* Dadurch wollte er sowohl Bewunderung hervorrufen als auch lehren, daß der Mensch durch Demut, Enthaltsamkeit und Glauben gefallen müsse wie der heilige Johannes der Täufer, der auf jenen drei Stufen zur Unsterblichkeit emporstieg, nämlich der Kleidung, der Nahrung, und der Verkündigung.

4. Der heilige Lukas aber hat so etwas wie eine geschichtliche Anordnung vorgenommen und uns mehr Wunder aus der Biographie des Herrn kundgetan, freilich so, daß die Geschichte dieses Evangeliums die Tugenden der ganzen Weisheit umfaßt. Was nämlich wäre wesentlicher für die Naturphilosophie als die Kundgabe, der heilige Geist sei

---

[4] In anderer Weise hat schon Origenes, Homilien über das Hohelied, Prolog, die drei Werke Salomos mit den drei Bereichen der Philosophie verbunden (MPG XIII, 73).

creatorem etiam dominicae incarnationis exstitisse reserauit? Docet
ergo naturalia, si creat spiritus. Vnde et Dauid docens sapientiam
naturalem *emitte* inquit *spiritum tuum, et creabuntur.* Docet moralia
50 in eodem libro, cum me in illis beatitudinibus docet mores, quemadmodum amare inimicum debeam, quemadmodum non referire et
repercutere uerberantem, quemadmodum benefacere, mutuum dare
cum desperatione recuperationis et cum remuneratione mercedis;
merces enim facilius sequitur non exspectantem. Docuit etiam ratio-
55 nabilia, cum lego quoniam *qui fidelis est in minimo et in maius fidelis
est.* Quid adhuc de naturalibus dicam. Quod docuit uirtutes caelorum
moueri, dominum solum esse unigenitum dei filium, in cuius passione
tenebrae per diem factae sunt, terra obscurata est, sol refugit?
    7. . . . Historico stilo diximus hunc euangelii librum esse digestum.
60 Denique describendis magis rebus quam exprimendis praeceptis
studium uberius conparatione aliorum uidemus inpensum. Et ipse
euangelista historico more a narratione sumsit exordium. *Fuit*
inquit *in diebus Herodis regis Iudaeae sacerdos quidam nomine
Zaccharias* eamque historiam plena digestione persequitur. Vnde
65 etiam hi qui quattuor animalium formas quae in Apocalypsi
reuelantur quattuor euangelii libros intellegendos arbitrati sunt hunc
librum uolunt uituli specie figurari; uitulus enim sacerdotalis est
uictima. Et bene congruit uitulo hic euangelii liber, quia a sacerdotibus
inchoauit et consummauit in uitulo, qui omnium peccata suscipiens
70 pro totius mundi uita est inmolatus; sacerdotalis enim et ille uitulus.
Idem quippe et uitulus et sacerdos: sacerdos, quia propitiator est
noster – *aduocatum* enim ipsum *habemus aput patrem* – uitulus, quia
suo sanguine nos redemit. Et bene accidit, ut quoniam euangelii librum
secundum Matthaeum diximus esse moralem, opinio huiuscemodi non
75 praetermitteretur; mores enim proprie dicuntur humani. 8. Plerique
tamen putant ipsum dominum nostrum in quattuor euangelii libris
quattuor formis animalium figurari, quod idem homo, idem leo, idem
uitulus, idem aquila: homo, quia natus ex Maria est, leo, quia fortior

---

   40, 49   Ps. 103, 30.
       51   cf. Luc. 6, 27.
     51 s.   cf. Luc. 6, 29.
    52 s.   cf. Luc. 6, 34 s.
      55   Luc. 16, 10.
    57 s.   cf. Luc. 23, 44 s.
    63 s.   cf. Luc. 1, 5.
   65 ss.   cf. Apoc. Ioh. 4, 6 ss.
    69 s.   cf. 1. Petr. 2, 14; 1. Ioh. 2, 2.
      72   1. Ioh. 2, 1.
      73   cf. Hebr. 9, 12–14; Apoc. Ioh. 5, 9.

auch Schöpfer der Menschwerdung des Herrn gewesen? Er lehrt also Naturphilosophie, wenn er vom schöpferischen Wirken des Geistes spricht. Daher hat auch David Naturweisheit gelehrt, wenn er sagt: *Sende deinen Geist, und sie werden erschaffen werden.* In der gleichen Schrift lehrt er auch Ethik, indem er mich in den bekannten Seligpreisungen ethisches Verhalten lehrt, wie ich meinen Feind lieben solle, wie ich den, der schlägt, nicht wieder schlagen oder prügeln dürfe, wie ich wohltun müsse, Darlehen geben ohne Hoffnung auf Rückgabe, aber mit Vergeltung (himmlischen) Lohnes; denn der Lohn fällt demjenigen, der ihn nicht erwartet, leichter zu. Er hat auch Vernunftwahrheiten gelehrt, wenn ich lese, daß *wer im Geringsten treu ist, auch im Größeren treu sei.* Was soll ich schließlich noch von seiner Naturlehre sagen? Lehrte er doch, die Himmelskräfte würden erschüttert, der Herr der Gestirne sei der eingeborene Sohn Gottes, bei dessen Passion untertags eine Finsternis entstand, die Erde sich verdunkelte, die Sonne verschwand.

7. ... Ich habe gesagt, dieses Evangelienbuch sei in geschichtlicher Darstellungsform verfaßt worden. Daher sehen wir beim Vergleich mit den anderen, daß mehr Mühe aufgewandt ist auf die Beschreibung von Fakten als auf die Wiedergabe von Lehren. Und der Evangelist selbst begann nach Art der Geschichtsschreiber mit einer Erzählung: *Es war in den Tagen des Herodes, des Königs von Judäa, ein Priester mit Namen Zacharias,* und dieser Geschichte geht er in voller Ausführlichkeit nach. Daher wollen diejenigen, welche die vier in der Offenbarung genannten Tiergestalten als die vier Evangelienbücher verstanden wissen wollen, diese Schrift durch die Gestalt des Stiers symbolisiert sehen; denn der Stier ist das priesterliche Opfertier. Und zu dem Stier paßt dieses Evangelienbuch tatsächlich gut, beginnt es doch mit Priestern und endet mit dem Opferstier, der die Sünden aller auf sich nahm und für das Leben der ganzen Welt geopfert wurde; denn jener Stier trägt priesterlichen Charakter. Denn er ist Opferstier und Priester in einem: Priester ist er, weil er unser Versöhner ist – denn wir haben ihn als Fürsprecher beim Vater –, Opferstier ist er, weil er uns mit seinem Blut losgekauft hat. Und es trifft sich gut, daß eine derartige Auffassung nicht übergangen wurde, da wir ja das Matthäusevangelium ein ethisch ausgerichtetes genannt haben; sittliche Verhaltensweisen aber werden in eigentlichem Sinn menschlich genannt.

8. Dennoch meinen sehr viele, daß unser Herr selbst in den vier Evangelienschriften durch die vier Tiergestalten symbolisch dargestellt werde; denn er sei zugleich Mensch, Löwe, Stier und Adler: Mensch, weil er von Maria geboren wurde; Löwe, weil er der Stärkere ist; Stier,

est, uitulus, quia hostia est, aquila, quia resurrectio est. Atque ita in
80 libris singulis forma animalium figuratur, ut uniuscuiusque libri series
propositorum uideatur animalium aut naturae aut uirtuti aut gratiae
aut miraculo conuenire. Quae licet omnia in omnibus sint, tamen
plenitudo quaedam in singulis uirtutum est singularum. Ortum hominis alius descripsit uberius, mores quoque hominis praeceptis uberiori-
85 bus erudiuit; alius a potentiae coepit expressione diuinae, quod ex
rege rex, fortis ex forte, uerus ex uero uiuida mortem uirute con-
tempserit; tertius sacrificium sacerdotale praemisit et ipsam uituli
inmolationem stilo quodam pleniore diffudit; quartus copiosius ceteris
diuinae miracula resurrectionis expressit. *Vnus* igitur *omnia et unus*
90 *in omnibus,* sicut lectum est, non dissimilis in singulis, sed uerus in
cunctis.

41   *Augustinus,* De consensu euangelistarum (ca. 400) I, 1–7, ed. F. Weihrich,
      CSEL 43, 1904

Inter omnes diuinas auctoritates, quae sanctis litteris continentur,
euangelium merito excellit. quod enim lex et prophetae futurum prae-
nuntiauerunt, hoc redditum adque conpletum in euangelio demon-
stratur. cuius primi praedicatores apostoli fuerunt, qui dominum
5 ipsum et saluatorem nostrum Iesum Christum etiam praesentem in
carne uiderunt, cuius non solum ea, quae ex ore eius audita uel ab illo
sub oculis suis operata dicta et facta meminerant, uerum etiam quae,
priusquam illi per discipulatum adhaeserant, in eius natiuitate uel
infantia uel pueritia diuinitus gesta et digna memoria siue ab ipso siue

---

40, 89 s.   Col. 3, 11.

weil er das Opfer ist; Adler, weil er die Auferstehung ist. Und zwar werde er in den einzelnen Schriften unter der Gestalt der Tiere derart dargestellt, daß der gesamte Inhalt einer jeden Schrift entweder mit der Natur oder dem Wesen der Tiere oder mit der durch die Tiere symbolisierten Gnade oder dem Wunder übereinstimmt. Mag dies alles sich in allen (Evangelien) finden, so gelangt die Fülle der einzelnen Vorzüge nur in je einem (Evangelium) zur Darstellung. Der erste hat recht ausführlich die menschliche Abstammung beschrieben und hat zugleich das sittliche Verhalten des Menschen durch recht ausführliche Regeln erzogen, der zweite begann mit einer Darlegung seiner göttlichen Macht, weil er, ein König von einem Könige, ein Starker von einem Starken, ein Wahrhaftiger von einem Wahrhaftigen, mit seiner lebensvollen Kraft den Tod verachtete; der dritte stelle das priesterliche Opfer voran und breitete in ausführlicher Darstellungsweise die Opferung des Stieres selbst aus; der vierte stellte ausführlicher als die übrigen die Wunder der göttlichen Auferstehung dar[5]. So ist also einer alles und einer in allen, wie es in der Lesung heißt, und er ist in den einzelnen Schriften nicht unterschiedlich, sondern in allen wahrhaftig dargestellt.

Augustin

41 Die Übereinstimmung der Evangelisten I, 1, 1 – 7, 10

1, 1. 1 Unter allen göttlichen Autoritäten, die die hl. Schrift umfaßt, ragt das Evangelium zu Recht hervor. Was nämlich Gesetz und Propheten als künftiges Geschehen vorher ankündigten, das wird im Evangelium als erfolgt und erfüllt erwiesen. Die ersten Prediger (des Evangeliums) waren die Apostel, die unseren Herrn und Heiland Jesus selbst zu seinen Lebzeiten gesehen hatten. Sie trugen dafür Sorge, daß nicht nur das dem Menschengeschlecht verkündet wurde, was sie aus seinem Munde gehört oder als von ihm vor ihren Augen an Worten und Taten gewirkt in Erinnerung hatten, sondern auch das, was sie an Ereignissen vor der Zeit, da sie ihm im Jüngerstande anhingen, bei seiner Geburt oder in seiner Kindheit und Jugend als von Gott geschehen und der Überlieferung würdig erforschen und erfahren

---

[5] Auch diese Differenzierung der Evangelien ist mehr als künstlich; man wird auch nicht sagen können, daß sie Ambrosius in seiner Exegese wesentlich beeinflußt hat.

¹⁰ a parentibus eius siue quibuslibet aliis certissimis indiciis et fidelissimis
testimoniis requirere et cognoscere potuerunt, inposito sibi euangeli-
zandi munere generi humano adnuntiare curarunt. quorum quidam,
hoc est Matthaeus et Iohannes, etiam scripta de illo, quae scribenda
uisa sunt, libris singulis ediderunt.

¹⁵   Ac ne putaretur, quod adtinet ad percipiendum et praedicandum
euangelium, interesse aliquid, utrum illi adnuntient, qui eundem dominum hic in carne apparentem discipulatu famulante secuti sunt, an hi,
qui ex illis fideliter conperta crediderunt, diuina prouidentia procura-
tum est per spiritum sanctum, ut quibusdam etiam ex illis, qui primos
²⁰ apostolos sequebantur, non solum adnuntiandi, uerum etiam scribendi
euangelium tribueretur auctoritas. hi sunt Marcus et Lucas. ceteri
autem homines, qui de domini uel de apostolorum actibus aliqua
scribere conati uel ausi sunt, non tales suis temporibus extiterunt, ut
eis fidem haberet ecclesia adque in auctoritatem canonicam sanctorum
²⁵ librorum eorum scripta reciperet, nec solum quia illi non tales erant,
quibus narrantibus credi oporteret, sed etiam quia scriptis suis quaedam fallaciter indiderunt, quae catholica atque apostolica regula fidei
et sana doctrina condemnat.

     Isti igitur quattuor euangelistae uniuerso terrarum orbe notissimi,
³⁰ et ob hoc fortasse quattuor, quoniam quattuor sunt partes orbis terrae,
per cuius uniuersitatem Christi ecclesiam dilatari ipso sui numeri
sacramento quodammodo declararunt, hoc ordine scripsisse perhiben-
tur: primus Matthaeus, deinde Marcus, tertio Lucas, ultimo Iohannes.
unde alius ei fuit ordo cognoscendi atque praedicandi, alius autem
³⁵ scribendi. ad cognoscendum quippe atque praedicandum primi utique
fuerunt qui secuti dominum in carne praesentem dicentem audierunt
facientemque uiderunt atque ex eius ore ad euangelizandum missi
sunt. sed in conscribendo euangelio, quod diuinitus ordinatum esse
credendum est, ex numero eorum, quos ante passionem dominus
⁴⁰ elegit, primum atque ultimum locum duo tenuerunt, primum Matthaeus, ultimum Iohannes. ut reliqui duo, qui ex illo numero non

konnten, sei es von ihm selbst, sei es von seinen Eltern oder von irgendwelchen anderen ganz zuverlässigen Kundgaben und aus ganz glaubwürdigen Zeugnissen, nachdem ihnen das Amt der Evangeliumsverkündigung auferlegt worden war. Zwei von ihnen, nämlich Matthäus und Johannes, haben in je einem Buch all das über ihn niedergeschrieben, was ihnen zu schreiben notwendig erschien.

1, 2. Damit aber niemand meine, es sei hinsichtlich der Annahme und Verkündigung des Evangeliums irgendetwas daran gelegen, ob jene es ansagen, die diesem Herrn hier während seiner Lebenszeit im Dienst der Jüngerschaft nachgefolgt sind, oder jene, die das von ihnen glaubwürdig Erfahrene glaubten, hat die göttliche Vorsehung durch den heiligen Geist dafür gesorgt, daß auch einigen von denen, die den ersten Aposteln folgten, die Autorität nicht nur zur mündlichen Verkündigung, sondern auch zur Niederschrift eines Evangeliums gegeben würde. Es handelt sich um Markus und Lukas. Die übrigen Menschen aber, die es versucht oder gewagt haben, etwas über die Taten des Herrn oder der Apostel zu schreiben, haben sich zu ihrer Zeit nicht als Leute erwiesen, denen die Kirche Vertrauen schenken und deren Schriften sie in die kanonische Autorität der heiligen Bücher aufnehmen könnte; und zwar nicht nur deswegen, weil diese Leute es persönlich nicht verdient hätten, daß man ihren Erzählungen glauben müsse, sondern auch deswegen, weil sie ihren Schriften gewisse Dinge trügerisch beimengten, welche die katholische und apostolische Glaubensregel und die gesunde Lehre verdammt.

1, 3. Jene vier Evangelisten sind also auf dem ganzen Erdkreis bekannt, und es wird vielleicht deswegen gerade 4, weil es vier Richtungen auf der Erde gibt, und durch das Sakrament der Zahl selbst haben sie angekündigt, daß die Kirche Christi über diesen ganzen Erdkreis sich ausbreiten solle. Sie sollen in folgender Reihenfolge geschrieben haben: als erster Matthäus, dann Markus, an dritter Stelle Lukas, zuletzt Johannes. Daraus folgt, daß die Reihenfolge in der Erkenntnis und Verkündigung nicht mit der Reihenfolge des Schreibens übereinstimmt. Denn die ersten in der Erkenntnis und Verkündigung waren natürlich diejenigen, welche dem Herrn zu seinen Lebzeiten nachfolgten und ihn reden hörten und handeln sahen und die von ihm selbst zur Evangeliumsverkündigung ausgesandt wurden. Aber hinsichtlich der Niederschrift des Evangeliums, die auf göttliche Anordnung erfolgt ist, wie wir glauben müssen, nehmen aus der Zahl derer, die der Herr vor seiner Passion erwählte, zwei den ersten und letzten Platz ein, nämlich Matthäus den ersten und Johannes den letzten, so daß die beiden übrigen, die nicht zu jenen gehörten, die aber dem durch jene

erant, sed tamen Christum in illis loquentem secuti erant, tamquam
filii amplectendi ac per hoc in loco medio constituti utroque ab eis
latere munirentur.

45 Horum sane quattuor solus Matthaeus Hebraeo scripsisse per-
hibetur eloquio, ceteri Graeco. et quamuis singuli suum quendam
narrandi ordinem tenuisse uideantur, non tamen unusquisque eorum
uelut alterius praecedentis ignarus uoluisse scribere repperitur uel
ignorata praetermisisse, quae scripsisse alius inuenitur, sed sicut uni-
50 cuique inspiratum est non superfluam cooperationem sui laboris
adiunxit. nam Matthaeus suscepisse intellegitur incarnationem domini
secundum stirpem regiam et pleraque secundum hominum praesentem
uitam facta et dicta eius. Marcus eum subsecutus tamquam pedisequus
et breuiator eius uidetur. cum solo quippe Iohanne nihil dixit, solus
55 ipse perpauca, cum solo Luca pauciora, cum Matthaeo uero plurima
et multa paene totidem atque ipsis uerbis siue cum solo siue cum
ceteris consonante. Lucas autem circa sacerdotalem domini stirpem
adque personam magis occupatus apparet. nam et ad ipsum Dauid
non regium stemma secutus ascendit, sed per eos, qui reges non
60 fuerunt, exit ad Nathan filium Dauid, qui nec ipse rex fuit. non sicut
Matthaeus, qui per Salomonem regem descendens ceteros etiam reges
ex ordine persecutus est seruans in eis, de quo postea loquemur, mysti-
cum numerum.

Cum ergo Matthaeus circa regis, Lucas circa sacerdotis personam
65 gereret intentionem, utique humanitatem Christi maxime commen-
darunt. secundum hominem quippe Christus et rex et sacerdos effectus
est, cui dedit deus sedem Dauid patris sui, ut regni eius non esset finis
et esset ad interpellandum pro nobis mediator dei et hominum homo
Christus Iesus. non autem habuit tamquam breuiatorem coniunctum
70 Lucas sicut Marcum Matthaeus, et hoc forte non sine aliquo sacramento, quia regum est non esse sine comitum obsequio. unde ille, qui

---

41, 58 ss. cf. Luc. 3, 31.
   61 s. cf. Matth. 1, 6.
    67 cf. Luc. 1, 32 s.
   68 s. cf. 1. Tim. 2, 5.

sprechenden Christus nachgefolgt waren, gleichsam von ihnen in die Mitte genommen und von beiden Seiten gestützt wurden wie Kinder, die des elterlichen Armes bedürfen.

2, 4. Von diesen Vieren soll nur Matthäus in hebräischer Sprache geschrieben haben, die übrigen in griechischer. Und wenn auch jeder von ihnen seine eigene Anordnung der Erzählungen einzuhalten scheint, so findet man doch, daß keiner von ihnen in Unkenntnis des Vorgängers hat schreiben oder unbeachtet übergehen wollen, was sich bei dem anderen geschrieben findet, sondern wie es einem jeden (von Gott) eingegeben wurde, so hat er die nicht überflüssige eigene Mitarbeit noch hinzugefügt. Matthäus nämlich hat die Inkarnation des Herrn nach der königlichen Abstammung dargestellt und die meisten seiner Taten und Worte nach seinem Leben unter den Menschen. Markus folgte ihm gewissermaßen wie ein Gefolgsmann und scheint sein Epitomator zu sein. Mit Johannes allein hat er nämlich nichts gemeinsam, Sondergut bietet er nur sehr wenig, mit Lukas allein nur wenig, aber mit Matthäus hat er außerordentlich vieles gemeinsam und bietet vieles fast mit genau denselben Worten, wobei er entweder mit Matthäus allein oder mit allen anderen übereinstimmt. Lukas aber erscheint mehr befaßt mit der priesterlichen Abstammung und dem priesterlichen Wesen des Herrn. Denn er folgt bis zu David nicht dem königlichen Stammbaum, sondern er geht bis zu Nathan, einem Sohn Davids, über diejenigen, die nicht Könige waren. Anders Matthäus, der über König Salomo der Reihe nach auch die übrigen Könige durchgeht und dabei eine geheimnisvolle Zahl beachtet, über die wir später sprechen werden[1].

3, 5. ...

3, 6. Da also Matthäus die königliche Rolle, Lukas die priesterliche darzustellen beabsichtigte, haben sie jedenfalls die Menschlichkeit Christi aufs entschiedenste unterstrichen. Nach seiner menschlichen Seite nämlich wurde Christus König und Priester, dem Gott den Thron seines Vaters David gab, so daß seine Herrschaft kein Ende haben sollte und der Mensch Christus Jesus für uns als Mittler zwischen Gott und Menschen anzurufen sei. Dem Lukas aber ist keiner gleichsam als Epitomator beigesellt wie Markus dem Matthäus, und auch dies ist vielleicht nicht ohne göttliches Geheimnis, da es Sitte der Könige ist,

---

[1] Die Doppelaufgabe Jesu als Priester und König wird in II, II. 4 aus dem Namen Christus = der Gesalbte abgeleitet (so schon Euseb, Kirchengeschichte I, 3); im folgenden Abschnitt, der hier ausgelassen ist, zieht Augustin den Titulus am Kreuz (Mk. 15, 26 parr.) und Ps. 109, 4 als Belege heran.

regiam personam Christi narrandam susceperat, habuit sibi tamquam comitem adiunctum, qui sua uestigia quodammodo sequeretur, sacerdos autem quoniam in sancta sanctorum solus intrabat, propterea
75 Lucas, cuius circa sacerdotium Christi erat intentio, non habuit tamquam socium subsequentem, qui suam narrationem quodammodo breuiaret.

Tres tamen isti euangelistae in his rebus maxime deuersati sunt, quas Christus per humanam carnem temporaliter gessit; porro autem
80 Iohannes ipsam maxime diuinitatem domini, qua patri est aequalis, intendit eamque praecipue suo euangelio, quantum inter homines sufficere credidit, commendare curauit. itaque longe a tribus istis superius fertur, ita ut hos uideas quodammodo in terra cum Christo homine conuersari, illum autem transcendisse nebulam, qua tegitur
85 omnis terra, et peruenisse ad liquidum caelum, unde acie mentis acutissima atque firmissima uideret in principio uerbum deum apud deum, per quod facta sunt omnia, et ipsum agnosceret carnem factum, ut habitaret in nobis, quod acceperit carnem, non quod fuerit mutatus in carnem. nisi enim carnis adsumtio seruata incommutabili diuinitate
90 facta esset, non diceretur: *ego et pater unum sumus,* neque enim pater et caro unum sunt. et hoc de se ipso domini testimonium solus idem Iohannes commemorauit, et: *qui me uidit, uidit et patrem, et: ego in patre et pater in me,* et: *ut sint unum, sicut et nos unum sumus,* et: *quaecumque pater facit, haec eadem et filius facit similiter,* et si qua
95 alia sunt, quae Christi diuinitatem, in qua aequalis est patri, recte intellegentibus intiment, paene solus Iohannes in euangelio suo posuit, tamquam de pectore ipsius domini, super quod discumbere in eius conuiuio solitus erat, secretum diuinitatis eius uberius et quodammodo familiarius biberit.
100 Proinde cum duae uirtutes propositae sint animae humanae, una actiua, altera contemplatiua, illa qua itur, ista quo peruenitur, illa qua laboratur, ut cor mundetur ad uidendum deum, ista qua uacatur et

74 cf. Leu. 16, 17.
84 s. cf. Sir. 24, 6.
86 cf. Ioh. 1, 1.
87 s. cf. Ioh. 1, 3–14.
90 Ioh. 10, 30.
92 Ioh. 14, 9.
92 s. Ioh. 14, 10.
93 Ioh. 17, 22.
94 Ioh. 5, 19.
97 cf. Ioh. 13, 25.
102 cf. Matth. 5, 8.

nicht ohne ein Gefolge von Begleitern aufzutreten. Daher hat der Evangelist, der die königliche Person Christi darzustellen unternommen hatte, sich sozusagen einen Begleiter beigelegt, der gewissermaßen seinen Fußstapfen folgen sollte; weil aber der Priester allein ins Allerheiligste eintrat, darum hat Lukas, dessen Anliegen das Priestertum Christi war, keinen, der ihm sozusagen als Geleitsmann nachfolgt, der seine Erzählung verkürzend wiedergibt.

I 4. 7. Jene drei Evangelisten haben sich also hauptsächlich damit befaßt, was Christus durch sein menschliches Fleisch in der Zeit tat; Johannes aber richtete sein Augenmerk hauptsächlich auf die Gottheit des Herrn, durch die er dem Vater gleich ist, und hat sie durch sein Evangelium darbieten wollen, soweit er es für die Menschen angemessen hielt. Daher wird er weit höher als jene getragen, so daß man den Eindruck hat, jene würden auf der Erde mit dem Menschen Christus Umgang haben, er aber habe die Wolke überschritten, die über der ganzen Erde liegt, und sei zum klaren Himmel vorgedrungen, daher sehe er mit eindringendster und sicherster Geistesschärfe am Anfang das Gott-Wort bei Gott, wodurch alles geschaffen ist, und erkenne, daß es Fleisch wurde, um unter uns zu wohnen, und zwar daß es Fleisch angenommen habe, nicht aber in Fleisch verwandelt worden sei. Wenn es sich nämlich nicht um die Annahme des Fleisches unter Wahrung der unveränderlichen Göttlichkeit gehandelt hätte, dann hieße es nicht: *ich und der Vater sind eins,* denn Vater und Fleisch sind nicht eins. Dieses Zeugnis des Herrn über sich selbst hat einzig Johannes überliefert, ebenso folgendes: *Wer mich sieht, sieht den Vater* und: *Ich bin im Vater und der Vater ist in mir* und *auf daß sie eins seien, wie auch wir eins sind* und: *Was immer der Vater tut, das tut auch gleichermaßen der Sohn;* und auch was es an anderen Zeugnissen gibt, die die Gottheit Christi, durch die er dem Vater gleich ist, denjenigen anzeigen, die recht verstehen, so hat sie fast ausschließlich Johannes in seinem Evangelium niedergelegt, als habe er gewissermaßen das Geheimnis seiner Gottheit an der Brust des Herrn selbst, an der er beim Mahl zu liegen pflegte, reichlicher und sozusagen vertrautester getrunken.

I 5. 8. Der menschlichen Seele sind zwei Tugenden vorgeschrieben, die erste ist die des Handelns, die zweite die der Kontemplation, wobei erstere diejenige ist, mit der man den Weg zurücklegt, die letztere diejenige, wohin man gelangt; diese ist's, mit deren Hilfe man sich bemüht, daß das Herz rein werde, um Gott zu schauen; jene ist's, mit deren Hilfe man frei wird und Gott gesehen wird. Daher beruht die eine Tugend auf den Vorschriften für die Durchführung dieses geist-

uidetur deus: illa est in praeceptis exercendae uitae huius temporalis,
ista in doctrina uitae illius sempiternae. ac per hoc illa operatur, ista
[105] requiescit, quia illa est in purgatione peccatorum, ista in lumine pur-
gatorum. ac per hoc in hac uita mortali illa est in opere bonae conuer-
sationis, ista uero magis in fide et apud perpaucos per speculum in
enigmate et ex parte in aliqua uisione incommutabilis ueritatis. hae
duae uirtutes in duabus uxoribus Iacob figuratae intelleguntur. de
[110] quibus aduersus Faustum Manichaeum pro modulo meo, quantum illi
operi sufficere uidebatur, disserui. Lia quippe interpretatur ‚laborans‘,
Rachel autem ‚uisum principium‘. ex quo intellegi datur, si diligenter
aduertas, tres euangelistas temporalia facta domini et dicta, quae ad
informandos mores uitae praesentis maxime ualerent, copiosius per-
[115] secutos circa illam actiuam uirtutem fuisse uersatos, Iohannem uero
facta domini multo pauciora narrantem, dicta uero eius, ea praesertim,
quae trinitatis unitatem et uitae aeternae felicitatem insinuarent,
diligentius et uberius conscribentem in uirtute contemplatiua com-
mendanda suam intentionem praedicationemque tenuisse.
[120]   Vnde mihi uidentur qui ex apocalypsi illa quattuor animalia ad
intellegendos quattuor euangelistas interpretati sunt probabilius aliquid adtendisse illi, qui leonem in Matthaeo, hominem in Marco,
uitulum in Luca, aquilam in Iohanne intellexerunt, quam illi, qui
hominem Matthaeo, aquilam Marco, leonem Iohanni tribuerunt. de
[125] principiis enim librorum quandam coniecturam capere uoluerunt, non
de tota intentione euangelistarum, quae magis fuerat perscrutanda.
multo enim congruentius ille qui regiam Christi personam maxime
commendauit per leonem significatus accipitur. unde et in apocalypsi
cum ipsa tribu regia leo commemoratus est, ubi dictum est: *uicit leo*
[130] *de tribu Iuda.* secundum Matthaeum enim et magi narrantur uenisse

---

41, 105   cf. Col. 1, 12.14; Hebr. 1, 3.
  106   cf. Iac. 3, 13; 1. Petr. 2, 12; 3, 16.
  107 s. cf. 1. Cor. 13, 12.
  109   cf. Gen. 29, 16.23.28.
  120   cf. Apoc. 4, 7; 5, 6; 7, 11.
  129 s. cf. Apoc. 5, 5.
  130 ss. cf. Matth. 2, 1 ss.

lichen Lebens, die andere aber auf der Lehre über jenes ewige Leben. Darum handelt die eine, während die andere ruht; denn diese beruht auf der Reinigung von Sünden, während jene im Licht der Reinen lebt.

I 5, 8. Und daher besteht in diesem sterblichen Leben diese im Werk des guten Wandels, jene aber mehr im Glauben und nur bei sehr wenigen in einer Schau der unveränderlichen Wahrheit, und dann nur durch einen Spiegel in einem Rätsel und in bruchstückhafter Weise. Diese beiden Tugenden kann man in den zwei Frauen Jakobs typologisch dargestellt verstehen. Darüber habe ich in der Schrift gegen den Manichäer Faustus[2] nach Maßgabe meiner Fähigkeiten gehandelt, soweit es in jenem Zusammenhang angebracht erschien. Lea nämlich bedeutet «die Tätige», während Rahel «gesehenes Prinzip» heißt[3]. Damit wird zu verstehen gegeben, wenn man nur gut aufmerkt, daß die drei Evangelisten, die sich sehr ausgiebig um die zeitlichen Taten und Worte des Herrn gekümmert haben, die zur ethischen Belehrung des gegenwärtigen Lebens sehr wichtig sind, damit sich auf jene handelnde Tugend beziehen, während Johannes, der viel weniger Taten des Herrn berichtet, dafür sorgfältiger und reichlicher dessen Worte zusammenstellt, und zwar vornehmlich diejenigen Worte, welche die Einheit der Trinität und das Heil des ewigen Lebens anzeigen, womit er die Ausrichtung seiner Predigt auf die Darlegung der kontemplativen Tugend richtete.

I 6, 9. Daher haben nach meiner Meinung von denen, die die bekannten vier Tiere aus der Apokalypse als die vier Evangelisten ausgelegt haben, wohl diejenigen etwas Richtigeres im Sinn, welche den Löwen in Matthäus, den Menschen für Markus, das Kalb in Lukas und den Adler in Johannes erkannten, als diejenigen, die Matthäus den Menschen, Markus den Adler und Johannes den Löwen zuteilten. Diese Leute wollten nämlich nur einen Eindruck von den Anfängen der Bücher geben, nicht aber von der Gesamtabsicht der Evangelisten, die man besser hätte erforschen sollen. Sehr viel passender nimmt man an, daß der Evangelist, der hauptsächlich die königliche Rolle Christi darstellen wollte, vom Löwen dargestellt wird. Deshalb wird ja auch in der Apokalypse der Löwe zugleich mit dem königlichen Stamm erwähnt; dort heißt es: *Gesiegt hat der Löwe aus dem Stamme Juda.* Nach Matthäus nämlich sollen auch die Magier aus dem Osten ge-

---

[2] Vgl. Contra Faustum XXII, 52.
[3] Diese Deutungen gehen zurück auf ein pseudophilonisches Lexikon, das Hieronymus ins Lateinische übersetzt hat (Liber interpretationis hebraicarum nominum, CCL 72, S. 68. 70).

ab oriente ad regem quaerendum et adorandum, qui eis per stellam natus apparuit, et ipse rex Herodes regem formidat atque, ut eum possit occidere, tot paruulos necat. quod autem per uitulum Lucas significatus sit propter maximam uictimam sacerdotis, neutri dubi-
135 tauerunt. ibi enim a sacerdote Zacharia incipit sermo narrantis, ibi cognatio Mariae et Elisabeth commemoratur, ibi sacramenta primi sacerdotii in infante Christo impleta narrantur, et quaecumque alia possunt diligenter aduerti, quibus appareat Lucas intentionem circa personam sacerdotis habuisse. Marcus ergo, qui neque stirpem regiam
140 neque sacerdotalem uel cognationem uel consecrationem narrare uoluit et tamen in eis uersatus ostenditur, quae homo Christus operatus est, tantum hominis figura in illis quattuor animalibus significatus uidetur. haec autem animalia tria, siue leo siue homo siue uitulus, in terra gradiuntur, unde isti tres euangelistae in his maxime occupati
145 sunt, quae Christus in carne operatus est et quae praecepta mortalis uitae exercendae carnem portantibus tradidit. at uero Iohannes supra nubila infirmitatis humanae uelut aquila uolat et lucem incommutabilis ueritatis acutissimis atque firmissimis oculis cordis intuetur.

Has domini sanctas quadrigas, quibus per orbem uectus subigit
150 populos leni suo iugo et sarcinae leui, quidam uel impia uanitate uel imperita temeritate calumniis appetunt, ut eis ueracis narrationis derogent fidem . . .

41, 135 s. cf. Luc. 1, 5 ss.
136 s. cf. Luc. 2, 22 ss.
150 cf. Matth. 11, 30.

kommen sein, um den König zu suchen und anzubeten, dessen Geburt ihnen durch einen Stern angezeigt wurde, und der König Herodes fürchtet das königliche Kind und tötet so viele kleine Kinder, um auch ihn töten zu können. Daß durch das Kalb Lukas symbolisiert wird, bezweifelt niemand, auf Grund des sehr großen Opfers des Priesters. In seinem Evangelium nämlich beginnt die Erzählung mit dem Priester Zacharias. Dort wird die Verwandtschaft der Maria mit Elisabeth erwähnt, dort wird berichtet, wie die Geheimnisse des ersten Priestertums an dem Kind Christus erfüllt wurden, und was man sonst noch bei gründlicher Beobachtung bemerken mag, wodurch deutlich wird, daß Lukas sein Interesse auf die priesterliche Rolle gerichtet hat. Daher scheint Markus, der weder die königliche Abstammung noch die priesterliche Verwandtschaft und Weihe erzählen wollte und sich dennoch damit befaßt hat, was der Mensch Christus wirkte, von jenen vier Lebewesen nur durch die Menschengestalt symbolisiert. Diese drei Lebewesen aber, Löwe, Mensch und Kalb, bewegen sich auf der Erde, daher befassen sich jene drei Evangelisten hauptsächlich mit dem, was Christus im Fleisch getan hat und welche Regeln für die irdische Lebensführung er denen, die das Fleisch tragen, gegeben hat. Johannes aber schwebt einem Adler gleich über den Wolken der menschlichen Schwäche und schaut das Licht der unwandelbaren Wahrheit mit den ganz scharfen und ganz sicheren Augen des Herzens.

I 7, 10. Dieses heilige Viergespann des Herrn, mit dem er über den ganzen Erdkreis fährt und die Völker seinem sanften Joch und seiner leichten Last unterwirft, haben gewisse Leute verleumderisch angegriffen, sei es aus nichtiger Gottlosigkeit oder unwissender Dreistigkeit; und zwar haben sie den Evangelien die Glaubwürdigkeit, die ein wahrhaftiger Bericht haben muß, abgesprochen ...

Register I

I. Verzeichnis biblischer Zitate *(kursiv)* und Anspielungen

Gen. 12, 3: 26, *6*
   18, 18: 26, *6*
   26, 22–24: 40, 10 ss.
   26, 22: 40, 13 s.
   29, 16 ss.: 41, 109 ss.

Exod. 6, 25: 17, *15*
   12, 1 ss.: 34, 7

Leu. 16, 17: 41, 74
   16, 29, 18, *9*

Deut. 8, 3: 11, *19*
   25, 5 ss.: 17, 46 s.; 27, 27 ss.

2 Reg. 5, 14: 17, 22; 20, 26 s.
   12, 1 ss.: 17, 22; 20, 26 s.

3 Reg. 11, 8: 10, 47
   14, 21 ss.: 10, 48
   15, 26: 10, *50 s.*

Ps. 34 (35), 13: 18, *9*
   79 (80) 2: *3, 11*
   90 (91), 4: 3, 40 s.

Eccl. 1, 2: *40, 24*

Sir. 24, 6: 41, 84 s.

Sap. Sal. 1, 7: 3, 8

Is. 61, 2: 25, *4*

Ier. 22, 20: 20, 22 ss.

Matth. 1, 1: *3, 28 s.; 8, 10 s.;* 11, 14 s.;
     26, 5 s.; 35, 44 s.; 39, 52 s.
   1, 2 s.: 10, 60 ss.; 20, 1; 35, 42 s.
   1, 6 ss.: 27, 11 s.; 41, 61 s.
   1, 15 s.: 17, 17 s. 60 s.; 20, 8 s.
   1, 16: 17, 81.84 s.; 27, 1

1, 18: *3, 29 s.; 10, 13 s.; 35, 46*
2, 1–23: 21, 1 ss.; 41, 130 ss.
2, 1: 35, 64 s.
2, 2: *21, 22 ss.*
2, 4: 35, 186
2, 7: *21, 29 s.; 35,* 169. 181 s.
2, 9: *21, 52 ss.;* 35, 200
2, 11: *21, 54 s. 56 s.;* 35, 151 s. 201
2, 12: 35, 174 s.
2, 13: *35, 154 s.* 205
2, 14: 21, *1*
2, 16: *21, 32 ss.; 35,* 175 ss.
2, 19: 35, 156 s. 208 s.
3, 17: *35, 105 s.*
4, 1 ss.: 11,5 ; 16, 1 s.; *35, 15 s.*
4, 4: *11, 19*
4, 12 ss.: 9, 4 ss. 26 ss.
4, 12: 19, 36 s.
5, 8: 41, 102
8, 28: 13, *1*
9, 9 s.: 35, 29 s.
9, 13: 35, 30 s.
10, 2: *36, 5*
10, 8: 35, 35 s.
10, 9: 29, 3 s.
11, 29: 3, 31
11, 30: 41, 150
12, 25: 39,7 2 *s.*
14, 26: 18, 67 s.
20, 29 s.: 14, 1 ss.
21, 5: 3, 31
26, 2: 15, 74; *34, 17 s.*
26, 5: *34, 11*
26, 6–13: 15, 1 ss.
26, 17: 34, 12 s.
26, 18: *32, 9*
26, 36–46: 33, 1 s.
27, 20: 28, 20
27, 23: *28, 14 s.*
27, 31 s.: *16, 14 ss.*
27, 45: 24, 14 ss.; 28, 3 ss.; 37, 3 s.
27, 46: 34, 7

165

27, 55 s.: *23, 81 ss.*
28, 1–6: *18, 26 ss.*
28, 1: 18, 14. 38 ss. *42 ss.;* 22, 1;
    23, 1. 10. *19 s.* 26 s.
28, 2: *23, 60*
28, 6: *18, 41*

Marc. 1, 1 s.: *3, 33 s.; 35, 68 s.*
  1, 1: 8, 11
  1, 2: 26, 8 s.; 40, 39
  1, 3: 40, 39
  1, 4 ss.: *35, 66 s.*
  1, 6 s.: 40, 42
  1, 10 s.: 35, 105 s.
  1, 12 s.: *11, 5;* 16, 1 s.; 35, 15 s.
  1, 13 ss.: *9, 26 ss.*
  1, 14: 9. 6ss. 29 s.; 19, 37 s.
  3, 24: *39, 72 s.*
  5, 2: 13, 2
  5, 15: 13, 3
  6, 8 s.: 30, 2 s.
  9, 2: 12, 2
  10, 30: 30, 2 s.
  10, 46–52: 14, 1 ss.
  10, 46: *14, 8 ss.*
  10, 52: *14, 13*
  14, 1: 15, 74
  14, 3–9: 15, 1 ss.
  14, 12: 34, 12 s.
  14, 14: 32, 1 ss.
  14, 32–42: 33, 1 s.
  15, 11: 28, 20 s.
  15, 14: 28, 14 s.
  15, 25: 24, 2; 28, 4 s.; 37, 7 s.
  15, 33: 24, 14ss.
  16, 1s.: *18, 52 ss.;* 23, 43
  16, 1: 18, 39
  16, 2: 18, 16
  16, 6: *18, 59;* 22, 7 s.
  16, 8: 22, 8 s.
  16, 9: 22, 2. 21 s. *34 s.;* 23, 120 s.

Luc. 1, 1–4: 19, 61 ss.
  1, 1: *7, 20;* 35, 114. *244 s.*
  1, 2: 7, 30 ss.; 35, 112 s.
  1, 3: *35, 116 s. 245s.*
  1, 4: *35, 119 s.;* 39, 36
  1, 5 ss.: *4, 5;* 35, 47 s.
  1, 5: *35, 122 ss.;* 40, 53 s.; 41, 135 s.
  1, 9: 3, 25

1, 13 ss.: 35, 48
1, 20: 35, 49 s.
1, 26: 35, 129 ss.
1, 32 s.: 41, 67
1, 34: *35, 52 s.*
1, 35: 35, 54 s.; 40, 46 s.
2, 1–39: 21, 1 ss.
2, 1: 21, 5; 35, 188
2, 4: 35, 133 s.
2, 7: 21, 6 ss. 47 ss.; 35, 134
2, 8: 35, 133 s.
2, 21: 35, 135. 159 s.
2, 22: *21, 11 ss.;* 35, 135 s.; 41,
    146 s.
2, 25 ss.: 35, 136 s.
2, 36: 35, 137
2, 39: *21, 13 s.;* 35, 137 s. 160 s.
2, 41: 35, 138
2, 48: 27, 45 s.
3, 1: 35, 97
3, 19 s.: 19, 39
3, 21 s.: 20, 39 s.
3, 23 s.: 17, 18 s. *85 s.;* 20, 6 ss.;
    27, 2. *35 ss.*
3, 23: 10, 66 s.; 17, 62 s.; 35, 98
3, 24 ss.: 27, 11 ss.; 35, 239 ss.
3, 31: 41, 58 ss.
3, 38: 27, 43 s.; 39, 54
4, 1 ss.: 16, 1 s.; 35, 15 s.
4, 4: 11, 19
4, 13 ss.: 9, 26 s.
4, 14 s.: 9, 4 ss.
4, 19: 25, 4
5, 32: *35, 30 s.*
6, 27: 40, 51
6, 29: 40, 51 s.
6, 34 s.: 40, 52 s.
7, 36 ss.: 15, 1 ss.
8, 27: 13, 2
9, 28: *12, 1 s.*
10, 16: 2, 12
10, 42: 15, 32 s.
15, 30: 3, 25
15, 32: 3, 26
16, 10: *40, 55*
18, 29: 30, 6
18, 35–43: 14, 1 ss.
21, 26: 40, 34
22, 7: 34, 12 s.
22, 11: *32, 2 s.*

166

Register II

Personen- und Sachregister

Allegorische Auslegung von Widersprüchen zwischen den Evangelien: 9, 8 ss.; 12, 5 ss.; 15, 86 ss.
Andreas (Apostel): 4, 9
Apokryphe Evangelien: 7, 34 ss.; 19, 61 ss.; 41, 21 ss.
Apostelschüler als Evangelienverfasser: 5, 3 ss.; 37, 9 s.; 38, 20 ss.; 41, 15 ss.
Augenzeugen als Evangelienverfasser: 4, 16 ss.; 38, 20 s.; 41, 4 ss. 34 ss.

Celsus: 35, 142

Ebion: 35, 80

Häretiker
    klagen Widersprüche zwischen den Evangelien an: 2, 17
    fordern mündliche Überlieferung zur Auslegung: 2, 18
    verwerfen die Vierzahl der Evangelien: 3, 49 ss.; 7, 33 ss.

Intention der Evangelisten: 3, 19 ss.; 6, 10 ss.; 8, 9 ss.; 10, 10 ss.; 11, 1 ss.; 16, 1 ss.; 20, 33 ss.; 28, 7 ss.; 33, 1 ss.; 35, 73 ss.; 40, 1 ss.; 41, 126 ss.

Johannes (Apostel)
    war Augenzeuge des Lebens Jesu: 4, 19
    schrieb das Evangelium im Greisenalter: 35, 224 s.
    wurde von den Mitjüngern zur Abfassung gedrängt: 4, 6 ss.
    wurde von seinen Schülern zur Abfassung gedrängt: 6, 11
    wurde von den kleinasiatischen Gläubigen gedrängt: 36, 31 ss.
    wollte ein «geistliches Evangelium» schreiben: 6, 12
    will die drei ersten Evangelien ergänzen: 19, 26 ss.; 35, 70 ss.; 36, 36 ss.
    hat eine genauere Chronologie als die drei ersten Evv.: 31, 1 ss.; 36, 47 ss. 82 ss.
    verkündigt die Gottheit Christi: 3, 19 ss.; 8, 11 ss.; 11, 6 ss.; 19, 57 s.; 26, 12 s.; 33, 1 ss.; 35, 235 ss.; 36, 38 ss.; 39, 40 ss.; 41, 80 ss.

Kerinth: 35, 79. 115
Kleobios: 35, 80
Kleobulos: 35, 81
Königliches Amt Christi: 17, 5 ss.; 40, 85 s.; 41, 51 s. 127 ss.

Leucius: 35, 87
Leviratsehe: 17, 45 ss.; 27, 26 ss.
Lukas
    von Beruf Arzt: 4, 2
    war einer der 72 Jünger: 35, 211 s.
    war Gefolgsmann des Paulus: 2, 5; 4, 3; 5, 20 ss.; 19, 66; 35, 212; 39, 2 s.

171

schreibt als Historiker: 40, 1 ss.
stellt das priesterliche Amt Christi dar: 3, 24 ss.; 17, 5 ss.; 40, 87 s.; 41, 138 s.

Marcion: 5, 11 s. 19
Markus
    war Dolmetscher des Petrus: 1, 1 ss. 2, 3 s.; 6, 5 ss.
    war Gefolgsmann des Petrus: 35, 89 s.; 37, 9; 39, 2 s.
Matthäus
    war vor seiner Berufung Zöllner: 35, 29
    schrieb in hebräischer Sprache: 1, 9 s.; 2, 1; 8, 9; 19, 21 s.; 35, 40; 39, 49 s.; 41, 45
Merinth: 35, 80. 115

Paulus: 2, 2 ss.; 4, 3; 5, 25 ss.; 19, 11 s.; 30, 6; 35, 212 ss.; 36, 12
Petrus: 1, 1 ss.; 2, 2 ss.; 6, 5 ss.; 35, 90 ss.; 36, 15 s.
Philosabbatios: 35, 142
Photinus: 27, 49
Porphyrius: 35, 141
Priesterliches Amt Christi: 17, 5 ss.; 40, 87 s.; 41, 57 ss. 138 s.

Simon Magus: 36, 15
Symbole der Evangelisten: 3, 12 ss.; 40, 76 ss.; 41, 120 ss.

Textkritische Argumente zur Behebung von Widersprüchen zwischen den Evangelien: 22, 3 ss.; 23, 101 ss.; 24, 7 ss.

Vierzahl der Evangelien: 3, 1 ss.; 7, 33 s.; 8, 1 ss.; 25, 1 ss.; 41, 29 ss.

Widersprüche zwischen den Evangelien: 9, 1 ss.; 10, 7 ss.; 12, 1 ss.; 13, 1 ss.; 14, 1 ss, 15, 1 ss.; 16, 21 ss.; 17, 1 ss.; 18, 12 ss.; 19, 52 ss.; 20, 1 ss.; 21, 1 ss.; 22, 1 ss.; 23, 1 ss.; 24, 1 ss.; 27, 1 ss.; 28, 1 ss.; 29, 1 ss.; 31, 1 ss.; 34, 1 ss.; 35, 1 ss.; 37, 1 ss.; 38, 1 ss.; 39, 10 ss.